イラストで学ぶ

地理と
地球科学の図鑑

柴山元彦／中川昭男 [日本語版監修]

東辻千枝子 [訳]

HELP YOUR KIDS WITH
GEOGRAPHY

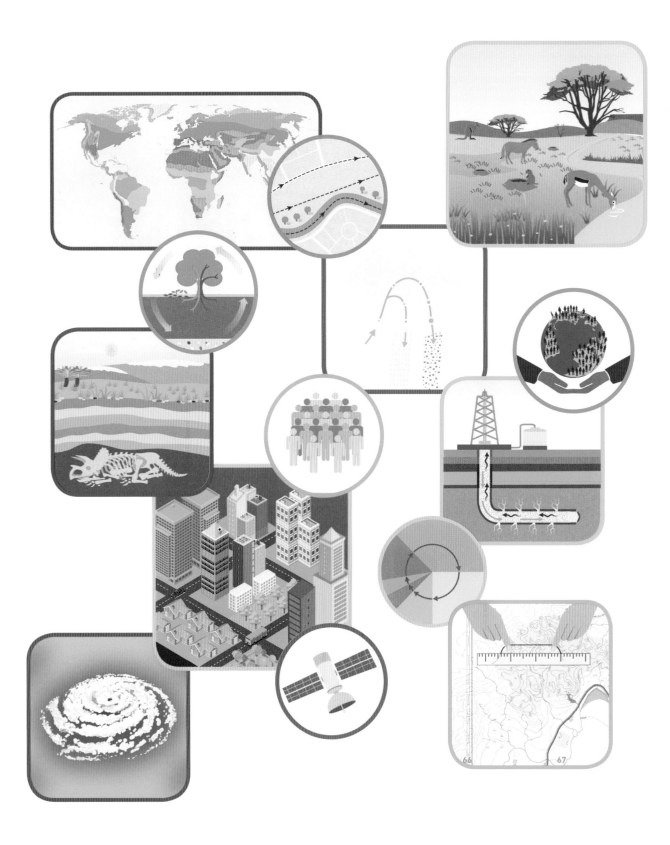

イラストで学ぶ

地理と
地球科学の図鑑

柴山元彦／中川昭男［日本語版監修］

東辻千枝子［訳］

HELP YOUR KIDS WITH
GEOGRAPHY

創元社

Original Title: Help Your Kids with Geography
Copyright © 2019 Dorling Kindersley Limited
A Penguin Random House Company

Japanese translation rights arranged with
Dorling Kindersley Limited, London
through Fortuna Co., Ltd. Tokyo.

For sale in Japanese territory only.

Printed and bound in UAE

For the curious
www.dk.com

イラストで学ぶ
地理と地球科学の図鑑

2020年6月20日　第1版第1刷発行
2022年6月30日　第1版第2刷発行

日本語版監修者　柴山元彦、中川昭男
訳　者　東辻千枝子
発行者　矢部敬一
発行所　株式会社 創元社　https://www.sogensha.co.jp/
　　　　〔本社〕〒541-0047 大阪市中央区淡路町 4-3-6
　　　　Tel.06-6231-9010 Fax.06-6233-3111
　　　　〔東京支店〕〒101-0051 東京都千代田区神田神保町 1-2 田辺ビル
　　　　Tel.03-6811-0662
翻訳協力　東辻賢治郎
装丁・組版　寺村隆史

Japanese translation © 2020 TOTSUJI Chieko,
Printed in UAE
ISBN978-4-422-45004-9　C0044

本書の感想をお寄せください
投稿フォームはこちらから ▶ ▶ ▶

【日本語版監修者】

柴山元彦（しばやま・もとひこ）

自然環境研究オフィス代表、理学博士。NPO法人「地盤・地下水環境ＮＥＴ」理事。

1945年大阪市生まれ。大阪市立大学大学院博士課程修了。38年間高校で地学を教え、大阪教育大学附属高等学校副校長も務める。定年後、地学の普及のため「自然環境研究オフィス（NPO）」を開設。近年は、NHK文化センター、毎日文化センター、産経学園などで地学講座を開講。

著書に『ひとりで探せる川原や海辺のきれいな石の図鑑』1・2、『宮沢賢治の地学教室』『宮沢賢治の地学実習』（いずれも創元社）などがある。

中川昭男（なかがわ・あきお）

1945年、広島県三原市生まれ。大阪教育大学社会科学科地理専攻卒業後、地理教員として大阪教育大学附属平野中学校に20年、大阪教育大学附属高等学校平野校舎に18年勤務し、同校では副校長も務めた。その後、大阪私立興國高等学校でも教鞭をとり、2019年退職。地理教育研究会、大阪教育大学地理学会地理教育部会会員。

【訳者】

東辻千枝子（とうつじ・ちえこ）

お茶の水女子大学大学院修士課程、岡山理科大学大学院博士課程修了、博士（理学）。専門は物性物理学。東京大学海洋研究所、岡山大学大学院自然科学研究科、工学院大学学習支援センター勤務を経て、現在は理系分野の翻訳を行う。訳書に『タイム・イン・パワーズ・オブ・テン』（講談社、2015年）、『プラネットアース』（創元社、2019年）など。

【原書監修者】

デイビッド・ランバート　Dr. David Lambert

ユニバーシティカレッジ・ロンドン教育学部地理教育学名誉教授。ニューキャッスル大学卒業後、ケンブリッジ大学で教育学修士課程を修了、ロンドン大学で博士号取得。12年間中学校の教師を務め、執筆した教科書は賞を受け広く出版されている。2002年からイギリス地理学会会長。

スーザン・ギャラガー・ヘフロン　Dr. Susan Gallagher Heffron

ネブラスカ大学で教育課程および教授法の博士号を取得した教育コンサルタント。地理学教育に特に造詣が深く、地理学教育に関する国内外のプロジェクトに参加している。地理教育雑誌『The Geography Teacher』編集委員を務めたほか、20年にわたり学校、大学で教鞭をとった。

【原書執筆者】

ジョン・ウッドワード　John Woodward

イングランド南部の自然保護区で常勤ボランティアとして環境保護活動を支援しつつ、自然に関する多数の著書・論文を執筆。

ジョン・ファーンドン　John Farndon

ケンブリッジ大学地理学修士。自然に関する多数の書籍を執筆。

フェリシティ・マックスウェル　Felicity Maxwell

ニュージーランド・ビクトリア大学の地理学・植物学修士、イギリス・オックスフォードブルックス大学の環境管理工学修士。長年政府機関で生態系・自然環境保護コンサルタントを務める。

スーザン・ウィーラー　Sarah Wheeler

ロンドン経済大学人文地理学科卒業後、イギリス南部のグラマースクールで地理を教えている。30年以上も上級審査官を務め、教科書や復習書の執筆にも携わった。

アーサー・モルガン　Arthur Morgan

マンチェスター大学地理学部卒業。ジョージアとアルメニアを結ぶハイキングトレイル建設など国際プロジェクトのボランティアとして活発に活動している。

はじめに

地理学ほど壮大な分野はありません——世界全体がその対象なのですから。

地理学は世界の多くの国で教育課程の中の主要な科目のひとつになっています。世界の様子やしくみを知り、理解することは誰にとっても大切なことだと考えられているからです。

地理学に関心を持つことは私たちの住む素晴らしい惑星の働きに対して真の好奇心を持つことであり、それは目まぐるしい現代を生きるのに大いに役に立つでしょう。

この本は地理学の基礎を多くのイラストを用いてわかりやすく説明することをめざしています。学校で教えられる重要なことがらを網羅し、日本では地球科学として扱われている内容も多く含んでいます。学生はもちろん、卒業以来地理学や地学に触れていない大人の方々も、記憶をリフレッシュできるでしょう。

地理学は単に正確な事実を積み上げたものというだけではありません。地理学ではいろいろなものの見方を学びます。複雑な概念もあります。プレート、風化と侵食、それに生態系、さらに常に進展するグローバリゼーション、サステナビリティ、そして気候変動。これらはいずれも、自然界や、人間が互いにどうかかわり合っているか、人々とその環境がどうかかわり合うか、に関係しています。

この本は他のどんな地理学の本とも違っています。世界を理解するために必要なことがたくさん書いてあります。好奇心を刺激するとともに、私たちが直面する重要な問題を指摘しています。この本を通して、世界を地理学的に考え、意見を持ち、さらに議論をしてほしいと願っています。それは口論することや、単に意見が違うということで

はなく、考え方の異なる人の言葉に耳を傾け、地理学の多くの問題は単純なひとつの
お話ではなくていろいろな見え方があるのだということを受け入れるという意味です。

私は学校で教えていましたし、子どもたちの親でもありました。私はこの本が、大人
の方々や若い人々が世界について読み、教え合い、語り合う多くの機会を提供すると
期待しています。あなた方が世界と向き合うときにはきっと役に立つことでしょう。そ
れが地理学の力なのです。

デイビッド・ランバート
ロンドン大学ユニバーシティ・カレッジ教育学部　地理教育学名誉教授

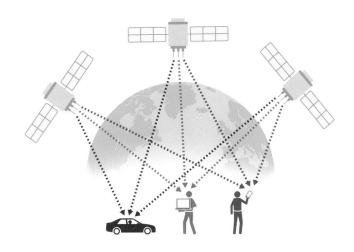

目次

1　自然地理学

2　人文地理学

3 実用地理学

地理学とは何か

地理学とは、私たちの住んでいる世界を学ぶことである。

地理学者は、地球の地形や大気、自然環境、そしてそこに住む人々について研究している。地理学では、とりわけ、それらがどこにあるか、どのように変わってゆくのか、なぜ変化するのかといったことに注目する。

地理学の起源

英語の「地理学（geography）」ということばは古代ギリシア語に由来し、geo は地球、graph は記述することを意味する。古代ギリシアの学者たちは世界の中で自分たちがどのような場所にいるのか、他のところはどうなっているのかに興味を持っていた。彼らは自分たちの周りの世界を表すさまざまな地図を作った。

地球は球形なので
地球儀も丸い

◀▲ **世界を理解するには**
地理学に欠かせない地図と地球儀は、さまざまな場所の配置や関係を調べるための手段となる。

自然地理学

自然地理学では、地球のうち人間活動以外の部分、つまり地形や岩石、大気、川や湖、海洋、そしてそこに住む動物や植物を対象にする。自然地理学にはいろいろな分野があり、地球科学の領域と重なる範囲も多い。

▲ **生物地理学**
生物地理学者は植物や動物の生活する場所を観察し、特にバイオーム、すなわち特定の動物や植物の集団が生息する領域に注目する。

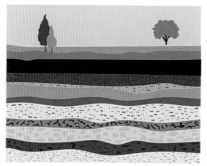

▲ **地質学と地形学**
地質学者は岩石や鉱物、地球の地殻部分や内部の構造を調べる。地形学者は地勢や景観のなりたちを調べる。

▲ **気象学と気候学**
気象学者は大気を観測し、気象変化の予測方法を研究する。気候学者は気候、すなわち地球の各地域の気象の特徴について調べる。

人文地理学

人文地理学の対象は人々がどこでどのような生活をしているかということ。人々が作り上げた都市や農村の環境に関心を持ち、人間が他の人やさまざまな環境とどのようにかかわっているかを研究する。

都市地理学
都市地理学者の研究の対象は都市で、彼らは都市環境の変化やその背景、また都市が世界の中でどのようにつながっているかを理解しようとしている。

経済地理学と社会地理学
経済地理学者は工業や農業などの経済活動が行われている場所に、社会地理学者は人間のいろいろな集団の分布に注目している。

人口地理学
人口地理学者は人々がどこで生まれてどこで死ぬか、どのように移動しているかなどに関心がある。人口の変化についても研究する。

地理学のための技術

地理学者の研究範囲はとても広いので、いろいろな技術を身につける必要がある。各種の地図の使い方を理解することはもちろん、観察や計測の方法も知らなければならない。情報を数値として処理するための統計学の知識も重要である。

▲場所と方位
地理学者は対象がどこにあるかを知らなければならない。場所と方角を正確に知るために、地図や人工衛星による測位システム（GPS）、コンパスを使用する。

▲調査と測量
人文地理学ではさまざまな質問を通じて人間に関するデータを調査する。自然地理学の研究には地形の測量が必要である。

フィールドワーク

地理学者が地形や人間環境の研究のために屋外へでかけることをフィールドワーク（野外調査）という。高い山や美しい森のような自然の中に出かけられるので、地理学を学び研究する多くの人にとってこれは楽しい活動でもある。

地理学的に考えること

地理学者は地理学の方法によって周りの世界を調べ、それについて考える。

地理学者の課題は、ものごとが世界のどこにあり、それらはどのように機能していて、そしてそれらが全体の中でどのような位置を占めるのかを明らかにすることである。地理学的な考え方の特徴は具体的な事実をいろいろなアイデアや考え方と結びつけるところにあり、とりわけものごとのつながり方や分布の法則性や互いの関係を見つけることを大事にしている。

基盤となる知識

地理学的に考えるための土台は基本的な知識である。それは世界に関する基本的で正確な事実、つまり大陸の名前や大きさ、主要な河川や山岳地帯の位置、あるいは大気の基本的な構造、主な大都市の名前や場所などで、以下のような単純な質問の答えになることがらである。

> ベルギーにはどんな人々が住んでいるか?

> ペルーはどこにある?

> この湖の深さは?

> 氷河って何?

> メキシコ湾流はどこを流れているか?

▼つながりを見つけること

地理学が与えてくれる大きな視野によって、私たちは世の中のものごとが互いにどのように関係しているかを知ることができる。

> 地理学は身近なものごとを世界全体に結びつける。

> 地理学は自然界と人間との関係を示す。

> 地理学は人々に環境とのつながりを発見させる。

> 地理学者は、事実と理論を関係づける。

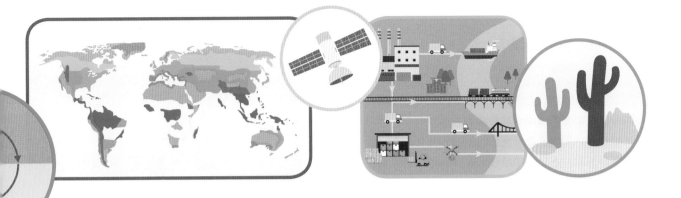

理論的な知識

優れた地理学者になるためには、世界についての豊かな知識の他に、それらを理解する手がかりとなる考え方が必要である。都市化（アーバニゼーション）、国際化（グローバリゼーション）、気候、水の循環といったことがらはいずれも、場所、空間、そして環境という地理学的な3つの大きな枠組みで考えることができる。地理学の知識はだいたいこの3つの枠組みで整理でき、これらの枠組みがさらに詳しく何かを考えるときのよい出発点となる。

場所

「場所」とは、ふつうはそこに住んでいる人々によって認識され名づけられている領域や地点のことである。小さな通りのこともあれば、大陸全体のこともある。

それぞれの場所はいろいろな方法で詳しく調べたり説明したりできる。たとえば地理学者はその場所の気候や地質、土壌、住んでいる人々などを研究する。2つの場所がまったく同じということはない。1つの場所の特徴が世界全体の理解に役立つこともある。

場所について考える課題の例

●この国の経済について説明し、それと自然資源との関係を考える。

●この特定の地域を農地にすることの利点は何だろうか。ここはどんな土壌や気候なのだろうか。

空間

「空間」とは地球の表面を具体的な広がりとして考えるものであり、「空間的な」というときの空間も同じ意味である。空間にはさまざまな現象や場所の間のつながり方や分布の法則性も含まれる。

地理学者は人口密度などの空間的な変化や規則性を調べ、その原因を理解しようとする。地震の被害や工場による汚染のような現象の広がり方にも関心を持つ。経済的な活動地点の間の隔たりのような空間の影響も重要である。

空間について考える課題の例

●生産活動を世界規模で考えてみる。地球全体では、物はどのように生産者から消費者へ移動しているのだろうか。

●富の分布がかたよっていると何が起きるだろうか。

環境

私たちをとりまく生物や生物以外のものをまとめて「環境」という。自然環境、人の手が入った環境（農地など）、人が建設した環境（都市など）などがある。

地理学者は、人が周囲の世界とどのようにかかわり、どのような影響を与え、環境とどう共存できるか、といったことを研究することもある。生態系、すなわち自然界で生物が互いにかかわり合っているしくみに注目すると環境をずっと深く理解できる。

環境について考える課題の例

●砂漠やサンゴ礁のような環境はなぜ壊れやすいのだろうか。そういう環境を保存することはできるのだろうか。

●何を再生可能エネルギーとして利用するべきだろうか。

行動する地理学

地理学は単に学校での勉強であるだけではなく、いろいろな場面で役に立っている。

地理学は、世界を理解するためのわかりやすい指針と、大切に扱うための手がかりを与えてくれる。自然地理学にも人文地理学にも幅広い研究対象や魅力的な仕事、やりがいのある活動がある。

活躍の現場

地理学やその関連分野で培われた専門的な知識は、自然環境や人間環境と私たちの関係の中でとても重要な役割を果たしている。地理学が大局的な理解を与えてくれるのに対して、専門家の優れた技能はいろいろな分野の詳細で実務的な知識として役に立つ。地理学を学んだ人が取り組んでいるいろいろな仕事や活動の一部を紹介しよう。

自然地理学

地理学は生物（動植物）と生物以外のもの（岩石や大気）の両方を含む地球の自然環境についての幅広い知識を提供する。このような知識があれば、さまざまな仕事や興味を追求することができる。

地質学者
岩石を研究するのは地質学者、役に立つ鉱物資源が見つかるかもしれない。

火山学者
火山学者は火山を研究して、噴火の予知を目指している。

気候学者
気候変動について警鐘を鳴らす気候学者は私たちの将来になくてはならない存在。

土壌学者
土壌学者は土を分析し、それがどんな植物の成長に適しているかを調べる。

気象学者
気象学者や気象予報士は天候に注目し、正確な天気予報に挑戦している。

パークレンジャー
野生動物の重要なすみかである自然公園。レンジャーは公園の動物たちの保護活動に励んでいる。

生物地理学者
生物地理学者は生物の生息環境を調べて、自然を保護する最善の方法を探っている。

水理学者
水資源を管理し、地域を水害から守るのは水理学者の仕事。

人文地理学

都市でもそれ以外の場所でも人間をとりまく環境はどんどん拡大し複雑になっている。優れた都市計画のためにはそのしくみを理解する必要があり、人文地理学の知識はますます重要になっている。

地理学の楽しみ

地理学を学んで外の世界が深く理解できるようになれば、お出かけももっとずっと楽しくなる！

都市計画
街の景観づくりや土地利用の計画を立案するのは都市計画者の仕事。

測量技師
世界は正確な地図を根拠に動いている。そのもとになる測量はとても大切な仕事。

政治家
政治家がよりよい政策を決定するためには人間とその環境に関する地理学の知識が必要。

オリエンテーリング
オリエンテーリングは地図とコンパスだけを使って道を探して進むアウトドア活動。

ルートづくり
地図の正しい使い方を理解して、最短コースや絶景ルートを大いに楽しもう！

ツアーガイド
土地や人々についての豊富な知識を身につけて、訪問者に喜ばれるツアーガイドになろう！

ビジネス
どこで事業をするか、という決断には地理学の知識が欠かせない。

探検
世界の地理学に貢献するために、誰も知らない未開の地を訪ねる探検家になろう！

セーリング
ヨットに乗ることになったら、天候や潮汐、海流について勉強しておこう。

緑化推進
地球とそのしくみをよく理解して、地球を大切にしながらもっと緑の多い生活を楽しもう！

交通計画
道路や鉄道の経路を決めるには物流や地形に関する知識が何よりも必要。

人道支援
援助を待つ人々への支援活動は、世界の富の分布を学ぶことから。

自分専用の地図
本当に自分の周りの世界に詳しくなりたいなら、自分だけの地図を作ってみてはいかが？

世界旅行
見たことのない景色を見たり異文化に触れたりしたければ、外国旅行がおすすめ！

ガーデニング
自分の庭の土壌や水はけなどに詳しくなれば、ガーデニングの達人にもなれる！

教師
みんなの住む世界を教えるという大事な役割を担当しているのが地理の先生。

自然地理学

自然地理学とは何か

自然地理学では、自然システムとしての地球や、岩石、水や空気、生物
の間の関係を調べる。

地理学者たちは地球がどのように機能しているかに興味を持っ
ている。彼らは岩石や土壌のなりたち、地球の気候、地表
を形成する水や氷、あるいは地球上に生きている生物
群集について研究する。

地球

自然地理学者は変化を続ける地球を形作って
きた地質学的な過程に注目して地球の歴史を
調べる。地球内部の力がどのように働いて高
い山や深い海溝ができ、そして長い時間をか
けて大陸を動かしたのだろうか。

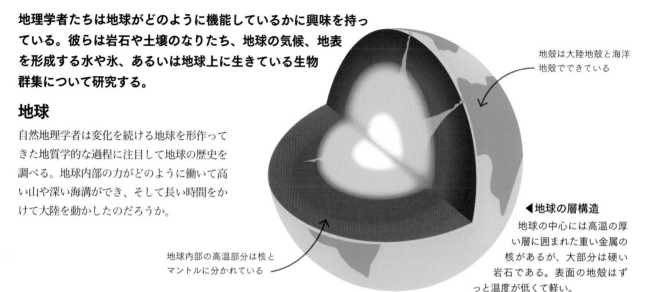

地殻は大陸地殻と海洋
地殻でできている

◀地球の層構造
地球の中心には高温の厚
い層に囲まれた重い金属の
核があるが、大部分は硬い
岩石である。表面の地殻はず
っと温度が低くて軽い。

地球内部の高温部分は核と
マントルに分かれている

岩石と土

地球はさまざまな岩石や土でできている。その岩
石や土のできた過程を調べよう。ある岩石は地下
深いところで作られ、またあるものは強く押し固
められた他の古い岩石のかけらからできている。
岩石は時間をかけて風化し、かけらになって侵食
作用で運ばれ、生物の残骸と混ぜ合わされて土に
なるものもある。

火山の噴火によって
できる岩石もある

火成岩

変成岩

露出した岩石は小さく砕かれ、洗
い流されて別の岩石や土になる

堆積岩

◀新しい岩石の形成
岩石は、風化と侵食に
よって絶えず形成と磨
滅をくり返している。

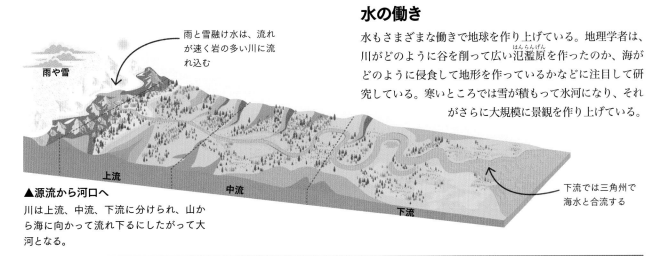

雨や雪

雨と雪融け水は、流れが速く岩の多い川に流れ込む

上流

中流

下流

下流では三角州で海水と合流する

▲源流から河口へ
川は上流、中流、下流に分けられ、山から海に向かって流れ下るにしたがって大河となる。

水の働き

水もさまざまな働きで地球を作り上げている。地理学者は、川がどのように谷を削って広い氾濫原を作ったのか、海がどのように侵食して地形を作っているかなどに注目して研究している。寒いところでは雪が積もって氷河になり、それがさらに大規模に景観を作り上げている。

天候と気候

「天候」はある瞬間の大気の状態、「気候」とはある地域での長い時間の平均的な天候である。地理学者は、風や雨や雲、その他の気象現象を調べ、それが私たちの周囲の世界にどう影響しているかを研究している。

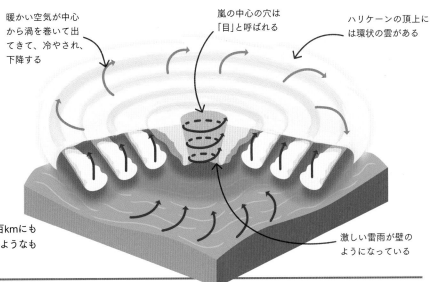

暖かい空気が中心から渦を巻いて出てきて、冷やされ、下降する

嵐の中心の穴は「目」と呼ばれる

ハリケーンの頂上には環状の雲がある

激しい雷雨が壁のようになっている

▶嵐の中
発達したハリケーンは直径何百kmにもおよぶ大きな回転するドラムのようなもので真ん中に穴があいている。

生物地理学

地理学者は、世界を、動物や植物、固有の気候などの地域の特徴で分類した「バイオーム」に分ける。地球上には、砂漠、各種の森林や草原、海洋などのバイオームがある。このようなバイオームについて研究するのが生物地理学である。

砂漠は極端に乾燥しているので、そこに適応したごくわずかの植物しか育たない

ラクダのような動物は食べ物や水を求めて長距離を移動する

▶熱と砂
このイラストには、世界各地の砂漠で生きることを選んだ動植物が描かれている。

地球の歴史と地質年代

地質学では地球の歴史を累代、代、紀に区切っている。

地球上の生命の進化における地質学的に画期的な変化というのは、何百万年もかけて起こったものである。

地球上の生命の歴史年表

累代はいくつかの代に区分され、それぞれの代にはいくつかの紀が含まれる。5億4,000万年前、地球上に多細胞の生命があふれるように登場した時代に始まる顕生代の区分を下の表に示す。岩石の中に残された化石によって生命の進化の様子が明らかになる。

地球の年齢はおよそ46億年であるといわれている。

累代	代	紀（～百万年前）	できごと
顕生代	古生代（541-252 百万年前）	カンブリア紀（541–485）	カンブリア紀の間に硬い殻のある生物が初めて海に登場した。これは生物の「カンブリア爆発」と呼ばれる。
		オルドビス紀（485–443）	三葉虫のような複雑な生物が海に現れたが、この時代の陸上にはわずかな単純な植物以外に動物はいなかった。
		シルル紀（443–419）	シルル紀の海は原始的な魚類を含む生命にあふれていた。背の低い植物や菌類、ヤスデのような小動物が陸上に現れ始めた。
		デボン紀（419–358）	この時代に魚類はさまざまに進化したので、「魚の時代」と呼ばれている。陸上には背の高い植物が現れて森を形成し始めた。
		石炭紀（358–299）	巨大なトンボなどの昆虫が森を飛び交い、陸上の原始的な脊椎動物の餌となった。
		ペルム紀（298–252）	陸地は広大な砂漠を含む巨大な超大陸となった。この時代は、生物の96％が絶滅するという大規模な破局で終わった。
	中生代（252-66 百万年前）	三畳紀（252–201）	生命はゆっくりと回復し、最初の小型恐竜や空を飛ぶ翼竜が現れた。その中には初期の毛の生えた哺乳類を餌とするものがあった。
		ジュラ紀（201–145）	大型の草食恐竜が森を歩き回り、長い首を使って樹木のてっぺんを食べた。彼らは大型の肉食恐竜の餌となった。
		白亜紀（145–66）	恐竜は鳥類を含む多くの種類に進化したが、6,600万年前の地球規模の大災害によって大型の恐竜は絶滅した。
	新生代（66百万年前－現代）	古第三紀（66–23）	生き残った哺乳類は現代のサイに似た大型動物へと進化し、恐竜のいなくなったあとの陸上に君臨した。
		新第三紀（23–2）	鳥類、哺乳類、爬虫類などはだんだん現代の動物へと進化した。その中には最初に直立して歩いたヒトの祖先も含まれる。
		第四紀（2–現代）	気温が下がり始め、くり返し氷期になった。最初の現生人類がアフリカに出現し、徐々に世界中に広がった。

生命の物語

およそ38億年前に地球上に生命が現れた。しばらくの間は単細胞のミクロなものだったが、約6億年前には複雑な多細胞の生物が初めて現れ、次第に今日存在するような動物や菌類、植物に進化した。

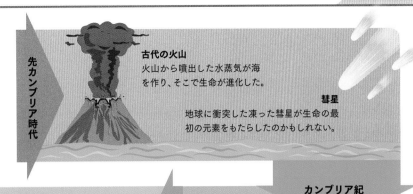

先カンブリア時代

古代の火山
火山から噴出した水蒸気が海を作り、そこで生命が進化した。

彗星
地球に衝突した凍った彗星が生命の最初の元素をもたらしたのかもしれない。

カンブリア紀

マレッラ
この原始的な動物は海中に住んで、節のある脚と硬い殻におおわれていた。

オルドビス紀

サカバンバスピス
この鎧を着たような魚は目の間隔がせまく、あごの骨がなかった。

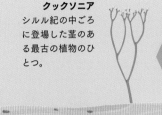

シルル紀

クックソニア
シルル紀の中ごろに登場した茎のある最古の植物のひとつ。

デボン紀

ドレパナスピス
あごがなく、鎧をつけたようなこの魚の頭は幅の広い平らな盾におおわれていた。

石炭紀

リンボク
この古代の木にはうろこ状の樹皮があり、30m以上にも成長した。

ペルム紀

ディメトロドン
この背中に帆を立てたような肉食動物の化石から、これが哺乳類の祖先と関係があることがわかった。

三畳紀

エウディモルフォドン
翼竜は恐竜と同じ時代に生息した飛ぶことのできる爬虫類であった。

ジュラ紀

クリオロフォサウルス
この大型肉食恐竜の化石は南極で見つかった。

白亜紀

ヴェロキラプトル
この羽の生えた肉食の恐竜の両足には鋭いかぎ爪があった。

古第三紀

ウインタテリウム
サイくらいの大きさのこの動物は大型草食獣であった。

新第三紀

アウストラロピテクス・アファレンシス
初期の原人は400万年前に直立して歩いていた。

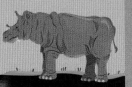

第四紀

ホモ・ネアンデルターレンシス
この頑健な人類は氷期の生活にも順応していた。

地球の構造

水と空気の層に包まれた岩と金属の巨大な球体が私たちの地球である。

地球は、核、マントル、そして地殻の3層でできている。地殻の70%以上は海で、残りに私たちの住む島や大陸がある。

地球の誕生

およそ46億年前、地球は、そのころできた太陽の周りの岩石、塵、気体分子などから誕生した。空間に浮かぶこれらのかけらが重力に引かれて球形に集まり、ゆっくりと融け合わさって金属と岩石の層状の構造ができた。これがやがて冷えて、ついには液体の海と空気を十分に支えられるほどになった。

観察しよう
隕石からわかること

地球の核まで穴をあけて核が何でできているかを調べることはできないが、科学者たちは核のほとんどは鉄とニッケルだろうと推測している。何億年も前に壊れた惑星の核からやって来たらしい多くの隕石にこれらの金属が含まれているという事実から、この推測が正しいだろうと考えられている。たとえば、1947年にロシアに落ちたこの隕石は鉄でできている。

◀降着
空間に浮かんでいた岩石が互いの引力によって引き合い、ひとつの大きな塊になり始め、ついに惑星になった。このように物質が徐々に降り積もって大きくなることを「降着」という。

▶溶融
惑星にたくさんの岩石がぶつかったときの衝突のエネルギーが熱に変わった。惑星は融け始めて、岩石に含まれていた重い金属のほとんどは中心に沈み込んで核になった。

▲冷却
降着が少なくなると、惑星は冷え始める。岩石のほとんどは固まってまだ熱い金属の核の周りに層を作る。

▲海と大気
火山から噴出した気体が初期の大気になった。水蒸気は雲になり、やがて雨となって徐々に海を満たした。

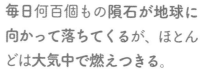

毎日何百個もの隕石が地球に向かって落ちてくるが、ほとんどは大気中で燃えつきる。

層状の地球

地球の内部は層状になっている。引力の影響で、もっとも重い金属元素のほとんどが核の近くへ沈み、もっとも軽い元素は気体となって大気中に存在している。岩石はその中間にあって重いものはマントルになっている。軽いものの一部は海洋地殻、もっとも軽い岩石が大陸地殻を形成している。大陸地殻は海洋底より高い位置に乾いた土地として存在する。

▶地球の内部

地球には比較的薄い地殻があって、マントルと呼ばれる熱い岩石の厚い層を包んでいる。マントルは重い金属の核の周りにある。

内核

半径およそ1,220kmの内核は固体の鉄とニッケルでできている。太陽の表面と同じくらいの高温（約6,000℃）であるが、非常に圧力が高いので固体になっている

海洋地殻

上部マントルの冷えてもろい殻は、軽い岩石におおわれて海洋底になっている。この海洋地殻の厚さは5-10km

大陸地殻

軽い岩石は火山活動で作られ、堆積岩の層とともに大陸地殻を形成する。厚さは約30-60km

上部マントル

上部マントルの大部分は硬いが、粘性のある多孔質の物質で、たえずゆっくりと動いている

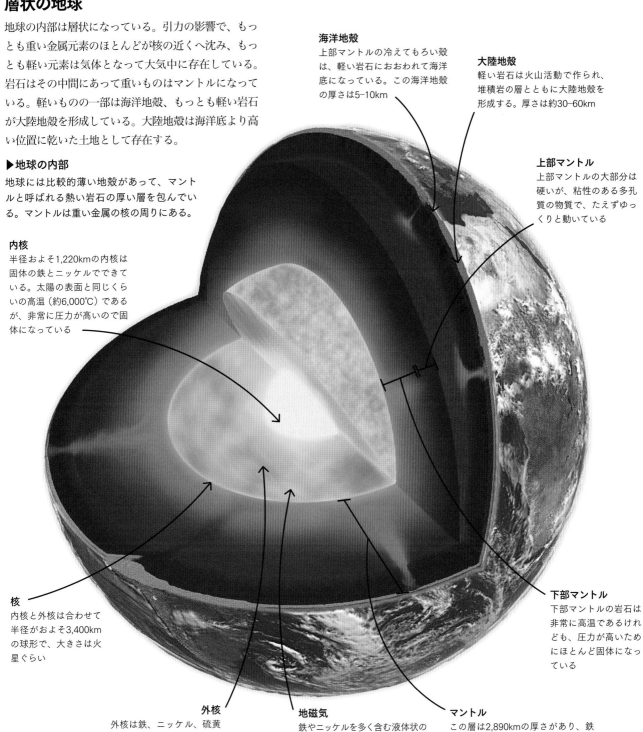

核

内核と外核は合わせて半径がおよそ3,400kmの球形で、大きさは火星ぐらい

外核

外核は鉄、ニッケル、硫黄でできていて、内核よりもやや圧力が低い。この層は液体状の金属である

地磁気

鉄やニッケルを多く含む液体状の外核の物質が流動することで電流が生じ、この電流によって地球の磁場が発生すると考えられている

マントル

この層は2,890kmの厚さがあり、鉄やその他の金属を含む重い岩石でできている。上部マントルと下部マントルに分かれている

下部マントル

下部マントルの岩石は非常に高温であるけれども、圧力が高いためにほとんど固体になっている

プレートと
プレート境界の運動

地殻はマントルに浮かんだ巨大なプレートでできている。

動くプレートどうしはプレートの境界で出会い、互いに押したり、引いたり、滑ったりする。このような活発な動きが地震や火山の噴火のきっかけになる。

深部の高温

マントルの岩石は大量の熱を発生する放射性元素を含んでいる。この熱によってマントルの高温で柔らかい岩石は対流を起こしてゆっくりと動く。マントルの流れによって冷たくてもろい地殻は引きずられ破壊される。

サンアンドレアス断層は環太平洋火山帯の一部で、火山の噴火や地震が多発している

北アメリカプレート

カリブプレート

ココスプレート

ナスカプレート

太平洋プレート

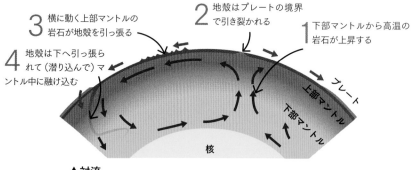

3 横に動く上部マントルの岩石が地殻を引っ張る

2 地殻はプレートの境界で引き裂かれる

1 下部マントルから高温の岩石が上昇する

4 地殻は下へ引っ張られて（潜り込んで）マントル中に融け込む

プレート

上部マントル

下部マントル

核

▲対流
下部マントルのゆっくり動く高温の岩石は上部マントルに上がっていき、冷えて再び下部マントルに沈み込む。

プレート境界

プレートどうしの動き方はさまざまである。あるものは離れていって建設的なプレート境界となる。つまり、開いた部分に融けた岩石が上昇して新しい地殻ができる。またあるものは衝突して破壊的な境界になる。そこでは一方のプレートの端がもう一方の下に入り込んで破壊される。互いにすれ違う方向に動くものもある。

プレートの典型的な動きは
爪が伸びるほどの速さ

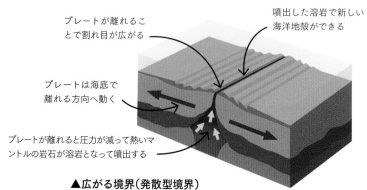

噴出した溶岩で新しい海洋地殻ができる

プレートが離れることで割れ目が広がる

プレートは海底で離れる方向へ動く

プレートが離れると圧力が減って熱いマントルの岩石が溶岩となって噴出する

▲広がる境界（発散型境界）
海底の建設的な境界でプレートどうしが離れる方向に動くと割れ目ができる。それによってその下の熱い岩石にかかる圧力が減るので、融けて溶岩となって噴出し、新しい地殻となる。

プレート

マントルの動きによって、地殻はプレートと呼ばれる大きくて不規則な形に分割された。これらのプレートは、特に海洋底などでは大西洋中央海嶺のような長い割れ目を作る。太平洋では互いに押し合っていて一方のプレートがもう一方の下へ滑って（あるいは潜り込んで）「環太平洋火山帯」という火山の多い沈み込み地帯となっている。

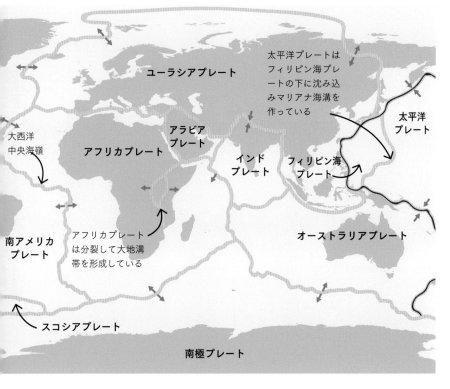

観察しよう

アイスランドの地溝

2枚のプレートは境界で引き合い、大西洋の海底を引き離して大西洋中央海嶺となっている。海嶺の一部は海面より上に押し上げられてアイスランドになっている。プレート間の割れ目は島を横切っていて、岩石が引っ張られたところは幅広い地溝（リフトバレー）になっている。

凡例

░░░░　プレート境界

──　環太平洋火山帯

➡　プレートの動きの方向

◀分割された世界

ユーラシアプレートのような巨大なプレートもあるが、カリブプレートのように小さなものもある。プレートの境界では火山の噴火が多く、地震の多発地帯と重なる。

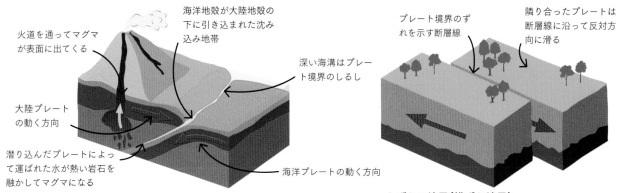

▲狭まる境界（収束型境界）

破壊的なプレート境界では、海底地殻はマントルへ引き込まれ（沈み込み）大陸地殻の下に滑り込む。このような沈み込みの地点が深い海溝になる。

▲ずれる境界（横ずれ境界）

プレートは互いに引き離されたり衝突したりせずにずれることがある。境界のほとんどは海底にあるが、大陸プレートの間にあるものもある。

動く大陸

地殻が動くので、世界中の大陸は常に動いている。

参照ページ	
‹22-23	地球の構造
‹24-25	プレートとプレート境界の運動
大陸と海洋	202-203›

プレートは動きながら軽い岩石でできた大きな板のような大陸を運んでいる。プレートが動くと大陸は引きずられ、その正確な位置はたえず変化している。

浮かぶ大陸

大陸地殻は、海洋地殻より軽い岩石でできているので、湖のいかだのようにマントル上により高く浮かんでいる。これはプレートが衝突する地域での大陸の沈み込みを防ぐことにもなっている。大陸はゆっくりと動き、離れたり、くっついたりして新しい大陸になる。

▶押したり引いたり
海洋地殻が拡大すると大陸は離れていき、海洋地殻が縮小すると大陸は衝突する。

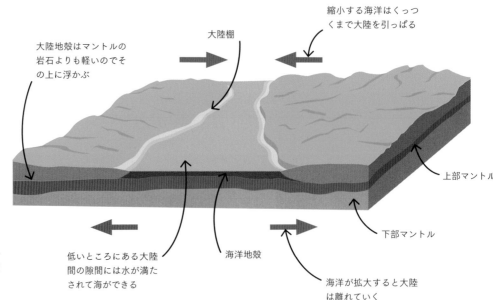

大陸地殻はマントルの岩石よりも軽いのでその上に浮かぶ

大陸棚

縮小する海洋はくっつくまで大陸を引っぱる

上部マントル

下部マントル

低いところにある大陸間の隙間には水が満たされて海ができる

海洋地殻

海洋が拡大すると大陸は離れていく

大陸移動説

1912年、ドイツ人科学者アルフレート・ヴェーゲナーが、何百万年も前には現在の大陸はひとつの超大陸だったが、その後分裂したのだ、という説を発表した。彼の説は、大陸の形をうまく組み合わせることができるということや他の地質学的な証拠をもとにしていた。50年後の1960年代の研究によってプレートテクトニクス理論が確立し、最初は却下されていた彼の考えが正しいことが証明された。

▶ぴったり
ヴェーゲナーは南半球の大陸はジグソーパズルのようにはまると指摘した。現在は海によって隔てられている大陸の両方でよく似た化石が発見されるということも彼は記録に残している。

アフリカ

インド

南アメリカ

南極

オーストラリア

凡例

➡ 陸の移動の方向

● **キノグナトウスの化石**
キノグナトウスという爬虫類の化石が南アメリカとアフリカで見つかっていて、この爬虫類が2つの大陸間を簡単に移動できたことを示している。

● **リストロサウルスの化石**
爬虫類リストロサウルスの化石が南アフリカ、インド、南極で見つかっている。

● **グロッソプテリスの化石**
グロッソプテリスというシダの化石は南半球のすべての大陸で見つかっていて、これらの大陸がかつては一続きだったことを示している。

漂流する大陸

1962年、アメリカ人の地質学者ハリー・ヘスは、大陸が世界中をどのように漂流したかを説明する理論を提起した。最初の恐竜の時代、大陸はパンゲアとして知られるひとつの大きな超大陸だった。その後、パンゲアは分裂し現在の位置まで漂って来たという。

◀2億2,500万年前
およそ3億3,500万年前に初期の大陸が押し集まって超大陸パンゲアができ、1億6,000万年ほど存在した。

◀1億5,000万年前
ジュラ紀の後期までにパンゲアは、北のローラシア、南のゴンドワナという2つの小さな超大陸に分裂した。

◀現在
新しい大陸は、最後の大型恐竜が生きていた白亜紀に形成され、現在の位置までゆっくりと移動した。

大陸の衝突

地球ができてこの方、大陸は分かれたりくっついたりをくり返している。およそ1億4,000万年前、プレートの動きによって東アフリカの一部がちぎれてインド洋を横切って北の方へ運ばれた。この小さい大陸は、約4,000万年前についにアジアにぶつかってインドとなった。

凡例
- 現在のインド
- 1,000 万年前
- 3,800 万年前
- 5,500 万年前
- 7,100 万年前

インド亜大陸とアジア大陸の衝突によってヒマラヤ山脈が作られ、今も成長を続けている

◀北への移動
インドはインドプレートの動きで北へ押しつけられた。このプレートは今も1年間に5cmほどインドを南アジアの方へ押し続けている。

大陸の分裂

プレートは大陸を引き連れて常に動いている。アフリカプレートは東アフリカの大地溝帯で2つに分裂しつつある。いつか東側はインド洋に浮かぶ小さな大陸になるだろう。

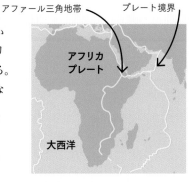

▲現在のアフリカ
大地溝帯は北のアファール三角地帯から南のモザンビークまでアフリカを縦断している。

▲未来のアフリカ
割れ目は開いて谷は細長い海になり、さらに広がってアフリカを2つに分ける。

大陸は2つのプレートに分かれ、ひとつはヌビアプレート、あとひとつはソマリアプレートの上になる。

地震と津波

地殻のプレートの動きは地震や津波を引き起こすことがある。

地殻のプレートが互いに滑ると縁が変形してひずみが溜まる。やがて持ちこたえられなくなって崩れ、その衝撃が地震と津波を引き起こす。

地震はなぜ起きるのか

ほとんどの地震は地殻の2つのプレートが互いにこすれる地域で起こる。プレートは常にきわめてゆっくりと動いている。プレート境界になっている断層に沿って、この動きがしばしば小さな揺れを起こしながら常に滑り続けているような場所もある。しかし断層が固定されていれば、緊張が高まり、やがて崩れて地震を起こすことになる。

2 ひずんだ岩石
プレートが動き続けるので、断層の両側の岩石はひずみ始める。岩石はばねのように曲がってエネルギーが溜まる。断層が固定されている限り、岩石は曲がり続け、ついに何かがはじけるほどに緊張が高まる。

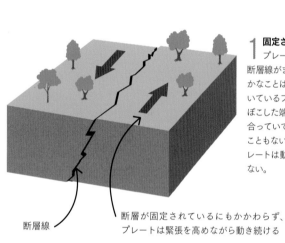

1 固定されたプレート
プレートを分割する断層線がまっすぐで滑らかなことはまずない。動いているプレートのでこぼこした端は互いにかみ合っていてずれてしまうこともない。それでもプレートは動くことを止めない。

断層線

断層が固定されているにもかかわらず、プレートは緊張を高めながら動き続ける

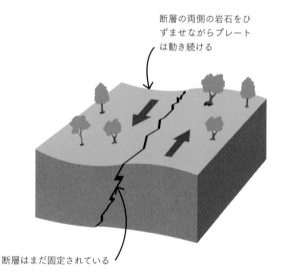

断層の両側の岩石をひずませながらプレートは動き続ける

断層はまだ固定されている

リヒタースケール（マグニチュード）

地震の規模（ローカル・マグニチュード）は地震計の振れ幅を対数化したリヒタースケールで示される。このスケールは1段階ごとに前段階の10倍地震波が大きくなったことを表す。現在はより大規模な地震エネルギーを表せるモーメント・マグニチュードが広く使われている。

マグニチュード1
この強さの地震は地震計という特殊な機械でしか検知されない。

マグニチュード2-4
揺れに気がつく。建物の中で物が落ちて壊れる程度の損傷。

影響	ほとんど検知できない	機械で検知できるが不感	穏やかな震動	はっきりした揺れ
マグニチュード				

世界中で**毎年50万回もの地震**が発生しているが、そのほとんどは感じられない。

3 急な衝撃

断層がついに崩れると岩石は跳ね返る。長年かかって起こるはずだった動きがほんの数分の間に起こる。震源（破断点）からの衝撃波は池の波紋のように地球を揺らしながら伝搬する。

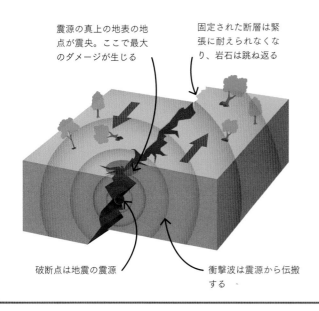

震源の真上の地表の地点が震央。ここで最大のダメージが生じる

固定された断層は緊張に耐えられなくなり、岩石は跳ね返る

破断点は地震の震源

衝撃波は震源から伝搬する

環太平洋火山帯

壊滅的な地震はプレートが互いにぶつかり合うか滑っている境界で起こる。太平洋の周辺部にそのような場所が集まっていて、環太平洋火山帯として有名な危険地域である。プレートが衝突する境界に沿って多くの火山があるので火山帯と呼ぶ。

日本では年間1,500回もの地震が発生し、壊滅的な規模になることもある

環太平洋火山帯には450以上もの活火山を含む火山がある

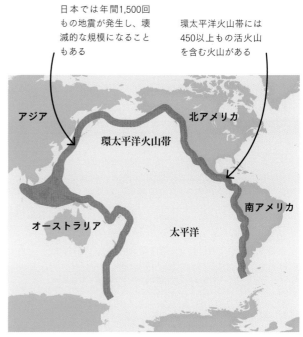

アジア

北アメリカ

環太平洋火山帯

南アメリカ

オーストラリア

太平洋

▲地震地帯

世界のもっとも深刻な地震と津波のおよそ80％は、インドネシアと太平洋の周辺に広がる環太平洋火山帯に沿って起こっている。

マグニチュード5–6
震動は弱い構造物を揺らし、突き上げ、破断して損傷を与える。

マグニチュード7–9
生活に大きな損害を与え、広範囲に壊滅的な災害が発生する。

| 中程度の損害 | 深刻な損害 | 地域の破壊 | 広範囲の破壊 | 壊滅的な損害 | |

津波

深い海溝付近の海底では海洋地殻の一方のプレートが他方の下へ沈み込み、そこで地震が発生する。上のプレートの端はゆっくりと引き込まれ、ついには断層が壊れて上のプレートは跳ね上がる。すると津波と呼ばれる大きな波が押し上げられて海岸を襲い大災害になる。

津波は外洋では時速800kmで伝搬する。

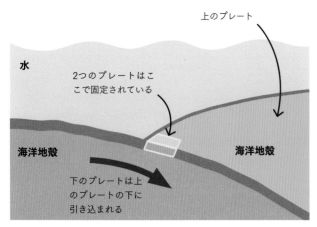

1 固定されたプレート
世界の沈み込み地帯のほとんどは海底にあって、プレートはそこで押し合っている。下のプレートが上のプレートの下へ何ごともなく滑り込んでいるところもあるが、2つのプレートが固定されてしまう場合もある。

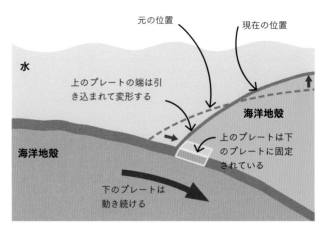

2 引き込み
下のプレートが動き続けると、固定された部分を引っ張る。上のプレートの端を下へ引っ張るので上のプレートの別の部分は押し上げられて、ひずみを生じる。

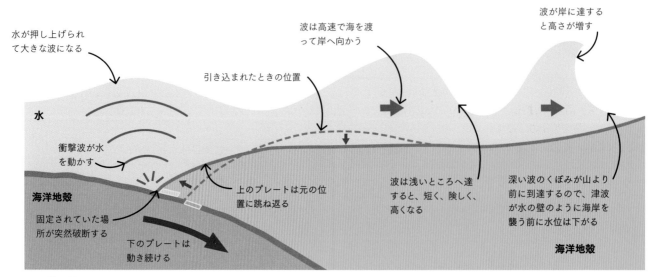

3 跳ね返り
ついには固定部分が壊れる。上のプレートの端は跳ね返り、水が押し上げられて大きな波になり、津波となる。この波は海を渡って岸に上がり、陸地を水浸しにする。

造山活動

地震を起こす力と同じ力が大陸を曲げたり、割ったりして山を造る。

山岳地帯の多くはプレートの押し合いによってできている。大陸地殻が引っ張られるところや硬い岩石が噴火によって露出したところにも山ができる。

地殻のしわ

海洋地殻が大陸地殻の下へ押し込まれると、沈み込み地帯ができて、大陸の端は褶曲山脈となる。褶曲山脈は狭まったプレートの圧力で押し上げられたもので、そこには火山が点在し、沈み込み地帯の深いところで作られたマグマが上がってくる。

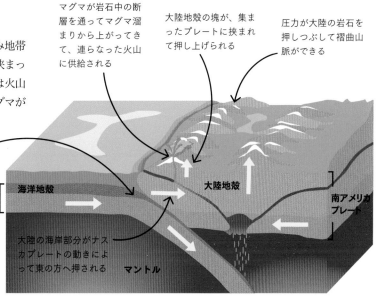

マグマが岩石中の断層を通ってマグマ溜まりから上がってきて、連らなった火山に供給される

大陸地殻の塊が、集まったプレートに挟まれて押し上げられる

圧力が大陸の岩石を押しつぶして褶曲山脈ができる

重い海洋地殻が曲がって軽い大陸地殻の下に沈み込み、沈み込み地帯ができる

大陸の海岸部分がナスカプレートの動きによって東の方へ押される

海洋地殻　大陸地殻　マントル

ナスカプレート　南アメリカプレート

凡例

運動の方向

▶アンデス山脈の形成
アンデス山脈は太平洋の海底が南アメリカの端の下へ滑った沈み込み地帯の上にできている。大陸の岩石が圧力によって押し上げられたのである。

衝突地帯

大陸地殻を動かす2つのプレートが衝突すると、地殻に大きなしわができ、高い山を押し上げる。かつて大陸の間にあった海洋地殻は衝突地帯の下のマントルに引っ張られる。一方で軽い海底の堆積物は畳まれて押し上げられ山岳地帯の一部になる。

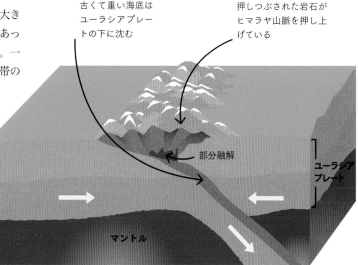

古くて重い海底はユーラシアプレートの下に沈む

押しつぶされた岩石がヒマラヤ山脈を押し上げている

部分融解

インドプレート　ユーラシアプレート

マントル

凡例

運動の方向

▶ヒマラヤ山脈のなりたち
地球上で最高の山岳地帯はインドがアジアに衝突したことでできた。インドプレート上の海底はユーラシアプレートの下に滑り込み、ヒマラヤ山脈とチベット高原を押し上げている。

≫ 褶曲と断層

プレートが互いに押し合って山ができるところでは岩石は押されたり曲げられたりする。地層と呼ばれる岩石の水平な層は大きく畳まれたり、時には引っくり返ったりもする。岩石は砕け、地層がずれて断層ができ、深い層の古い岩石を新しい岩石の上に押し上げることもある。

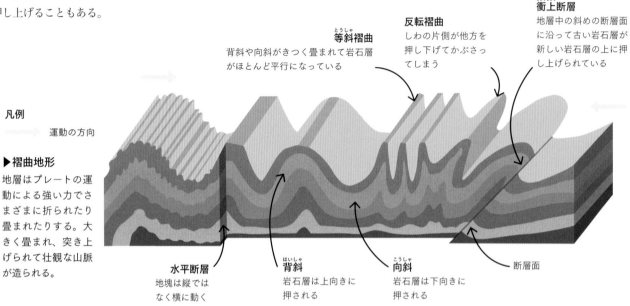

等斜褶曲
背斜や向斜がきつく畳まれて岩石層がほとんど平行になっている

反転褶曲
しわの片側が他方を押し下げてかぶさってしまう

衝上断層
地層中の斜めの断層面に沿って古い岩石層が新しい岩石層の上に押し上げられている

凡例
→ 運動の方向

▶褶曲地形
地層はプレートの運動による強い力でさまざまに折られたり畳まれたりする。大きく畳まれ、突き上げられて壮観な山脈が造られる。

水平断層
地塊は縦ではなく横に動く

背斜
岩石層は上向きに押される

向斜
岩石層は下向きに押される

断層面

地塊山地

もうひとつの山のでき方は地殻が引っ張られているところで見られる。そこでは強い張力で地殻が割れて急斜面の断層ができる。地殻の大きな塊が断層面を滑り、険しい断崖をともなう谷ができる。地殻の沈まなかった部分が地塊山地になる。このような地形は盆地—山岳地形とも呼ばれる。

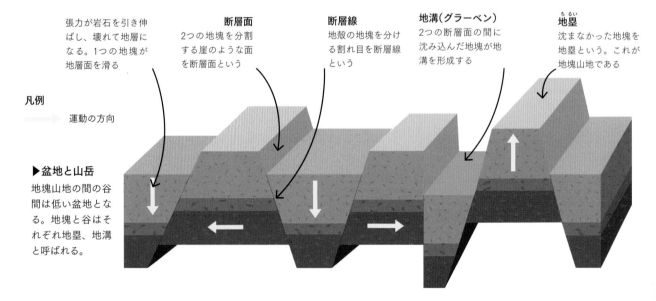

張力が岩石を引き伸ばし、壊れて地層になる。1つの地塊が地層面を滑る

断層面
2つの地塊を分割する崖のような面を断層面という

断層線
地殻の地塊を分ける割れ目を断層線という

地溝（グラーベン）
2つの断層面の間に沈み込んだ地塊が地溝を形成する

地塁
沈まなかった地塊を地塁という。これが地塊山地である

凡例
→ 運動の方向

▶盆地と山岳
地塊山地の間の谷間は低い盆地となる。地塊と谷はそれぞれ地塁、地溝と呼ばれる。

花崗岩の大きな塊

造山活動の間に融けた岩石（マグマ）は地殻の深いところから表面にしみだすことがある。融けた岩石は火山から噴出するか、地面の下で固まって、バソリスと呼ばれる花崗岩のきわめて硬い大きな塊になる。時間が経ってその上の柔らかい岩石が侵食されると、侵食されない花崗岩が露出して急斜面の山になる。

バソリスは少なくとも100km² にも広がり、もっと大きいものもたくさんある。

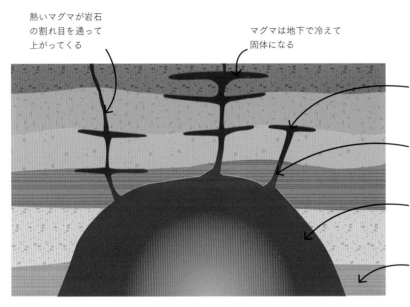

熱いマグマが岩石の割れ目を通って上がってくる

マグマは地下で冷えて固体になる

シル（岩床）
岩石層の間で固まったマグマ

岩脈
垂直方向の割れ目で冷えたマグマ

バソリス（底盤）
マグマが岩石を押しのけて固まった硬い花崗岩の塊

堆積物の層

1 **埋まっているバソリス**
融けた岩石は地下でゆっくりと冷えてバソリスになる。小さいものは早く冷えて岩脈や岩床などのような塊になる。

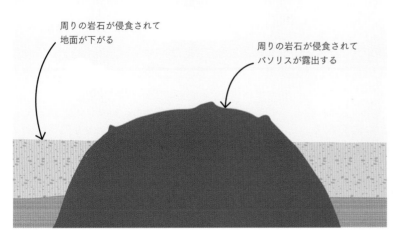

周りの岩石が侵食されて地面が下がる

周りの岩石が侵食されてバソリスが露出する

2 **露出したバソリス**
何百万年も経つとバソリスの周りの岩石は侵食されてしまうが、バソリスの硬い花崗岩は侵食されるにはさらに時間がかかるので残り、周りの地面の上に露出する。

観察しよう

ポン・ディ・アスーカル（砂糖パンの山）

ブラジル、リオデジャネイロに400mもの高さでそびえるめずらしい「砂糖パンの山」は侵食によって露出した花崗岩のような岩石の塊で、その近くにいくつかある同じような山のひとつである。この険しいドーム状の山は、初めてこれを報告した地質学者ヴィルヘルム・ボルンハルトにちなんでボルンハルツとして知られている。

火山と温泉

融けた岩石と気体は地表から噴出し火山となる。

融けた岩石と気体が地殻の割れ目から現れ、溶岩となって火山ができる。火山のいくつかは現在活動中の活火山で、それ以外の火山も歴史に噴火の記録がないだけであると考えられている。

火山の成り立ち

火山はすべて、もともと地下深いところで融けてマグマになった岩石でできている。マグマが割れ目を通って表面に押し上げられると1つ以上の火口から溶岩となって噴出する。溶岩は冷えて硬い岩石の層になり、噴出するたびに層が増える。こうして円錐形の火山ができる。

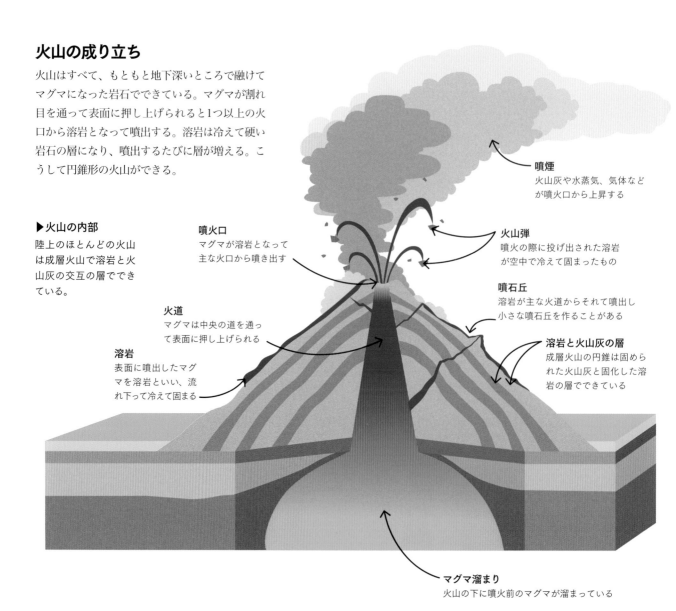

噴煙
火山灰や水蒸気、気体などが噴火口から上昇する

▶火山の内部
陸上のほとんどの火山は成層火山で溶岩と火山灰の交互の層でできている。

噴火口
マグマが溶岩となって主な火口から噴き出す

火山弾
噴火の際に投げ出された溶岩が空中で冷えて固まったもの

噴石丘
溶岩が主な火道からそれて噴出し小さな噴石丘を作ることがある

火道
マグマは中央の道を通って表面に押し上げられる

溶岩と火山灰の層
成層火山の円錐は固められた火山灰と固化した溶岩の層でできている

溶岩
表面に噴出したマグマを溶岩といい、流れ下って冷えて固まる

マグマ溜まり
火山の下に噴火前のマグマが溜まっている

火山のできる場所

火山はいろいろな理由で噴火する。多くは離れようとするプレート間の谷間である地溝から噴火するリフトバレー火山で、プレートが押し合う沈み込み帯の上に噴出する沈み込み火山とは大きく異なる。活発なプレート境界から遠く離れたところで噴火するものはホットスポット火山という。

▶リフトバレー火山

プレートが引っ張り合っているところでは熱いマントルの岩石を支えている圧力が下がるので、岩石の一部が融けて溶岩となって噴出し、広い範囲にあふれ出て幅の広い「盾状火山」になる。

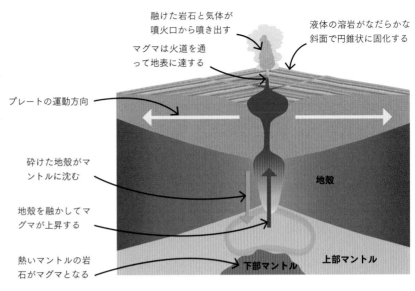

融けた岩石と気体が噴火口から噴き出す

液体の溶岩がなだらかな斜面で円錐状に固化する

マグマは火道を通って地表に達する

プレートの運動方向

砕けた地殻がマントルに沈む

地殻を融かしてマグマが上昇する

熱いマントルの岩石がマグマとなる

地殻

下部マントル　上部マントル

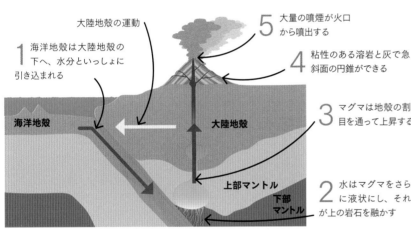

大陸地殻の運動

5 大量の噴煙が火口から噴出する

4 粘性のある溶岩と灰で急斜面の円錐ができる

1 海洋地殻は大陸地殻の下へ、水分といっしょに引き込まれる

3 マグマは地殻の割れ目を通って上昇する

海洋地殻

大陸地殻

上部マントル

下部マントル

2 水はマグマをさらに液状にし、それが上の岩石を融かす

◀沈み込み火山

海洋地殻が沈み込み帯（地殻がマントルに引き込まれるところ）に引き込まれるときには水分を含んでいる。そのため熱いマントルの岩石の組成が変化して液体になる。粘性のあるゆっくり流れる溶岩が噴出し、空気中の灰とともに成層火山になる。

ホットスポット
地球のマントルの中の特に高温の部分ではマグマは噴火するまで上昇する

マントルプルーム
マントルの中の異常な高温の岩石は上向きに流れる

▶ホットスポット火山

孤立したホットスポットの上で噴火する火山で、リフトバレー火山と似ているが、もっと大きい。これらのホットスポットの上のプレートの動きによってハワイ諸島のような火山列ができる。

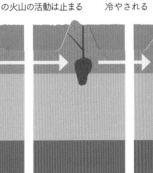

噴出した溶岩はホットスポットの真上に、大きな盾状火山を造って島となる

動くプレートが古い火山をホットスポットから離して引っ張っていくためこの火山の活動は止まる

休止した火山は波の下に沈み、その下の地殻に冷やされる

プレートはゆっくりとホットスポットの上を通過する

海洋地殻

上部マントル

下部マントル

巨大火山

大きな火山の中には溶岩や火山灰をとても広い範囲にまき散らすものがあり、それらはふつうの円錐状ではない。そのような大きな噴火のあとは地下のマグマ溜まりは空になってつぶれてしまい、カルデラと呼ばれる大きなくぼ地ができる。その後、新しいマグマ溜まりができると巨大噴火が起こる。

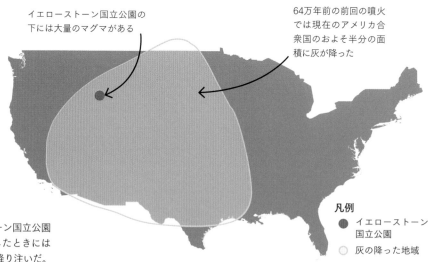

イエローストーン国立公園の下には大量のマグマがある

64万年前の前回の噴火では現在のアメリカ合衆国のおよそ半分の面積に灰が降った

凡例
● イエローストーン国立公園
○ 灰の降った地域

▶イエローストーン巨大火山
アメリカ合衆国のイエローストーン国立公園に巨大火山がある。前回噴火したときには火山灰は図のような広い範囲に降り注いだ。

火山の一生

たえず噴火を続ける火山はとても少なく、どんなに活発な火山でも火口から溶岩もガスも出ていないという静かな期間がある。1万年も噴火していない火山でも将来噴火する可能性はある。

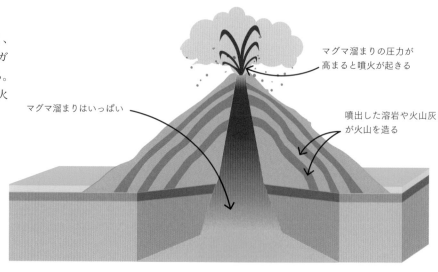

マグマ溜まりはいっぱい

マグマ溜まりの圧力が高まると噴火が起きる

噴出した溶岩や火山灰が火山を造る

1 活火山
頻繁に噴火している火山は明らかに活火山であるが、活動的ではないように見えるものも多くは再び噴火するための圧力を高めつつある。この期間が長くなるほど、噴火は大規模になる。

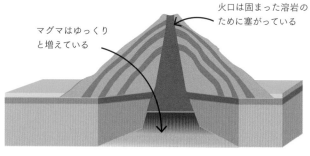

マグマはゆっくりと増えている

火口は固まった溶岩のために塞がっている

2 活動していない火山
何百年も噴火していない火山の下にまだマグマ溜まりがあれば、その火山は再び噴火するかもしれないし、火口がふさがっていれば爆発するかもしれない。

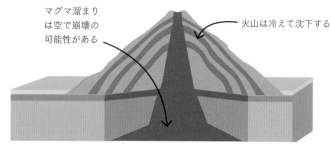

マグマ溜まりは空で崩壊の可能性がある

火山は冷えて沈下する

3 活動していない火山
地下にマグマが溜まっていない不活発な火山は活動をしていないとみられるが、将来噴火する可能性はある。下の地殻が冷えると山は沈み、空のマグマ溜まりに崩れ込むかもしれない。

火山のある生活

火山地域には危険がともなうにもかかわらず、砕けた火山の岩石は農業に適した肥沃な土になるという理由で火山の近くに住む人はたくさんいる。その他にも良いことはある。危険があることを認識しない人々には安全に見える火山もあるかもしれないが、それでもいつか噴火するかもしれない。

少なくとも3億人が活火山の地域内に住んでいる。

利点

肥沃な火山灰
火山の噴煙は地面に落ちて、やがて穀物を育てるのに理想的な肥沃な土になる。

地熱エネルギー
火山地帯の中には熱い岩石で暖められた水を発電のための水蒸気の発生に使っているところもある。

観光
火山の噴火はなかなかの見もので、その見物を楽しむ観光客を受け入れて地元の人が収入を得ている。

不利な点

失われた生活
1902年には西インド諸島のマルティニク島の噴火によって3万人の住む町全体が消えてしまった。火山の近くに住むことには危険がともなう。

財産や経済への損害
火山の噴火によって死ぬ人は少なくても溶岩や火山灰によって広範囲に被害がおよぶ。

環境や景観への損害
壊滅的な噴火は樹木をなぎ倒し、津波を引き起こして、野生生物には脅威となる。回復には長い時間がかかる。

温泉と間欠泉

巨大火山のカルデラ（火山が噴火したあとに残った大きな火口）のような火山地帯では、割れ目を通ってしみ込む地下水が非常に高温の岩石に触れることになる。すると水は熱くなり、温泉となって地表に現れる。熱くなった水の圧力が高まり、沸騰水や水蒸気の泉である間欠泉となって地上に噴き出すところもある。

▶地熱系のしくみ

温泉や間欠泉は地熱系と呼ばれるところに湧き出す。これは深い地下にあるマグマ溜まりから発生する熱によるものである。

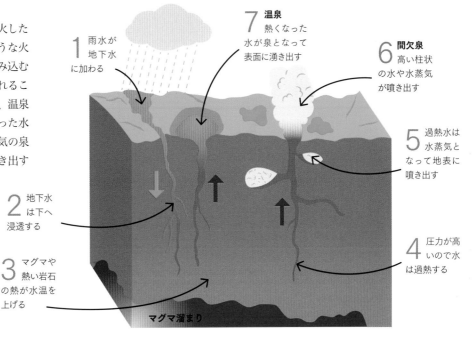

1 雨水が地下水に加わる

2 地下水は下へ浸透する

3 マグマや熱い岩石の熱が水温を上げる

4 圧力が高いので水は過熱する

5 過熱水は水蒸気となって地表に噴き出す

6 間欠泉
高い柱状の水や水蒸気が噴き出す

7 温泉
熱くなった水が泉となって表面に湧き出す

マグマ溜まり

クイーンエリザベス諸島　エルズミーア島

グリーンランド

グリーンランド海

バッフィン湾

バッフィン島

デンマーク海峡

ノルウェー海

ブルックス山脈

マッケンジー川

グレートベア湖

アイスランド

デナリ 6190m
（マッキンリー山）

グレートスレーヴ湖

ハドソン湾

アンガヴァ半島

ラブラドル海

大　西　洋

ブリテン諸島

北海

アラスカ湾

カナダ楯状地

ウィニペグ湖

ローレンシア台地

ビスケー湾

ヴァンクーヴァー島

北 ア メ リ カ

五大湖

グランドバンク

イベリア半島

太　平　洋

グレートプレーンズ

ミズーリ川

アパラチア山脈

北アメリカ海盆

アゾレス諸島

大西洋中央海嶺

マデイラ諸島

サ ハ ラ

アハガル

海岸山脈

ミシシッピ川

大西洋中央海嶺

カナリア諸島

ア フ リ

西シエラマドレ山脈

メキシコ湾

ユカタン半島

西インド諸島

ヘ

東シエラマドレ山脈

大アンティル諸島

小アンティル諸島

カーボベルデ諸島

ニジェール川

チ

カリフォルニア半島

カリブ海

中央アメリカ海溝

米海溝

ギアナ高地

ギニア湾

マ

東太平洋海膨

アマゾン川

ガラパゴス諸島

アマゾン盆地

ブラジル高原

アセンション島

大 西 洋

アンゴ海盆

ペルー・チリ海溝

南 ア メ リ カ

ペルー海盆

チチカカ湖

マットグロッソ高原

ブラジル海盆

セントヘレナ島

アンデス山脈

パラグアイ川

大西洋中央海嶺

ケー海盆

トリスタンダクーニャ

アコンカグア山

パンパ

アルゼンチン海盆

ゴフ島

パタゴニア

フォークランド諸島

サウスジョージア島

大西洋インド洋海嶺

フエゴ島

サウスサンドウィッチ諸島

ホーン岬

ドレーク海峡

南極半島

ウェッデル深海平原

ウェッデル海

標高

19,685ft　6,000m
13,124ft　4,000m
9,843ft　3,000m
6,562ft　2,000m
3,281ft　1,000m
1,640ft　500m
820ft　250m
0　0
海抜下
-100m (-328ft)
-820ft　-250m
-1,640ft　-500m
-3,281ft　-1,000m
-6,562ft　-2,000m
-13,124ft　-4,000m
-19,658ft　-6,000m

海深

世界の
自然地図

世界地図には地球上の7つの大きな大陸と何千もの小さい島々が描かれている。

地殻の運動によって大陸にはでこぼこした山岳地帯ができ、海には火山島の列ができている。世界の自然地図は陸地の標高（海抜）、あるいは海深を示している。

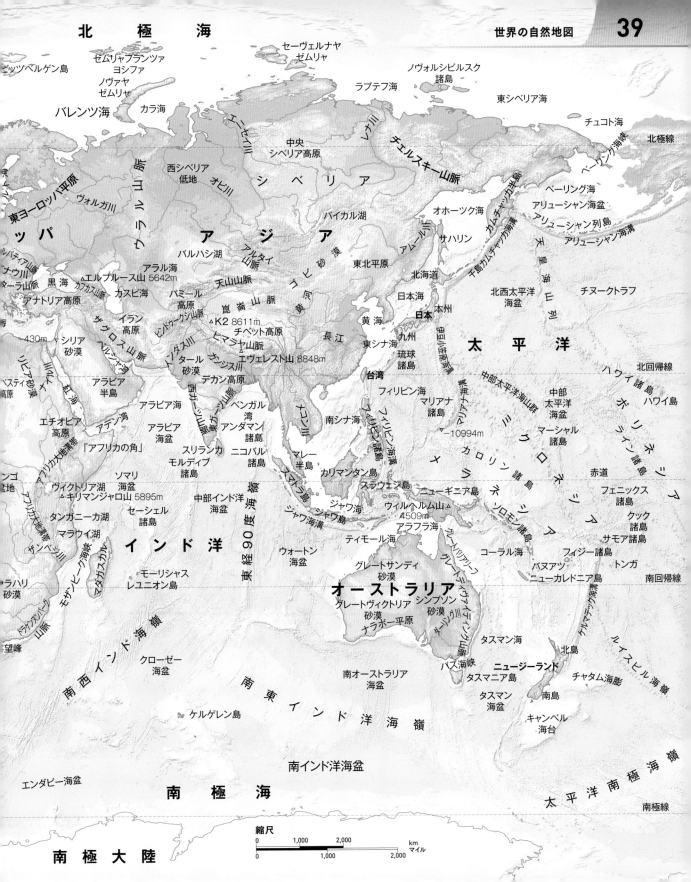

北　極　海

セーヴェルナヤ
ゼムリャ

ゼムリャフランツァ
ヨシファ

ノヴォルシビルスク
諸島

ノヴァヤ
ゼムリャ

ラプテフ海

東シベリア海

チュコト海

北極線

シュピッツベルゲン島

バレンツ海

カラ海

エニセイ川

中央
シベリア高原

レナ川

チェルスキー山脈

ベーリング海峡

東ヨーロッパ平原

ウ
ラ
ル
山
脈

西シベリア
低地

オビ川

シ　ベ　リ　ア

オホーツク海

カムチャツカ半島

ベーリング海

アリューシャン海盆

ヴォルガ川

ア　ジ　ア

アムール川

サハリン

千島カムチャツカ海溝

アリューシャン列島

アリューシャン海溝

バルハシ湖

アルタイ
山脈

ゴ　ビ　砂　漠

東北平原

北海道

北西太平洋
海盆

天
皇
海
山
群

千
島
列
島

チヌークトラフ

アラル海

△エルブルース山 5642m

天山山脈

黄河

日本海

黒海

カフカス山脈

カスピ海

パミール
高原

崑崙山脈

本州

日本

アナトリア高原

ヒンドゥークシ山脈

K2 8611m

チベット高原

黄海

九州

太　平　洋

イラン
高原

△

長江

東シナ海

琉球
諸島

北回帰線

ザグロス山脈

インダス川

ヒマラヤ山脈

伊
豆
小
笠
原
海
溝

ハワイ諸島

シリア
砂漠

タール
砂漠

エヴェレスト山 8848m

台湾

フィリピン海

中部太平洋海山群

中部
太平洋
海盆

ハワイ島

−430m

アラビア
半島

デカン高原

ベンガル
湾

メ
コ
ン
川

南シナ海

マリアナ
諸島

マ
リ
ア
ナ
海
溝

マーシャル
諸島

ポ
リ
ネ
シ
ア

ラ
イ
ン
諸
島

リビア砂漠

紅海

アラビア海

アンダマン
諸島

フ
ィ
リ
ピ
ン
諸
島

−10994m

エチオピア
高原

アデン湾

アラビア
海盆

スリランカ

ニコバル
諸島

マ
レ
ー
半
島

カ
ロ
リ
ン
諸
島

赤道

「アフリカの角」

モルディブ
諸島

カリマンタン島

ミ
ク
ロ
ネ
シ
ア

フェニックス
諸島

ソマリ
海盆

中部インド洋
海盆

スマトラ島

スラウェシ島

ニューギニア島

ソロモン諸島

クック
諸島

ヴィクトリア湖

△キリマンジャロ山 5895m

ジャワ島

ジャワ海

ウィルヘルム山
4509m △

サモア諸島

タンガニーカ湖

セーシェル
諸島

ジャワ海溝

アラフラ海

グ
レ
ー
ト
バ
リ
ア
リ
ー
フ

コーラル海

フィジー諸島

マラウイ湖

イ　ン　ド　洋

東
経
90
度
海
嶺

ティモール海

バヌアツ

ニューカレドニア島

トンガ

ザンベジ川

モーリシャス

ウォートン
海盆

グレートサンディ
砂漠

南回帰線

モ
ザ
ン
ビ
ー
ク
海
峡

マ
ダ
ガ
ス
カ
ル

レユニオン島

オーストラリア

カラハリ
砂漠

グレートヴィクトリア
砂漠

シンプソン
砂漠

ダ
ー
リ
ン
グ
川

マ
ー
レ
ー
川

タスマン海

北島

ケ
ル
マ
デ
ィ
ッ
ク
海
嶺

ル
イ
ス
ビ
ル
海
嶺

ドラケンスバーグ
山脈

ナラボー平原

ニュージーランド

望峰

クローゼー
海盆

南オーストラリア
海盆

タスマニア島

チャタム海膨

南
西
イ
ン
ド
洋
海
嶺

タスマン
海盆

南
東
イ
ン
ド
洋
海
嶺

南島

キャンベル
海台

ケルゲレン島

エンダビー海盆

南インド洋海盆

南　極　海

太
平
洋
南
極
海
嶺

南極線

縮尺

0　　1,000　　2,000 km

0　　　1,000　　　2,000 マイル

岩石と鉱物

地殻はさまざまな岩石でできていて、岩石にはさまざまな鉱物が混ざっている。

地球は、元素が自然に結合して気体や液体、固体となったものでできている。自然に存在する無機物の固体の大部分は鉱物と呼ばれるもので、それらが岩石になっている。

参照ページ	
‹22-23	地球の構造
火成岩	42-43›
変成岩	50-51›
岩石の循環	52-53›

鉱物

鉱物は、自然に産出する無機的な（生物ではない）固体状態の元素の集まりであって、1種類の元素だけでできているものは少なく、たいていは2種類以上の元素の化合物になっている。

鉱物の中には何千年もかかってできるものもあるが、ほんの数時間でできるものもある。

銅

金

ルビー（酸化物）

水晶（ケイ酸塩化合物）

▲元素鉱物
元素鉱物には銅、金、銀などがあって岩石の中に純粋な金属鉱脈として含まれている。火山の火口周辺の堆積物には硫黄その他の非金属の元素鉱物が含まれている。

▲化合物鉱物
ほとんどの鉱物は2種類以上の元素を含む。多くは酸素と化合して酸化物となった金属である。岩石を造る鉱物の大部分にはシリコン（ケイ素）と酸素の化合物であるケイ酸塩が含まれる。

鉱物の鑑定

鉱物にはよく似たものも多い。ガラスのような鉱物である水晶はダイアモンドと見まがうし、黄鉄鉱は金と同じように見かけは黄色い金属なので「おろかものの金」といわれている。鉱物は、硬度や条痕、光沢、劈開性を調べればはっきりと同定される。

滑石

辰砂（硫化水銀）

雄黄

雲母

▲硬度
鉱物を引っかいたときの傷つきにくさを硬度という。硬度1から10の標準物質が決まっていて、滑石は柔らかくて硬度1、硬度10はダイアモンドである。

▲条痕
鉱物を硬くて荒い面でこすると色のついた跡が残る。辰砂は赤茶色の条痕を残す。

▲光沢
鉱物が光を反射する様子を光沢と呼ぶ。雄黄は部分的には真珠のようであり、またコハクを造っている樹脂のようにも見える。

▲劈開性
雲母のような鉱物は弱い平面に沿って割れる。この性質を劈開性という。

鉱石と金属

資源鉱物を多く含む岩石が集まっているところを鉱床といい、そこから取り出される鉱石は、もとの金属や鉱物とは見かけが大きく異なることが多い。鉱石の多くは金属酸化物のような化合物で、製錬作業によって純粋な金属を取り出す。

赤鉄鉱は鉄の含有率が高い重要な鉱石で、産出量も多く世界各地で掘り出されている

▶鉄鉱石の鉱床
現代社会には、鉄鉱石を製錬して作られた鉄と鉄鋼が欠かせない。鉄鉱石の大部分は酸化鉄、すなわち錆びた鉄のようなもので鉄鉱石は錆びの色をしている。

結晶

鉱物は5,000種類以上もあるが、結晶の基本形はたった6個である。結晶というのは鉱物の三次元構造のことで、すべての鉱物はその6つの結晶系のどれかに分類される。

▲立方晶系
鉄と硫黄の化合物である黄鉄鉱は完全な立方体の結晶。多くの結晶と同じように結晶の面は完全な平面である。

▲正方晶系
正方晶系の結晶の外形は両端に斜めの面のある四角柱であることが多く、この図は融けた岩石中に生成するジルコンである。

▲六方晶系
この結晶は六角柱で両端はたいてい
とがっている。図はリン灰石。

▲単斜晶系
平行四辺形の底面を持つ柱状の結晶。図は花崗岩に含まれる長石の一種の正長石。

▲斜方晶系
斜方晶系の結晶は直方体の箱をある方向に歪めたような形で、図の鉱物は宝石の黄玉（トパーズ）である。

▲三斜晶系
図の斧石のような三斜晶系の結晶は2方向から歪めた直方体に似た斧の形をしている。

火成岩

火成岩は地下の深いところで融けた岩石からできた硬い岩石である。

地球内部の深いところからマグマが上昇し地表で冷えて固まると火成岩になる。このとても硬い岩石は鉱物の結晶がまとまって固体になったものである。

火成岩のなりたち

地下深いところの岩石は高温にもかかわらず、高い圧力に押さえつけられて固体になっている。しかし地殻が引き裂かれると、圧力が下がって岩石はたちまち融けてマグマになる。火山から噴出したマグマは溶岩と呼ばれる。これが地表で冷えると火成岩になる。地面の下で冷えて大きな塊になることもあり、火成貫入岩（深成岩）と呼ばれる。

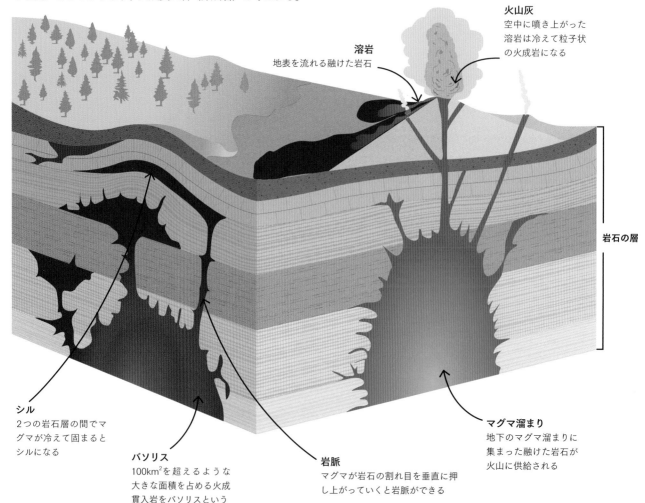

火山灰
空中に噴き上がった溶岩は冷えて粒子状の火成岩になる

溶岩
地表を流れる融けた岩石

岩石の層

シル
2つの岩石層の間でマグマが冷えて固まるとシルになる

バソリス
100km² を超えるような大きな面積を占める火成貫入岩をバソリスという

岩脈
マグマが岩石の割れ目を垂直に押し上がっていくと岩脈ができる

マグマ溜まり
地下のマグマ溜まりに集まった融けた岩石が火山に供給される

火成岩の種類

同じ鉱物でできた火成岩でもマグマが冷える速度によって違ったものになる。地下深くではマグマはとてもゆっくり冷えて大きな結晶を含む深成岩になる。地表に噴出した融けた岩石はずっと速く冷えて微小な結晶を含むか、まったく結晶になっていない火山岩になる。

火山岩
数時間で冷えた溶岩はガラスのような黒曜石になり、冷えるのに何週間もかかると流紋岩のような結晶性の岩石になる。

急速に冷えた岩石は結晶にならない

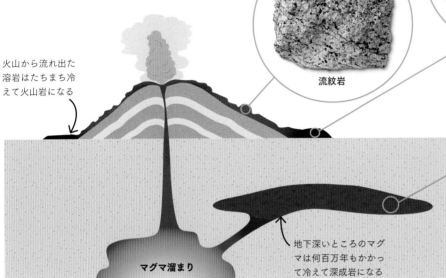
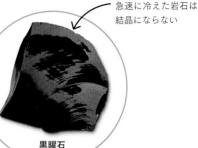

流紋岩

黒曜石

花崗岩

火山から流れ出た溶岩はたちまち冷えて火山岩になる

地下深いところのマグマは何百万年もかかって冷えて深成岩になる

マグマ溜まり

深成岩
花崗岩は化学的には流紋岩と同じであるが、地球の内部で何千年も成長を続けてずっと大きな結晶になっている。

組み込まれた結晶

火成岩は、融けた熱い岩石が冷えて固まってできる。融けた状態からさまざまな鉱物が結晶になり、その結晶は成長するときちんとした構造になる。こうしてできた火成岩はきわめて硬く風化や侵食に対して強い。

結晶粒の含まれる酸化ケイ素の液体（マグマ）

大きく成長する結晶粒

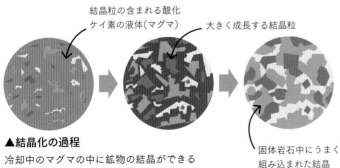

▲結晶化の過程
冷却中のマグマの中に鉱物の結晶ができるときに、大きな塊を形成するまで大きさや数が組み合わされながら成長する。

固体岩石中にうまく組み込まれた結晶

岩石の化学

結晶の大きさを別にして、化学的にもさまざまな火成岩がある。火成岩は異なる鉱物の混合であって混合物の中でのそれぞれの鉱物のわりあいによって岩石の色や重量、硬さなどが違い、融けるときの様子にも影響する。

◀塩基性岩
酸化ケイ素が少なく鉄やマグネシウムの多い岩石を塩基性岩と呼ぶ。黒くて重く、融けると流れやすいマグマや溶岩になる。

玄武岩

▶酸性岩
酸化ケイ素が多く鉄やマグネシウムの少ない岩石は酸性岩と呼ばれる。青白く、軽くて粘性の高いマグマや溶岩になる。

花崗岩

風化と侵食

岩石が風化によって変化してもその位置は変わらない。岩石のかけらが重力や水によって移動するのが侵食である。

岩石が地表に露出していると、風雨や生き物によって破砕される。破片になった岩石は水や重力によって運ばれる。

風化

岩石が風雨や動植物に対してむき出しになっていると砕け始める。これを「風化」という。岩石は雨によって砕かれたり、霜や日光によって割れたり、あるいは植物の根によってひびが入ったり、微生物に攻撃されたりして、部分的に、あるいは完全に分解される。最終的には堅固な岩石も粉々に崩壊する。

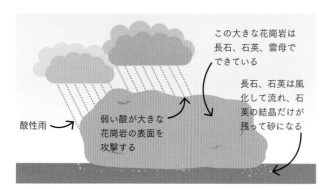

▲化学的な風化
雨水はわずかに酸性で、岩石をくっつけている鉱物を溶かすので岩石は分解し始める。たとえば、石灰石は雨水で完全に溶けてしまうことがある。

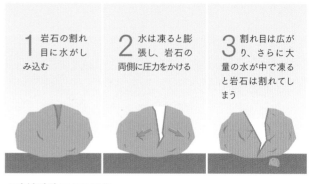

▲凍結破砕による風化
岩石の割れ目に水が溜まる。その水が凍ると膨張し、割れ目はさらに広がって、ついには割れてしまう。

▲温度差による風化
砂漠の岩石は、昼は強烈な日光にさらされ、夜は晴れ渡った空のもとで冷やされて、膨張したり、収縮したりする。やがて岩石の表面がはがれ始める。

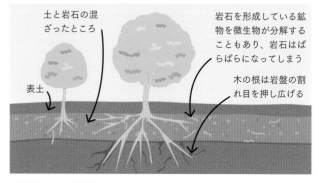

▲生物による風化
植物の根が成長するときに岩の割れ目に入り込み、岩石を砕いて土にする。土の中の微生物も、栄養を求めて岩石を粉砕する。

侵食

風化によって岩石は小さなかけらや粒になる。ふつうはその後、侵食される。すなわち流れる水や、風、あるいは動く氷河などによって運ばれる。侵食された結果、空中高く舞い上がる塵になったり、大規模な地滑りで崩壊した大きな板のような岩石になったりする。

水による侵食

侵食を主に担うのは水である。流れの速い川ならば、川底で小さな石が跳ね返るのと同じように、大きな岩石も動く。川の水は小さな粒子を浮かせて運び、ある種の鉱物を溶かして運ぶ。

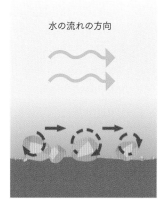

▲転動
速く流れる水は川底に沿って大きな岩石を転がすことができる。その際に岩石は互いにこすれて壊れる。

▲躍動
水は小さな石を川底で跳ね返らせる。風は同じように砂を動かす。風と水は小さな粒子を容易に運ぶことができる。

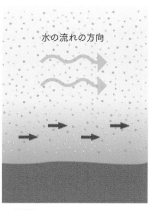

▲浮遊
微小な粒子はとても軽く、水にも空気にも浮かんで運ばれる。浮かんだ粒子は遠くまで移動する。

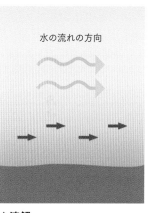

▲溶解
水に溶けて運ばれる鉱物もある。水が沈殿させた鉱物から化学変化によって新しい岩石ができることもある。

氷による侵食

氷河は流れる際に山の表面に沿って大きな岩石を移動させることがある。岩石のかけらは氷の中に混ざって運ばれ、それによって土地が削られ深い谷ができることがある。

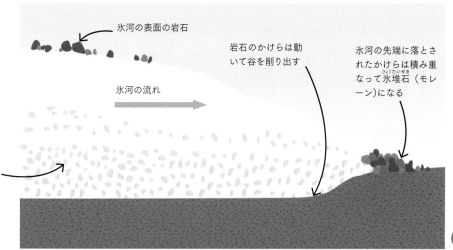

氷河の表面の岩石

岩石のかけらは動いて谷を削り出す

氷河の先端に落とされたかけらは積み重なって氷堆石（モレーン）になる

氷河の流れ

氷の中で運ばれる岩石のかけら

斜面上での侵食

風化したかけらや土は、斜面上であればいつも動いている。これは「土壌<ruby>匍行<rt>ほこう</rt></ruby>」と呼ばれるゆっくりとした動きである。しかしここに水が加わると、大量の土砂などが突然斜面を滑り落ちて、斜面はもっと壊滅的に崩壊する。

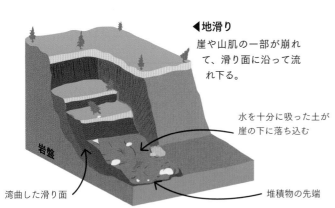

◀地滑り
崖や山肌の一部が崩れて、滑り面に沿って流れ下る。

水を十分に吸った土が崖の下に落ち込む

湾曲した滑り面

堆積物の先端

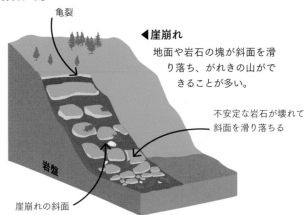

亀裂

◀崖崩れ
地面や岩石の塊が斜面を滑り落ち、がれきの山ができることが多い。

不安定な岩石が壊れて斜面を滑り落ちる

崖崩れの斜面

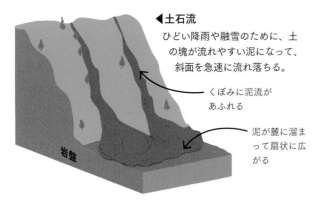

◀土石流
ひどい降雨や融雪のために、土の塊が流れやすい泥になって、斜面を急速に流れ落ちる。

くぼみに泥流があふれる

泥が麓に溜まって扇状に広がる

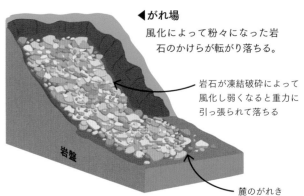

◀がれ場
風化によって粉々になった岩石のかけらが転がり落ちる。

岩石が凍結破砕によって風化し弱くなると重力に引っ張られて落ちる

麓のがれき

観察しよう

すばらしい自然の彫刻

アメリカ合衆国南西部のグランドキャニオンの目を見張る景観は風化と侵食が創りだしたもの。過去500万年の間に流れる水と霜の働きによって砂漠から削り出された峡谷は、深さは1,857m、長さは446km、一番幅の広いところは29km以上にもわたる。

堆積岩と化石

堆積岩は地殻には少ししか含まれないが、地表面ではもっとも多く見られる岩石である。

侵食された岩石のかけらは最終的には柔らかい層になって堆積する。堆積物は長い間に圧縮され、互いにくっついて堆積岩となる。中には植物や動物の残骸が保存されて化石になる場合もある。

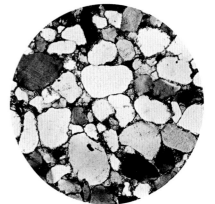

▲圧縮と接合
隙間の多い堆積物はそれより上にのっている堆積物の重さで圧縮されて層になる。水中の鉱物が粒子を互いに接合して硬い岩石を形成する。顕微鏡で見ると岩石の中にはこのように粒子がつまっている。

堆積物のいろいろ

堆積物はさまざまな種類の岩石のかけらでできている。たとえば風化した花崗岩はやがて酸化ケイ素の砂と粘土になる。堆積物の粒子の大きさもさまざまである。

▼堆積物の分類
堆積物は大きさで分類され、水に運ばれるときにはもっとも重いものが先に沈み、軽いものはより遠くまで移動する。

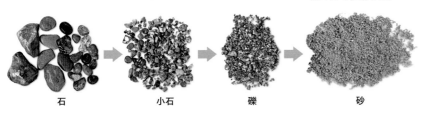

石　　　　小石　　　　礫　　　　砂

岩石の地層

何百万年以上もかかって、同じところに積もったさまざまな堆積物から、異なる堆積岩が造られる。それによって地層と呼ばれる層ができる。できたときには水平方向だった地層は、山を造るような力によってしわができて折れたりずれたりする。

もっとも古い岩石層　　もっとも新しい岩石層

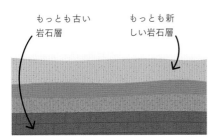

▲変形していない地層
湖や海底に溜まった堆積物からできた堆積岩の地層の大部分は水平で、古い岩石ほど下にある。

地層は圧力によって何回も折り畳まれる

▲畳まれた地層
動いている地殻のプレートが互いに押し合うと、岩石の地層は折り畳まれる。端が押し出されたり、逆転したりすることもある。

断層面の両側の地層が滑ってずれる　　断層面

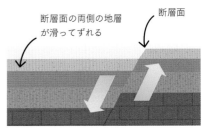

▲断層
地層が引き伸ばされると岩石の層は壊れて断層面ができる。折り畳んで調整するには急過ぎるほどの圧縮が起こったときにも同じように断層ができる。

»

堆積岩の分類

粒の大きさで自然に分類された堆積物の層は互いにくっついて堆積岩になる。小石の層はくっついて礫岩になり、砂は砂岩に、粘土はきわめて粒子の小さい頁岩になる。石英でできたチャートのような岩石はガラスのようになり識別できるような粒はまったくない。

丸くなった小石

粒の細かい堆積物

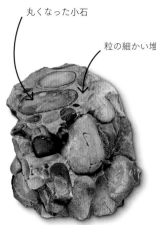

礫岩
水に削られて丸くなった小石（礫）が、より細かい堆積物によってくっついてできている。

細かい粒子構造になった石英

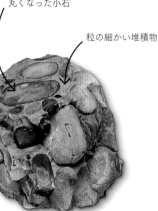

チャート
ガラスと同じ鉱物である石英でできたチャートは非常に硬い。フリント（燧石、火打ち石）はチャートの一種。

しわはもとの堆積物の運動によってできた

砂岩
ほとんどの砂岩は水に運ばれたり砂丘へ吹き飛ばされたりした二酸化ケイ素の結晶でできている。

鉄の少ないチャート

鉄の多い赤鉄鉱

縞状鉄鉱床
海底でできた縞状鉄鉱床には鉄分の多い薄い層がある。

岩石中の炭素の多い物質のために黒っぽい色をしている

シルト岩
砂よりもずっと粒の小さい粒子であるシルトはシルト岩になる。

角のある岩片に囲まれた堆積物の基質

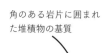

角礫岩
角礫岩は、礫岩と同様に礫の塊であるが、氷河に運ばれた距離が短く礫には鋭い角がある。

目に見える層が薄くはがれる

頁岩
粘土は硬くなり、はがれやすい薄い層がたくさんある頁岩になる。

フリントは壊れると斜めの表面が現れる

フリント（燧石）
白い石灰岩の中に固まっているフリントは壊れると鋭くとがった角ができる。

化石

堆積岩の多くは、岩石になる前の柔らかい堆積物の中に倒れ込んだ動物や植物の痕跡を保存している。動植物の組織や骨は徐々に鉱物と置き換わり、岩石の中で化石となる。そのような痕跡は古代の生物について語り、また岩石の古さを決める手がかりにもなる。

1 **動物が死ぬ**
およそ6,600万年前、高齢で死んだこのトリケラトプスの死体は湖に滑り落ちた。

2 **骨が埋まる**
死体がばらばらになって他の動物に食われたりしないうちに、水に運ばれてきた泥に埋まった。

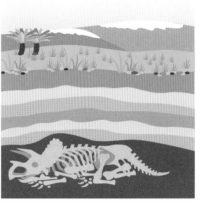

3 **骨が化石になる**
何百万年も経って泥は岩石になり、埋っていた骨は化石になった。

生物岩

堆積岩の中には、化石がほとんどまるごと残っているものもある。貝殻の多い石灰岩には海の貝殻がたくさん含まれるし、白色石灰岩には海のプランクトンの微視的な骨組みが残り、石炭は圧縮された植物の残骸からできている。

動物の硬い部分――骨、歯、貝殻など――はたいてい化石になる。

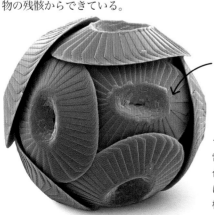

周囲の円盤状のもの（直径5−10ミクロン）はコッコリスと呼ばれ、炭酸カルシウムでできていて、プランクトンを危害から守っていた

◀白色石灰岩の微細構造
電子顕微鏡で拡大してみると、白色石灰岩は円石藻（先史時代の海に住んでいたプランクトン）の骨格の残骸でできているらしい。

観察しよう

石に刻まれたカメ

非常にきめが細かく、化石の細部まで見ることのできる堆積岩もある。アメリカ合衆国ワイオミング州のグリーン川の地層から出たこの板状の石には、白亜紀のカメ、トリオニクスの細かいところまで残った貴重な化石があった。

変成岩

極端な条件のもとでは、岩石が別の岩石に変化することがある。

超高圧や超高温によって岩石は圧縮されたり、焼かれたりして、性質が変わって変成岩と呼ばれるものになる。ふつうは元のものよりずっと硬く、宝石のような結晶ができて輝く場合もある。

変成の種類

変成岩は、地震や火山の噴火の引き金となるような力による極端な状況でできる。地殻のプレートの動きによって長期にわたって大きな圧力がかかり、ある岩石が別の種類のものへと変化することがある。融けた岩石の貫入によって集中的に熱が与えられるとまったく新しい鉱物ができることもある。

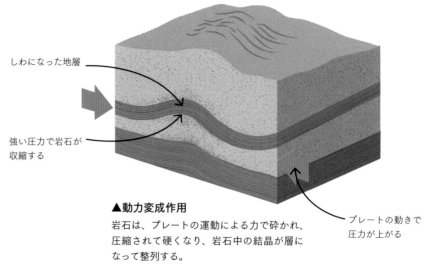

しわになった地層

強い圧力で岩石が収縮する

▲動力変成作用
岩石は、プレートの運動による力で砕かれ、圧縮されて硬くなり、岩石中の結晶が層になって整列する。

プレートの動きで圧力が上がる

接触変成岩
貫入岩を囲むこの領域は組成が変化する

温度と変成の程度が進んでいる領域

変化していない岩石

冷たい水が亀裂に沿ってしみ込む

熱せられた地下水に溶けた鉱物が、岩石の割れ目や隙間に押し上げられる

熱い岩石

冷たい岩石

マグマ

温度と変成の程度が低い領域

マグマ

▲接触変成作用
地下深いところの大量のマグマからの熱によって、周りの岩石が熱せられ、その性質が変化してその辺りが変成岩に変わる。

超高温のマグマの火成貫入岩

▲熱水変成作用
熱い岩石で過熱状態の水が、溶けた鉱物とともに割れ目を上昇して、金を含む結晶や金属の鉱脈になる。

マグマの熱によって暖められた地下水が膨張し、表面に向かって上昇する

変成作用の段階

もし変成岩がさらに圧縮されたり、加熱されたりしたら、別
の鉱物を含む上位の変成岩になる。たとえば、変成した頁岩
である粘板岩(ねんばんがん)は片岩(へんがん)に変わる場合がある。片岩がさらに圧
縮されたり加熱されたりすると、片麻岩(へんまがん)と呼ばれるきわめて
硬い岩石になる。

▶頁岩

湖や海の底の層にある圧
縮された泥や粘土は、頁
岩になる。頁岩は層の状
態を保っていて、薄くは
がれることがある。

▶粘板岩(スレート)

頁岩がさらに加熱、加
圧されると、粘板岩に
なる。これは頁岩より
も密度が大きく、硬い
が、層状を保っていて
容易に薄く割れる。

▶片岩

この中間段階の変成岩の
中では、もとの粘土鉱物
が小さな鏡のように輝く
平らな雲母の結晶に変わ
っている。

▶片麻岩

さらなる圧力と熱によって、
雲母はもっと硬い長石に変
わり、片岩を片麻岩に変え
る。この段階の変成岩は花
崗岩のような別の岩石から
もできる。

観察しよう

地球最古の岩石

地表で見つかっているこれまで最古の岩石は片麻岩で
およそ40億年前のものである。このような古い岩石
が大陸の基礎を作った。それらはほとんど新しい岩石
の下に埋まっているが、プレートの運動による力で表
面に押し出されたものがわずかに存在する。グリーン
ランド西部に露出しているアミツォーク片麻岩は38
億年前のもので、片麻岩に特有の縞模様の構造が見え
ている。

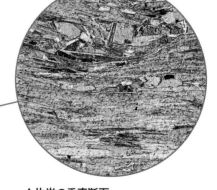

▲片岩の垂直断面
片岩の薄片の顕微鏡写真を見ると、雲
母の結晶が圧力によって層状に整列し
ている様子がわかる。

変成岩は火成岩や堆積岩から
形成される。

岩石の循環

地殻の岩石は融解と風化による循環の一段階にある。

地表を作っている岩石は常に姿を変えている。何百万年もかけて、岩石は風化、噴出、堆積、硬化、融解、結晶化の循環を完成する。

岩石のリサイクル

岩石は砕かれた鉱物の混ざったもので、別の岩石に作り替えられる。融けたマグマや溶岩が冷えたり結晶化したりしてできた火成岩は風化して柔らかい粘土や砂になる。これらは堆積して頁岩や砂岩になり、熱と圧力のもとでもっと硬い変成岩になる。それから、また融けて火成岩として再生する。

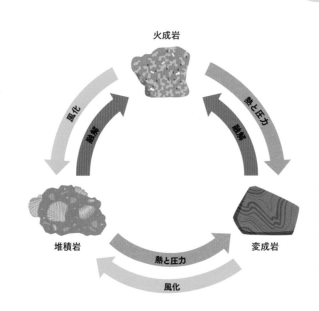

火成岩

風化　融解　熱と圧力　融解

堆積岩　**変成岩**

熱と圧力　風化

◀岩石の変化
岩石の循環は一方向ではない。それぞれの岩石は両方向へリサイクルが可能でまったく別の岩石になる。

1 石化作用（続成作用）
柔らかい堆積物は圧力をうけ、何百万年間もかけて互いにくっついて、すなわち石化して、もっと硬い堆積岩になる。

7 堆積作用
風化された岩石のかけらは、氷河の流れや水や風で海や湖に運ばれ、柔らかい堆積物として堆積する。

堆積岩

2 埋没、熱、圧力
堆積岩の中には沈み込みによってマントルの方へ引っ張られるものがあり、極端な高温と高圧で片岩や片麻岩のような変成岩に変わる。

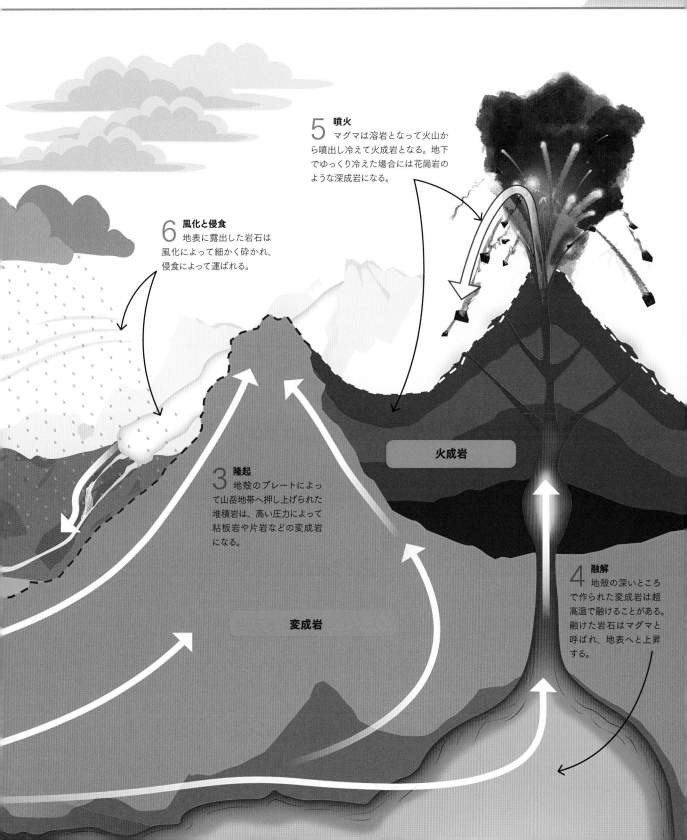

5 **噴火**
マグマは溶岩となって火山から噴出し冷えて火成岩となる。地下でゆっくり冷えた場合には花崗岩のような深成岩になる。

6 **風化と侵食**
地表に露出した岩石は風化によって細かく砕かれ、侵食によって運ばれる。

3 **隆起**
地殻のプレートによって山岳地帯へ押し上げられた堆積岩は、高い圧力によって粘板岩や片岩などの変成岩になる。

火成岩

変成岩

4 **融解**
地殻の深いところで作られた変成岩は超高温で融けることがある。融けた岩石はマグマと呼ばれ、地表へと上昇する。

土

岩石のかけらは生き物の死骸などと混ざって土になる。

**土は植物に栄養、水を与え、根を固定する。土なし
では植物は育たない。その土地の岩石や気候、地形
によって、土にも多くの種類がある。**

手のひらにいっぱいの豊かな土には、**植物の
成長に必要な栄養を作りだす何百万という生
物**が含まれている。

岩石と腐葉土

たいていの土は、風化によって砂、泥、粘土などになった
岩石のかけらがもとになっている。これらの鉱物成分は腐
葉土と呼ばれる黒くもろい物質と混ざる。腐葉土というの
は枯れた植物や動物の死骸などを菌類や細菌などが分解し
たもので、植物の栄養になる。

土と生き物

肥沃な土の表層には細菌や菌類、その他の微生物がたくさん
いる。これらは土の中に住んでいるミミズ、ナメクジ、昆虫
などの食べ物となり、ミミズなどは穴を掘るモグラの餌にな
る。この豊かな生態系が土の中で腐葉土を作り、混合し、土
の層に酸素を供給している。

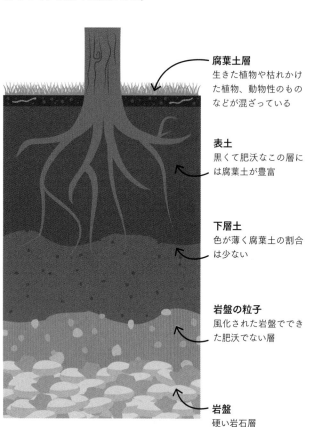

腐葉土層
生きた植物や枯れかけ
た植物、動物性のもの
などが混ざっている

表土
黒くて肥沃なこの層に
は腐葉土が豊富

下層土
色が薄く腐葉土の割合
は少ない

岩盤の粒子
風化された岩盤ででき
た肥沃でない層

岩盤
硬い岩石層

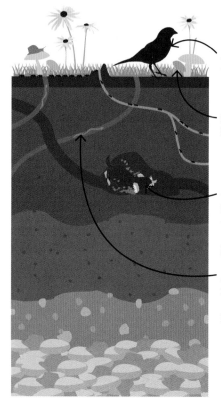

鳥は土の表面のミミズ
や昆虫を食べる

細菌や菌類は動植物の
残骸を腐葉土に変える

モグラのような穴を
掘る動物はトンネル
を掘って腐葉土をも
っと深いところまで
運ぶ

昆虫やミミズは土を
かき回して水はけを
よくし新鮮な空気を
取り込む

土のでき方

ほとんどの土は基本的に同じような成分でできているが、できた場所やでき方によってその比率が違う。砂の多い丘陵の土は、洪水で細かい泥が溜まった谷底でできたものとはまったく違う。土の形成には温度や降雨の他にもいくつかの要因がある。

 時間
土は時間をかけて作られ、時にはとても深くなるが、雨水が土を流してしまって別の層を作ることもある。

 気候
暖かいところでは土はかなり速くできるが、ひどい雨が、腐葉土になるような植物の残骸をとどめていた地面を水浸しにすることもある。

 地形
土地の形は、土の上や中の水の流れ方に影響する。急な斜面では水は速く流れて侵食を引き起こす。

 土の中の生き物
土の中に生き物が適度にいれば、動植物の残骸が早く分解されて腐葉土となり肥沃な土となる。

 土になる物質
土を作っている岩石や鉱物、生物などは土の物理的な性質や化学的な性質に大きな影響を与える。

肥沃な土

土を肥沃にしている腐葉土のほとんどは表面の近くにあって深いところの土は鉱物質（砂や岩石）が多くなる。腐葉土の多い層の深さはさまざまで、それゆえに農地に適した土地とそうでない土地がある。

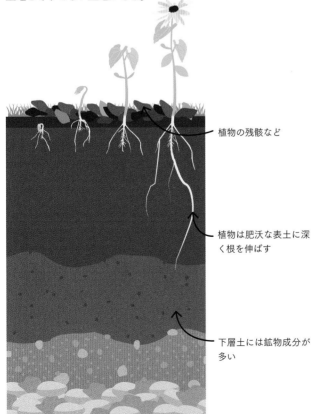

植物の残骸など

植物は肥沃な表土に深く根を伸ばす

下層土には鉱物成分が多い

不毛の土

土にしみ込んだ酸性の雨は植物の栄養や鉱物成分を溶かして、より深いところへ運んでしまう。この洗脱という過程で土の中にはっきりと層ができる。水はけのよい砂の多い土や雨の激しい地域では表面のすぐ下の層は酸性度が増して不毛になり、鉄分が流されて灰色になる。

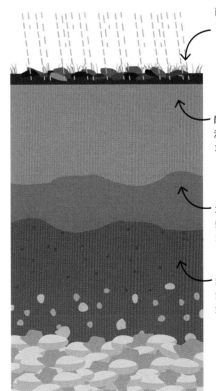

雨水は地面の落ち葉から酸を吸収する

酸性化した水は鉄分を洗い流し、腐葉土を含まない灰色の土にする

溜まった鉄は硬い「鉄盤層」となって水はけが悪くなる

鉄盤層からしみ込んだ鉄は深いところの土を錆びた鉄の色にする

山地での川の流れ

川の上流で急な斜面を流れ落ちる水は岩石や土を削って流してしまう。

高い土地から川を急速に流れ下る水は荒れ狂い、地形を削り、土や岩石を流す。削ったかけらを下流へ運んで、流れが緩くなったところで少しずつ落とす。

早瀬と滝

雨水は丘陵の土やその下の多孔質の岩石にしみ込む。岩石が多孔質でなければ、水はその上を流れ、斜面の浅い水路を流れ下って、流れの速い山地の川に注ぐ。川底の岩石が硬ければ、水は岩石を侵食せずにその上を転がって早瀬や滝に流れ込む。

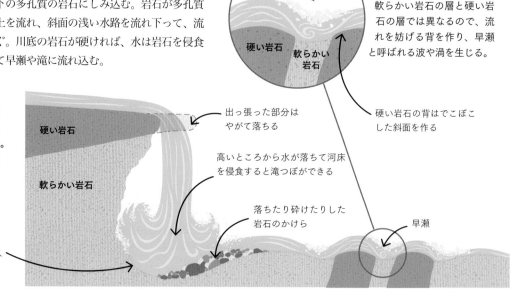

◀早瀬
流れる水の侵食の度合いは、軟らかい岩石の層と硬い岩石の層では異なるので、流れを妨げる背を作り、早瀬と呼ばれる波や渦を生じる。

硬い岩石

軟らかい岩石

▶滝のでき方
多くの滝では軟らかい岩石の上にある硬い岩石の岩棚を越えて水が落ちる。落ちる水は、硬い層を支えきれなくなるまで軟らかい岩石を削り、ついには下の滝つぼに端が崩れ落ちる。

硬い岩石

軟らかい岩石

出っ張った部分はやがて落ちる

硬い岩石の背はでこぼこした斜面を作る

高いところから水が落ちて河床を侵食すると滝つぼができる

落ちたり砕けたりした岩石のかけら

早瀬

滝の水は速いので、急な峡谷ができる

土砂の運搬

小川や川は砕かれた岩石や鉱物をさまざまな方法で下流へ運ぶ。石灰のような水溶性の鉱物は水に溶ける。微粒子は水に浮き、もう少し大きい粒子は河床で跳ね返る。もっと重い岩石は、特に川の流れが強いときには河床を転がる。このようにして運ばれるものをすべて土砂という。

▶堆積物の運搬
堆積物の運搬には溶解、浮遊、躍動、転動の4つの方法がある。川はこれらの方法で土砂を低い土地へ運搬する。

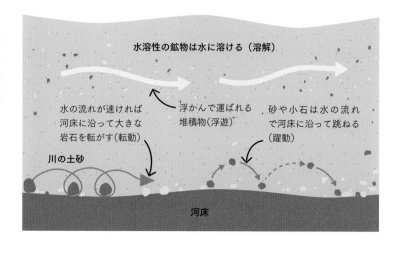

水溶性の鉱物は水に溶ける（溶解）

水の流れが速ければ河床に沿って大きな岩石を転がす（転動）

浮かんで運ばれる堆積物（浮遊）

砂や小石は水の流れで河床に沿って跳ねる（躍動）

川の土砂

河床

ドリーネ、洞穴、峡谷

雨水は弱酸性なので、石灰石のような浸透性の岩石に雨がしみ込むと、酸性の水はゆっくりと岩石を溶かす。すると亀裂や割れ目が大きくなり、すり鉢状の穴（ドリーネ）ができる。水はここに流れ落ち、石灰石の亀裂を通って地下へ流れる。そこには大きな空洞があり、やがて上部が崩れて険しい斜面の峡谷が開くことになる。

鍾乳洞には地下の川や湖があることもある。

▼鍾乳洞の内部

酸性の水はアルカリ性の石灰石を溶かして石灰を運び去る。水が洞穴に流れ込むと、溶けた石灰が溜まって鍾乳石ができる。

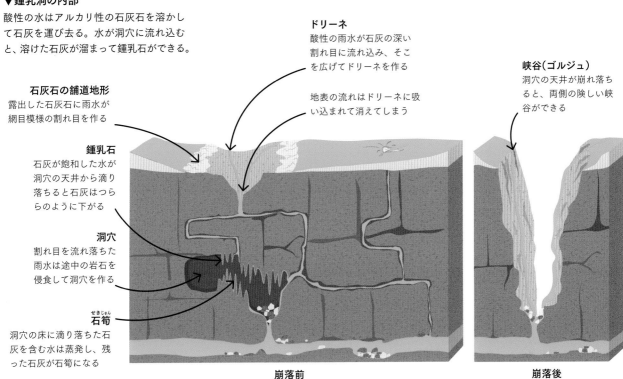

ドリーネ
酸性の雨水が石灰の深い割れ目に流れ込み、そこを広げてドリーネを作る

地表の流れはドリーネに吸い込まれて消えてしまう

峡谷（ゴルジュ）
洞穴の天井が崩れ落ちると、両側の険しい峡谷ができる

石灰石の舗道地形
露出した石灰石に雨水が網目模様の割れ目を作る

鍾乳石
石灰が飽和した水が洞穴の天井から滴り落ちると石灰はつららのように下がる

洞穴
割れ目を流れ落ちた雨水は途中の岩石を侵食して洞穴を作る

石筍（せきじゅん）
洞穴の床に滴り落ちた石灰を含む水は蒸発し、残った石灰が石筍になる

崩落前　　　　　　崩落後

帯水層と湧水

地下の岩石が多孔質であれば、雨水はそこにしみ込んで湿ったスポンジのようになる。水を一杯に含んだこの岩石は地下水の貯蔵庫になり、帯水層と呼ばれる。帯水層の水は立坑を沈めたり、そこまでボーリングしたりすれば取りだすことができる。

▶湧水

たっぷり水を吸った岩石や帯水層が耐水性の岩石の上にあると、水は帯水層の底からあふれて湧水となって現れる。

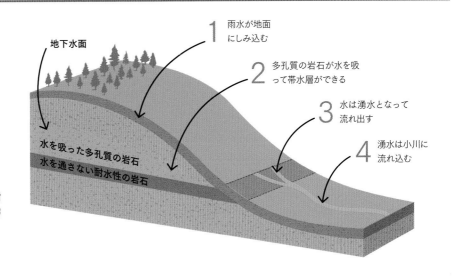

1 雨水が地面にしみ込む

2 多孔質の岩石が水を吸って帯水層ができる

3 水は湧水となって流れ出す

4 湧水は小川に流れ込む

地下水面

水を吸った多孔質の岩石

水を通さない耐水性の岩石

河川

雨や雪として降った水は地面にあふれ、川となって流れ下り海へ注ぐ。

風化や侵食、堆積の止むことのない働きによって景観が作られる。その中で川の流れは高い土地から低い土地へ物質を動かすという重要な役割を果たしている。

水源から河口へ

どの川も高い土地に水源があり、支流からも本流に流れ込んでくる。川は低い土地に到達するまでは速く流れ下っていく。低い土地では流れは緩やかになり、時には氾濫原で蛇行する。海に近づくとエスチュアリー（三角江）か、三角州になる。

垂直方向の侵食で、狭く両側の険しいV字型の谷ができる

速い水の流れは河床をこすって岩石を運んで行く

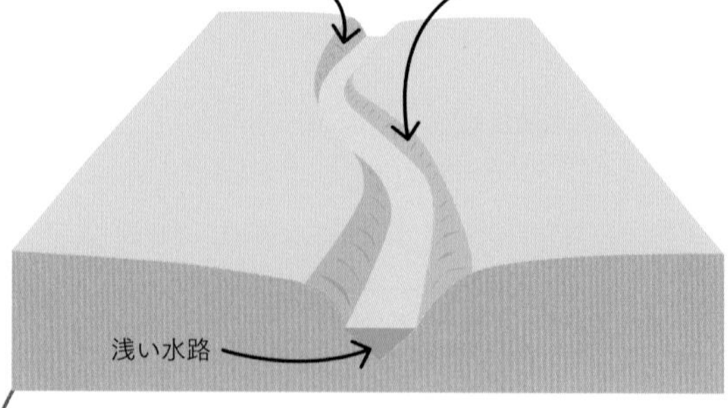

浅い水路

▲上流
上流では比較的川幅が狭く、急こう配で流れは速い。速い水の流れは深い谷を刻む。

雨や雪

水源
丘陵からあふれた水は湖にたまって川へ注ぐ

支流
本流へ流れ込む小さな流れ

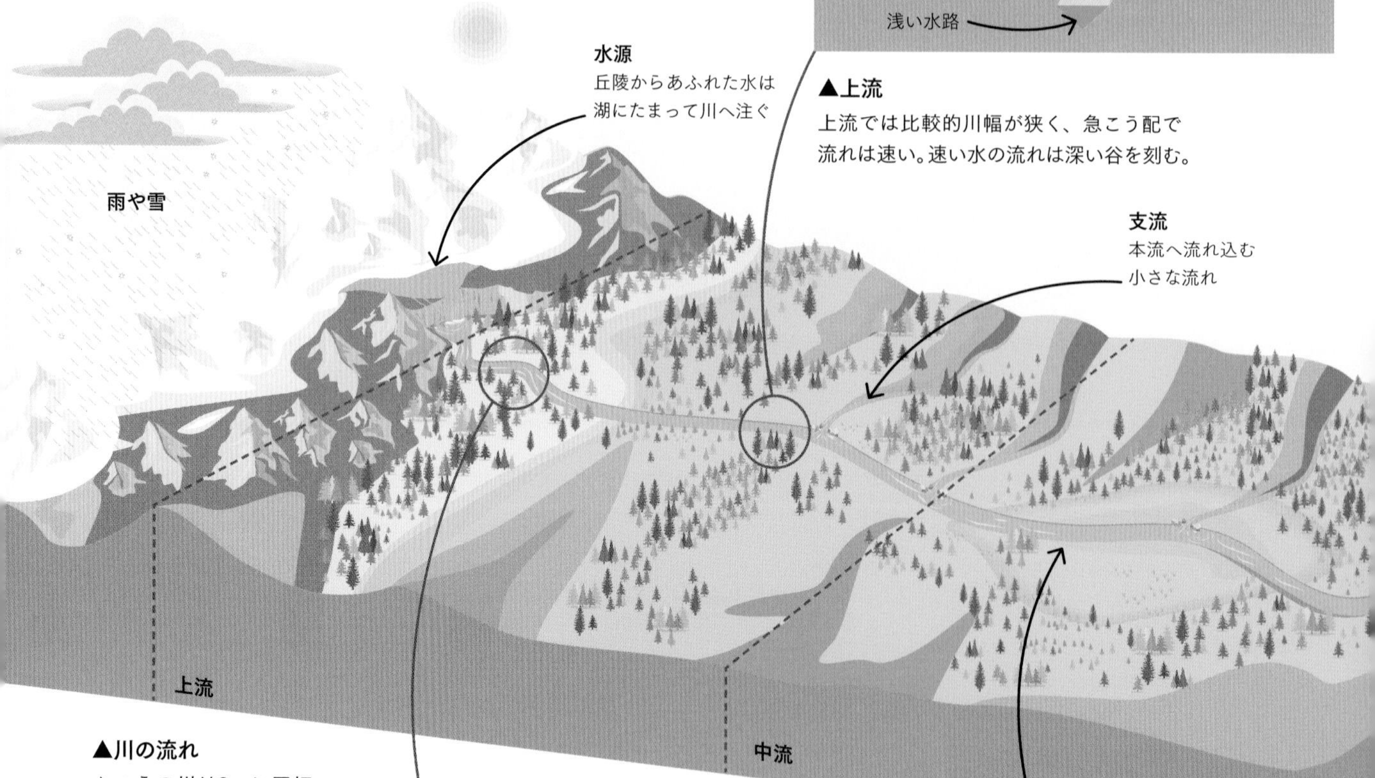

上流

▲川の流れ
ふつうの川は3つに区切ることができる。上流は力強くて、侵食は主に上流で起こる。中流では堆積物が残り始め、下流は堆積物を海へ運ぶ。

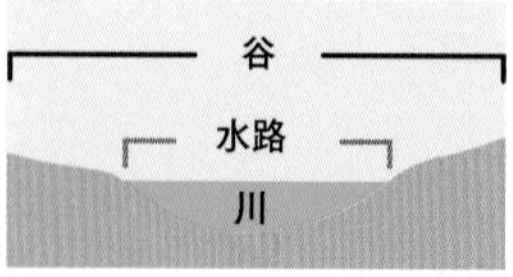

中流

谷	
水路	
川	

◀谷と水路
川の水の満ちた部分が水路になる。水路は川によって長い間に削られた幅の広い谷間にある。

氾濫原
大量の雨で川があふれると、あふれ出た水が堆積物を残して平野ができる

重なり合う山脚

高地では、水はしばしば山脚（山すその突き出た部分）の間の曲がった道筋を流れ下る。これによって深く曲がりくねった谷ができ、山脚の重なり合ったところには小さな流れが隠れていることがある。氷河がこの谷を流れ下ってくると突き出た部分が削られて切断山脚となる。

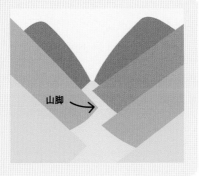

山脚

集水地域

川に流れ込む流れは木の枝のようなパターンを作る。そのような場所を集水地域という。この山岳地帯の衛星写真には、雪におおわれた岩石の縁で区切られた黒い流れがはっきりと見えている。

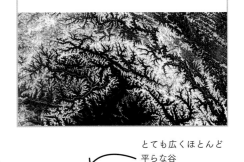

垂直方向の侵食が谷を広げる

なだらかな両岸

広く深くなった水路

堆積物

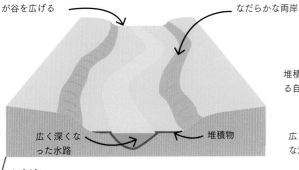

▲中流

川が低い土地に達すると、流れは緩やかになり水量が増える。くねくねと曲がった水路は時間をかけて幅の広い谷を削りながら何度も道筋を変える。

堆積物で土手と呼ばれる自然の堤防ができる

とても広くほとんど平らな谷

高地から運ばれてきた堆積物は河口付近に積もる

広く平らな氾濫原

非常に幅広く深い水路

▲下流

川が海岸に達すると、ほとんどの堆積物を残して広い氾濫原ができる。堆積物が海の方へ広がっていくと扇形の三角州となる。

蛇行
氾濫原を流れる川は曲がりやすい

三角州
川が海に流れ込むところに堆積物が残される

海

三日月湖
川の曲がったところにU字型の湖ができる

河口
川が海に流れ込むところでは三角州かエスチュアリーができる

下流

≫ 氾濫原

低地の川は激しい雨や融雪があるとゆっくりと水量が増えるが、それでもあふれたり、周囲の土地を水浸しにしたりする。あふれた水はほとんど水の流れない狭い湖を一時的に作る。すると細かい粒子は肥沃な土の層となって残り、氾濫原となる。

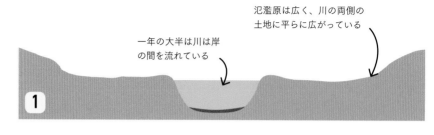

一年の大半は川は岸の間を流れている

氾濫原は広く、川の両側の土地に平らに広がっている

氾濫すると川の水は岸からあふれる

川に沿って残された重い堆積物で土手が高くなる

あふれた水は、氾濫原を越えて軽い堆積物を遠くへ運ぶ

▶自然の堤防

川岸が氾濫すると、重い堆積物は最初に沈み、岸に沿って土手ができる。すると川の水位は氾濫原よりも高くなる。

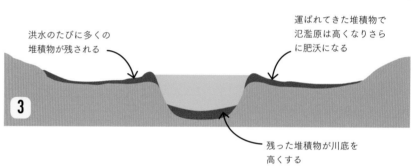

洪水のたびに多くの堆積物が残される

運ばれてきた堆積物で氾濫原は高くなりさらに肥沃になる

残った堆積物が川底を高くする

蛇行

川が、たとえば硬い岩石の周りを回ると、曲がったところの外側の岸を侵食し、内側には堆積物を残す。緩やかだった曲がり角がだんだん急カーブになる。時間が経つと、曲がり方はさらに急になってついには壊れて三日月湖が残る。

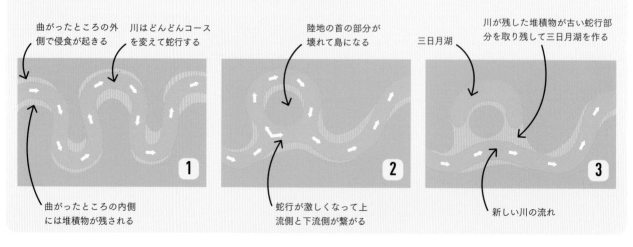

曲がったところの外側で侵食が起きる

川はどんどんコースを変えて蛇行する

陸地の首の部分が壊れて島になる

三日月湖

川が残した堆積物が古い蛇行部分を取り残して三日月湖を作る

曲がったところの内側には堆積物が残される

蛇行が激しくなって上流側と下流側が繋がる

新しい川の流れ

エスチュアリー（三角江）

地殻変動や海面の上昇で海が陸に侵入すると、河口部がエスチュアリーと呼ばれる三角状の入り江になる。水深が深く、大型船が遡行できる場合が多いが、潮汐によって土砂が堆積し干潟ができることもある。

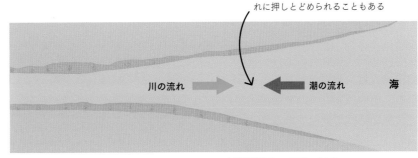

川の流れはさかのぼってくる潮の流れに押しとどめられることもある

川の流れ　潮の流れ　**海**

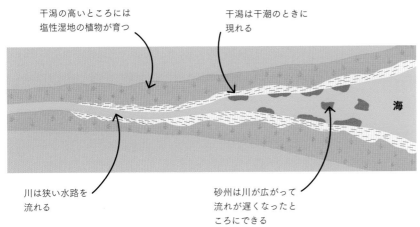

干潟の高いところには塩性湿地の植物が育つ

干潟は干潮のときに現れる

川は狭い水路を流れる

砂州は川が広がって流れが遅くなったところにできる

▲満潮時のエスチュアリー

潮が満ちると、海水がさかのぼってくるので川の流れは緩やかになる。海の塩水は細かい粒子を押しとどめるので重い粒子が沈んで川底に残る。

◀干潮時のエスチュアリー

潮が引くと川は干潟の上の狭くて深いところを削りながら流れる。砂を運んで砂州を作ることもある。

三角州

湖に流れ込む川もあるが、小さな干満のある海に流れ込んだ場合には、本来の河口よりずっと先の深いところに堆積物を残し三角州ができる。川はいくつかの分流を作って広がりながら扇形に流れることが多い。

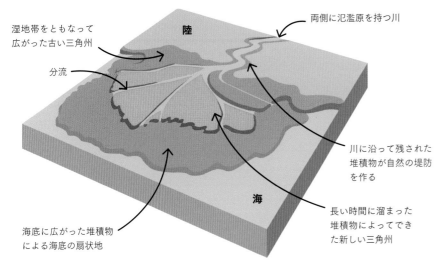

陸

湿地帯をともなって広がった古い三角州

分流

両側に氾濫原を持つ川

川に沿って残された堆積物が自然の堤防を作る

長い時間に溜まった堆積物によってできた新しい三角州

海底に広がった堆積物による海底の扇状地

海

観察しよう

河川の制御

モスクワのモスクワ川のように、農地や都会を流れる多くの川では自然の土手よりも高いところに人工の堤防を作って川の流れをコントロールしている。これによってその付近の洪水を止めることができるが、川の水を強制的に下流へ流すので、下流地域ではより深刻な洪水になるかもしれない。自然のままに洪水を起こさせればそのような問題を避けることもできる。

氷河時代

氷河時代とは、地球のほとんどが氷でおおわれた長い期間のことである。

地質学者は、地球は少なくとも5回の「氷河時代」を経験したと考えている。その原因については議論があるが、重要な要素のひとつはおそらく大気の組成の変化であろう。

変化の周期

それぞれの氷河時代は何百万年も続いた。ふつうに「氷河時代」というときには最後のものを指す。258万年前に始まったその氷河時代を科学者たちは「第四紀氷河時代」と呼ぶ。それぞれの氷河時代の中で特に寒い時期を氷期、暖かい時期を間氷期という。最後の氷期は1万1,700年前に終わって、現在私たちは間氷期にいる。

現在の地球は5番目の氷河時代（第四紀氷河時代）の中の間氷期（完新世）にある。

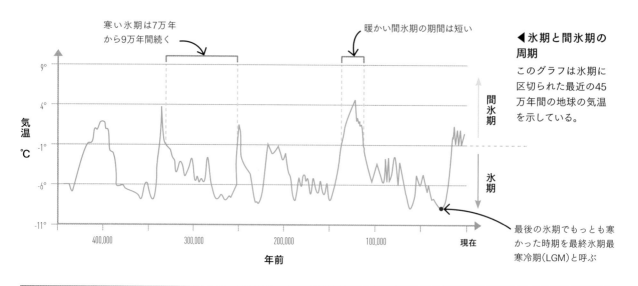

寒い氷期は7万年から9万年間続く

暖かい間氷期の期間は短い

気温 ℃

9°
4°
-1°
-6°
-11°

400,000　300,000　200,000　100,000　現在

年前

間氷期

氷期

◀ 氷期と間氷期の周期

このグラフは氷期に区切られた最近の45万年間の地球の気温を示している。

最後の氷期でもっとも寒かった時期を最終氷期最寒冷期（LGM）と呼ぶ

氷床の縮小

地球表面の広い範囲をおおう氷を氷床という。氷床は氷期には成長し、間氷期には後退する。最近の地球の平均気温の上昇とともに北半球では氷床は縮小しつつある。

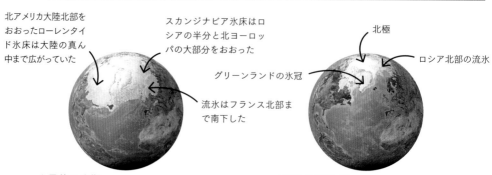

北アメリカ大陸北部をおおったローレンタイド氷床は大陸の真ん中まで広がっていた

スカンジナビア氷床はロシアの半分と北ヨーロッパの大部分をおおった

流氷はフランス北部まで南下した

北極

グリーンランドの氷冠

ロシア北部の流氷

▲最後の氷期

最後の氷期の間、北極地方の氷は地球の広範囲をおおっていた。

▲現在は間氷期

現在は暖かい間氷期で、北極地方の氷はずっと北の方まで後退している。

最終氷期最寒冷期（LGM）

最終氷期最寒冷期の間、地球の海と陸の広い範囲が氷床でおおわれた。氷床の縁は木の生えないツンドラで、冬には凍結し付近の海も凍った。野生の馬やバイソン、ケナガマンモスが草を食べる冷涼な草原が残っていた。

▼寒かった時代
2万6,000年前から2万年前までのLGMの間、北極地方の氷はカナダの大部分とヨーロッパ北部、スカンジナビアをおおうまでに成長した。

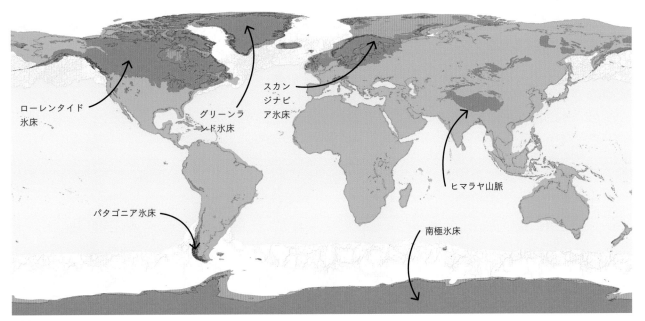

凡例

LGM の間の海氷	LGM 期間の季節氷 ／ 海洋
LGM の間の氷床	LGM 期間の陸地

海水面の変化

氷河時代には大量の水が凍結し、海水面は下がった。LGMの間は世界中の海水面は100m以上下がったが、氷の重量が陸を押し下げ、場所によっては実際の海水面はそれより高かった。氷が融けると海水面は上がり、陸は再び上昇した。

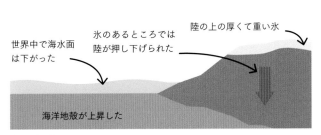

▲圧力がかかっている
世界中で氷期には海水面が下がった。しかし氷の重さが地殻をマントルへ押し下げ海水面が上がったところもある。

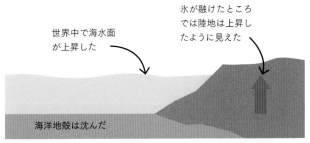

▲圧力はゆっくりと緩む
氷床が融けて、雨が降り、海面が上昇した。水の重さが海底面を押し下げ、氷のなくなった大陸は上昇し始めた。

氷河の侵食作用

山の氷河は重力によって低い方へ流れ、大きな侵食力によってみごとな景観を造り出す。

参照ページ	
‹44-46	風化と侵食
氷河の堆積作用	66-67›

氷河は大きな氷の塊で、ゆっくりと流れ下る。流れる氷は谷を削り、岩を動かして大規模な侵食をする。氷が融けると新しい景観が現れる。

氷河のでき方

高山の上のように気温が常に氷点よりも低い地域に降った雪は、完全に融けることはない。何世紀にもわたって積もり、下の方の雪は圧縮されて氷になる。重力の影響で大重量の氷は氷河となってゆっくりと流れ下る。

涵養域に雪が降り積もる

▶氷の川
斜面にできた重い氷はそこにある谷に沿って這い降りていく。暖かくて低い土地に達すると、氷は融けて流れになる。

氷河支流
小さな氷河は氷河本流に合流する

氷河本流
支流が流れ込む氷河

消耗域
低くなるにしたがって気温が上がり、氷は融ける

クレバス
動いている氷にできる深い割れ目

氷河の氷の中で凍っている岩石

融氷水の流れ
氷が融け始めた地点から水が流れ出す

モレーン（氷堆石）
谷から削られてきた岩屑が氷河の先端に溜まる

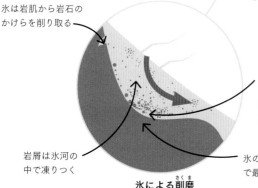

氷は岩肌から岩石のかけらを削り取る

動いている氷と岩石は、氷河の先頭部分で堆積物を削ってカール（圏谷）と呼ばれるくぼみを作る

岩屑は氷河の中で凍りつく

氷の重量が最大のところで最大の侵食が生じる

氷による削磨

プラッキング（はぎ取り）と削磨

動いている氷が付近の岩石に凍りつくとかけらをはがす。また、岩の割れ目の中の水が凍ると膨張して岩を割る。これをプラッキングという。壊れた岩石のかけらは動く氷に凍りつき、通り過ぎながらサンドペーパーのように岩石を削る。

丸くなった岩石

氷の通り道に露出した岩石は、上流側では氷に削られるが、下流側ではプラッキングによってはがされる。その結果、「ロッシュムトネ」と呼ばれるヒツジの背のような岩（羊背岩）ができる。ヒツジよりはずっと大きいけれど。

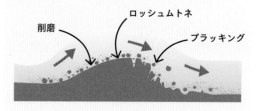

ロッシュムトネ

削磨

プラッキング

氷河の造る地形

山頂で積もった雪が凍結すると、侵食によって椀のような形に削られたカール（圏谷）ができる。雪がもっと多くなるとカールの縁からあふれて、U字型の谷を削りながら低地へ向かって流れる。氷は動きながら高く出っ張ったところを削り、谷底に深いくぼみを作る。

観察しよう
ノルウェイのフィヨルド

250万年ほど前に始まった氷河時代に、氷河による侵食によって北半球には景観にも大きな変化があった。ノルウェイでは、山をおおっていた氷床から海へ向かった氷河が多くの深いU字谷を造った。氷が融けたあと、海水が谷を満たしてフィヨルドとなった。

ホーン
背中合わせになった3つあるいはそれ以上のカールによるピラミッドのような頂

アレート
谷とカールの境界をくぎる鋭い尾根

カール

氷河支流は氷河本流に合流する

侵食作用中

氷河

◀活動中の氷河
支流のような幅の狭い氷河は谷を深く削り、カール（あるいは山腹の洞穴）を作る。大規模な氷河の侵食によって谷と谷の間にアレート（狭い尾根）やホーン（尖峰）ができる。

切断山脚
流れる氷は突き出た山脚を削り、あとが崖になる

懸谷と滝
いったん本流に流れ込んだ氷河支流は、本流の谷底の方が低いと懸谷となり、そこから流れ落ちる川は滝になる

U字谷
氷河はもともとの谷をU字型に削る

ホーン

アレート

帯状湖
氷によって谷底を削られたくぼみに水が溜まると細長い湖になる

タルン
空になったカールに水が溜まってできた湖

▶侵食で変わってしまった地形
氷河が融けると、くぼ地に点々と湖ができ、深いU字型の谷が残る。水の溜まったカールはタルンになる。

侵食作用後

U字谷
広いU字型の谷があとに残る

氷河の堆積作用

参照ページ	
‹64-65	氷河の侵食作用
気候変動	175-177›

氷河は重力によって下流へ引っ張られて大量の岩屑を運び、氷が融けた
ところに堆積させる。

氷河が地形からはぎとった大量の物質は、砂礫や粘土の山となって氷河
の末端部分や氷河があったところに残されている。

モレーン（氷堆石）

谷の側壁から氷河によってはがされた岩
石は氷とともに下流へと運ばれる。その
ような岩石による岩屑の山がモレーンで
ある。モレーンは氷河に沿って両側に分
布し、2つ以上の支流が合流した場合に
は、中央部分にもできる。岩屑は氷河の
終端部にも堆積し、終端モレーンを形成
する。

▶**さまざまなモレーン**
氷河の作用によってさまざまなモレ
ーンができる。氷河が融け後退する
と、モレーンが景観の中に残される。

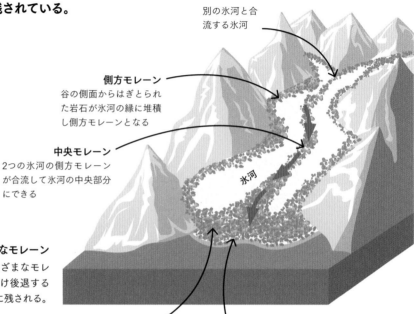

別の氷河と合
流する氷河

側方モレーン
谷の側面からはぎとられ
た岩石が氷河の縁に堆積
し側方モレーンとなる

中央モレーン
2つの氷河の側方モレーン
が合流して氷河の中央部分
にできる

氷河

終端モレーン
氷河が終わったところに堆積
した岩屑は半球型の土塁のよ
うな終端モレーンとなる

グラウンドモレーン（底堆石）
細かく砕かれた石や大きな石が混ざった氷
礫土は氷河に引きずられ、谷底の広い範囲
に堆積してグラウンドモレーンとなる

山にあった堆積物が
氷河を転がっていく

表面の土砂

氷河の先端で融ける氷

前進する氷河

融けた氷が残した岩屑は
終端モレーンになる

氷の中にある
河床土砂

モレーンのでき方

流れている氷河はコンベアベルトのよ
うな働きをして、岩石を運んで谷を下
り、終端モレーンとして残す。氷河が
前進してくると同時に氷が融けるとい
う場所にこれができる。

◀**氷河のコンベアベルト**
氷の中に凍結した岩石や細か
い物質は氷河によって運ばれ
る。氷河は融けてしまう地点
までゆっくりと流れ下る。

エスカー、ドラムリン（氷堆丘<ruby>氷堆丘<rt>ひょうたいきゅう</rt></ruby>）、ケトル湖

気候の温暖化によって氷河の終端が融け、氷河は涼しい高いところへ後退している。あとには、モレーンやエスカーといった氷河の堆積物でおおわれた景観が残る。地面は氷礫粘土の厚い層でおおわれていることが多く、そこに列をなしたドラムリンや小さなケトル湖が見られる。

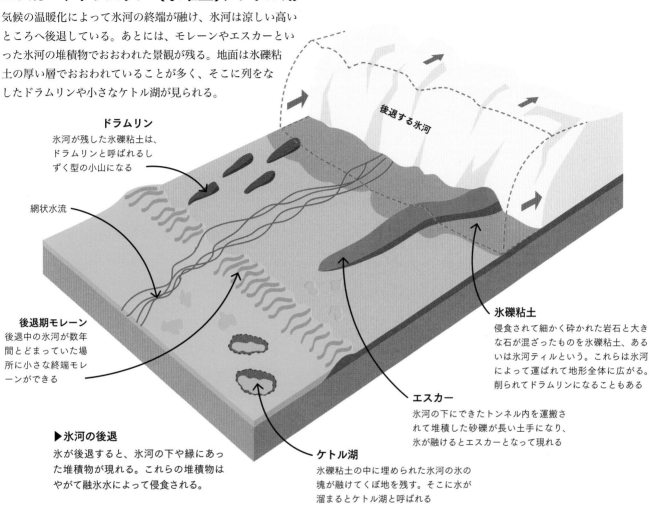

後退する氷河

ドラムリン
氷河が残した氷礫粘土は、ドラムリンと呼ばれるしずく型の小山になる

網状水流

後退期モレーン
後退中の氷河が数年間とどまっていた場所に小さな終端モレーンができる

▶氷河の後退
氷が後退すると、氷河の下や縁にあった堆積物が現れる。これらの堆積物はやがて融氷水によって侵食される。

氷礫粘土
侵食されて細かく砕かれた岩石と大きな石が混ざったものを氷礫粘土、あるいは氷河ティルという。これらは氷河によって運ばれて地形全体に広がる。削られてドラムリンになることもある

エスカー
氷河の下にできたトンネル内を運搬されて堆積した砂礫が長い土手になり、氷が融けるとエスカーとなって現れる

ケトル湖
氷礫粘土の中に埋められた氷河の氷の塊が融けてくぼ地を残す。そこに水が溜まるとケトル湖と呼ばれる

迷子石

氷床や氷河が動いて大きな岩石をもとの場所からはるかに遠くまで運ぶことがある。運ばれたものはその下の氷が融けるとそこに残る。そのような氷河の残した岩石は、置かれた場所の岩石とはかなり違っているのですぐにわかる。

▶置きみやげ
この大きな砂岩を3kmも運んできた氷河は、イングランド北部の丘の花崗岩の上に残しておよそ1万8,000年前に融けてしまった。

海岸の侵食作用

海岸線は、波に削られて絶えず変化している。

岩礁海岸に砕ける荒波の力は大きく、硬い岩石を粉砕して切り立った崖や洞穴、岩のアーチなどを造る。

削られる海岸

海岸では波が絶え間なく働いているが、荒い波は大きな力があって破壊的である。大きな波は大きな圧力で崖の割れ目に海水を注ぎ、岩を砕く。緩んだ塊は落とされ、上の岩石の下を切って崩壊させる。そして波は砕けた石をさらっていく。

▶侵食作用
一連の侵食作用は砕ける波によって引き起こされ、海岸の岩石に切り込む。

1 波の圧力
岩の上で砕ける波は岩の割れ目に水を押し込む。その圧力が割れ目を広げ、岩石は徐々に砕ける

2 摩擦
ばらばらになった岩石は押し寄せる水の中で互いに押し合い、より小さく丸くなる

3 磨滅（まめつ）
波は岩石のかけらや砂を岩石にぶつける。このサンドペーパーのような働きで岩石はすっかり砕けてしまう

4 腐食
海水中の化学物質によって溶ける岩石もある

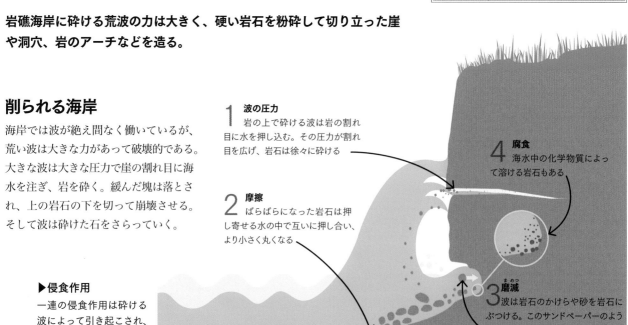

海食崖と海食台（かいしょくがい）

海岸の侵食によって断崖絶壁の海食崖が造られ、さらに年々削られる。絶壁は広い範囲にちらばった岩屑の上にそびえている。たいていの侵食は干潮位と満潮位の間の高さで起こるので、上の方が残る。海食台には平らなものもあるが、とがった岩礁もある。

▶崖の崩壊
波は海岸で砕けて、崖の基部に切り込みを入れる。崖が崩壊するとまた同じことがくり返される。

侵食が続き崖は後退する

弱くなった基部が崖の重量を支えられなくなると崩壊する

もとの崖の位置

海水は干潮位と満潮位の間にある崖の基部を攻撃する

満潮位

干潮位

波食窪（はしょくくぼ）

海食台

岬と湾

海岸によっては硬い岩石と軟らかい岩石の両方でできているところがある。軟らかい岩石の方が速く侵食され、硬い岩石でできた岬と岬の間に湾ができる。岬は外洋から入ってくる波の衝撃の大部分を吸収し、湾をそれ以上の侵食から守り、湾には石と砂で砂浜ができる。

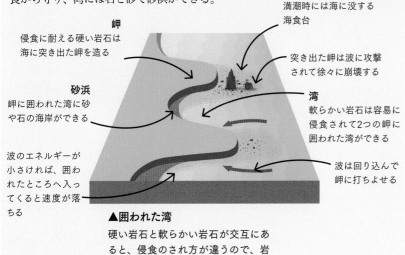

岬
侵食に耐える硬い岩石は海に突き出た岬を造る

満潮時には海に没する海食台

突き出た岬は波に攻撃されて徐々に崩壊する

砂浜
岬に囲われた湾に砂や石の海岸ができる

湾
軟らかい岩石は容易に侵食されて2つの岬に囲われた湾ができる

波のエネルギーが小さければ、囲われたところへ入ってくると速度が落ちる

波は回り込んで岬に打ちよせる

▲囲われた湾
硬い岩石と軟らかい岩石が交互にあると、侵食のされ方が違うので、岩石の岬に囲われた湾が並んでできる。

観察しよう
侵食の恐怖

イギリスのホルダネス海岸は軟らかい岩石でできていて侵食にはとても弱い。冬の嵐による波が崖の下を襲い、陸上のすべてのものもろとも崩落した。家屋も海中に流され、もはや危険だということで年々海岸沿いの集落が放棄されている。

洞穴、アーチ、離れ岩

岩だらけの海岸に打ち寄せる波は割れ目を広げたり、岩石を掘って洞穴にしたりする。これが岬で起こると、洞穴は反対側にもできて、やがてそれがつながって岩のアーチになる。これもやがて壊れて孤立した離れ岩になり、いつかは砕けて根元だけになる。

▼強力な波
岬は硬い岩石でできているけれども、海の波は少しでも弱いところがあれば、洞穴やアーチや離れ岩を造ってしまう。

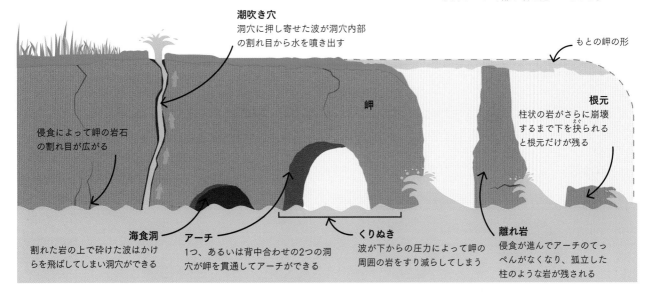

潮吹き穴
洞穴に押し寄せた波が洞穴内部の割れ目から水を噴き出す

もとの岬の形

岬

根元
柱状の岩がさらに崩壊するまで下を抉られると根元だけが残る

侵食によって岬の岩石の割れ目が広がる

海食洞
割れた岩の上で砕けた波はかけらを飛ばしてしまい洞穴ができる

アーチ
1つ、あるいは背中合わせの2つの洞穴が岬を貫通してアーチができる

くりぬき
波が下からの圧力によって岬の周囲の岩をすり減らしてしまう

離れ岩
侵食が進んでアーチのてっぺんがなくなり、孤立した柱のような岩が残される

海岸での堆積作用

外に面した海岸は侵食され、陰になる海岸には堆積が起きる。

波は岩石を侵食し、砂利や砂、細かいシルト（沈泥）に粉砕する。これらは運ばれて、大きな波にさらわれないような海岸に堆積する。

水中でものを動かすのは、波のエネルギーである。

波の作用

比較的陰になった海岸では、波は石や砂を海岸に打ち寄せそこに残して砂浜をつくる。海が荒れて大きな波がそこに打ち寄せると、砂浜を侵食し、石や砂を深いところへ運んでしまう。

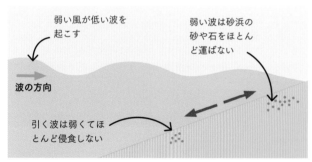

弱い風が低い波を起こす

弱い波は砂浜の砂や石をほとんど運ばない

波の方向

引く波は弱くてほとんど侵食しない

▲建設的な波
天候が静かなときの砂浜の断面を見ると、波が低いので、さらって行くものよりも残す方が多く、砂浜は徐々に成長する。

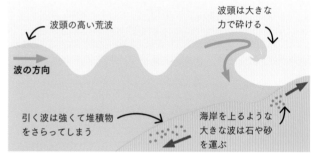

波頭は大きな力で砕ける

波頭の高い荒波

波の方向

引く波は強くて堆積物をさらってしまう

海岸を上るような大きな波は石や砂を運ぶ

▲破壊的な波
嵐のときの砂浜の断面を見ると、波は高く上がって海岸を壊し、砂浜のものを運び去ってしまう。天候が静かになれば再び砂浜ができる。

堆積物

波は岩を掘り出し、転がし、角を丸め、砂利や玉石にする。細かいかけらは砂やシルト、泥になる。重い岩を動かすには大きなエネルギーが必要なので、軽い砂などよりも高いところに残される。

▼堆積物の分類
波は大きなものよりも小さなものの方が容易に動かせるので、堆積物の種類によって残される場所が異なる。

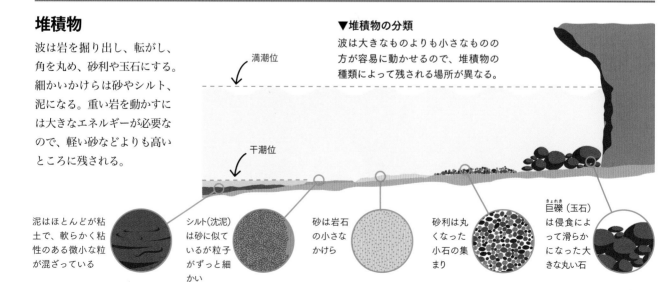

満潮位

干潮位

泥はほとんどが粘土で、軟らかく粘性のある微小な粒が混ざっている

シルト（沈泥）は砂に似ているが粒子がずっと細かい

砂は岩石の小さなかけら

砂利は丸くなった小石の集まり

巨礫（玉石）は侵食によって滑らかになった大きな丸い石

沿岸漂砂

浜辺で砕けた波は砂や石をすくって沖の方へ運ぶが、別の波に拾われて浜辺に戻される。もし波が浜辺に対して斜めに打ち寄せるなら、運び出された砂や石は離れたところに堆積する。これを沿岸漂砂という。

▶砂浜の移動

浜辺を上から見ると、斜めに打ち寄せる波によって砂粒がどのように運ばれて、また戻って来るかがわかる。運ばれた砂は防砂堤のような障壁のところに溜まる。

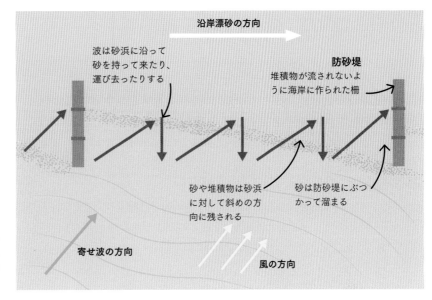

砂嘴（さし）と砂州

沿岸漂砂によって何kmも続く長い砂浜ができ、岬から突き出して砂嘴になることがある。さらに湾や入り江を横切る砂州になり、水の静かな潟を孤立させることもある。同じように海岸から伸びて島とつながったものは陸繋砂州（りくけいさす）と呼ばれる。

▲砂による障壁

海岸の砂は海の方へ伸びると砂嘴や砂州、陸繋砂州を造る。これらは障壁となって海岸を嵐から守る。

塩性湿地とマングローブ

河口に砂嘴や砂州ができると、海岸の近くは穏やかになり、細かい塩や泥が溜まって満潮時には水に浸かるような泥土堤ができる。そのようなところに順応して塩性湿地性の植物や熱帯性のマングローブが育つ。

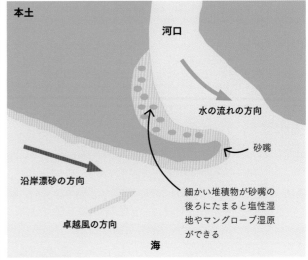

▲海岸の湿地

ごく細かい堆積物は水の静かなところに泥土堤を築く。卓越風や大きな波から砂嘴に守られて湿地やマングローブ湿原がその後ろにできる。

砂漠での侵食作用

砂漠では、乾燥していることが風化や侵食の大きく進む原因になる。

極度に乾燥しているところでは、強烈な熱帯の嵐をきっかけに風に飛ばされた砂や鉄砲水が、岩石に当たってさまざまな形に変えることがある。

不毛の土地

砂やぐらぐらする岩は砂漠にはよくあり、雨が少ないので植物はほとんど生えていない。土を支える植物の根がないので、表土は風で簡単にさらわれ、その下にあった岩石が露出して風や水による侵食を受ける。

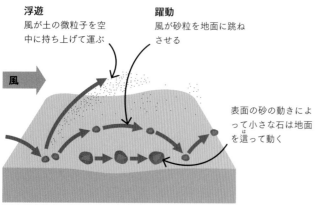

浮遊
風が土の微粒子を空中に持ち上げて運ぶ

躍動
風が砂粒を地面に跳ねさせる

風

表面の砂の動きによって小さな石は地面を這って動く

▲浮遊と躍動
風は土の微粒子を拾い上げて浮遊させて運ぶ。砂粒は風に動かされて地面に跳ね（躍動）、石はゆっくりと地面を這って動く。

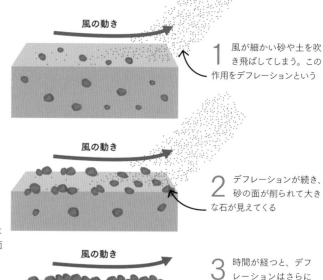

風の動き

1 風が細かい砂や土を吹き飛ばしてしまう。この作用をデフレーションという

風の動き

2 デフレーションが続き、砂の面が削られて大きな石が見えてくる

風の動き

3 時間が経つと、デフレーションはさらに多くの石を露出させ、密に詰まって硬い砂漠舗石ができる

▲砂漠舗石のでき方
土の微粒子や砂は、風によって重い石よりも容易に運ばれるので、長い間には細かい粒子はなくなってしまって、砂のほとんどない硬い石だらけの砂漠舗石ができる。

風の彫刻

砂漠の風によってまき上げられた乾いた砂は、砂吹き機のように働いて岩石の表面をこすり吹き飛ばしてしまう。躍動によって跳ね上げられた砂粒で、岩の根元のところはほとんど削られてしまう。時間をかけて風によって造られたこのふしぎな彫刻を風食礫という。

▶マッシュルーム岩（キノコ石）
砂漠の風は岩を削って地上に1m以上ものマッシュルームを作ることもできる。

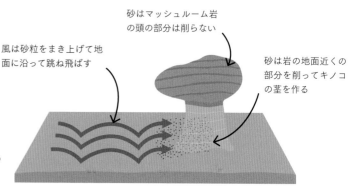

砂はマッシュルーム岩の頭の部分は削らない

風は砂粒をまき上げて地面に沿って跳ね飛ばす

砂は岩の地面近くの部分を削ってキノコの茎を作る

砂丘

砂漠では、風に動かされる砂粒は常に互いに衝突をくり返してそれぞれの粒は丸くなっている。風はそのような砂粒を容易に吹き寄せて砂丘と呼ばれる小高い山にするが、その形は風の方向や吹き方によってさまざまである。

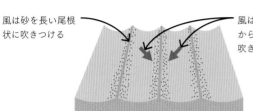

風は砂を長い尾根状に吹きつける

風は砂丘の両側からある角度で吹きつける

▲縦列砂丘
風の方向がほとんど変わらないとき、風の平均的な方向に沿って平行な砂の尾根が形成される。砂丘の間の地面にはほとんど砂がない。

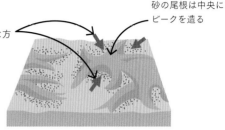

風はいろいろな方向から吹く

砂の尾根は中央にピークを造る

▲星状砂丘
さまざまな方向から吹く風は砂を星状砂丘に掃き寄せる。それぞれの砂丘には尾根がたくさんあって重なり合うと高いピークができる。

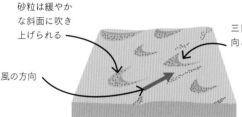

砂粒は緩やかな斜面に吹き上げられる

三日月形の砂丘は風の方向とは逆向きにできる

風の方向

▲バルハン砂丘
おおむね一方向から風が吹く場合には三日月形の砂丘ができる。風は砂丘の外側のカーブに沿って先に向かって吹く。

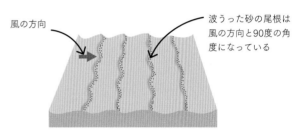

風の方向

波うった砂の尾根は風の方向と90度の角度になっている

▲横列砂丘
砂が多く安定した風の吹く砂漠では、風の方向に垂直に横列砂丘ができる。これはやがて壊れてバルハン砂丘になる。

鉄砂水

砂漠にも嵐はある。その嵐は激しく、水を吸い込む土がないので雨水は激流となって流れ下る。いわゆる鉄砲水は岩屑を運ぶので、それが深い峡谷を削り、メサやビュートと呼ばれる孤立した岩山を残す。

▶水による地形
嵐による雨が高い台地を流れ下るということが長年くり返されると、景色はすっかり変わってしまう。水が干上がれば広い塩類平原が出現する。

峡谷(キャニオン)
嵐による洪水が台地に刻み込んだ深い谷

メサ
台地が峡谷によって切り離されて孤立する

ビュート
この孤立した石の塔はメサに似ているがそれほど広くない

台地
硬い岩の層がこの広い平らな台地に載っている

扇状地
嵐による洪水が峡谷から平地に流れ出ると、扇型の岩屑や砂の層をあとに残す

プラヤ(塩釜)
一時的な湖が蒸発するとあとに塩類が残ってプラヤと呼ばれる

オアシス
地面の下にしみ込んだ水が現れてオアシスとなり植物が育つ

大気

地球は大気という厚さ700kmもある気体の毛布にくるまれている。

大気は地球上で生きるもののために空気と水を提供し、気温を制御し、太陽の有害な紫外線から守っている。

大気の組成

地球の大気、つまり空気にはさまざまな気体や微粒子が混ざっている。大気の99％は、窒素と酸素という2種類の気体で、窒素が78％、酸素が21％、あとの1％には二酸化炭素や水蒸気、およびアルゴン、ヘリウム、メタン、オゾン、ネオンなどの微量気体が含まれる。酸素は地球上の生命のために欠かせない。

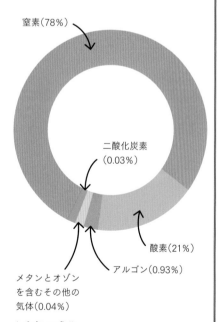

窒素（78％）
二酸化炭素（0.03％）
酸素（21％）
アルゴン（0.93％）
メタンとオゾンを含むその他の気体（0.04％）

▲大気の成分
大気の平均的な組成は安定しているが、二酸化炭素、メタンおよびオゾンのような微量気体のわずかな変化が地球の気候に重大な影響を与える。

大気の層構造

地球の大気は、一番下の対流圏から一番上の外気圏まで、厚さの違う5つの層でできている。熱圏にはイオン（電荷を帯びた粒子）の集まった電離層と呼ばれる薄い層があり、成層圏には周囲よりオゾンの密度が高いオゾン層がある。

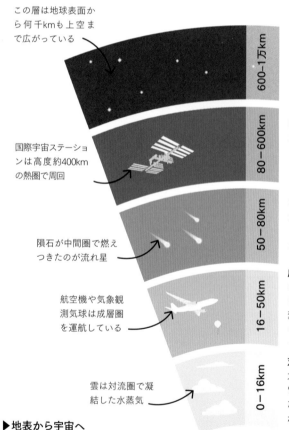

この層は地球表面から何千kmも上空まで広がっている

国際宇宙ステーションは高度約400kmの熱圏で周回

隕石が中間圏で燃えつきたのが流れ星

航空機や気象観測気球は成層圏を運航している

雲は対流圏で凝結した水蒸気

600-1万km 外気圏
大気の最外層は宇宙に繋がっていてさまざまに温度が変化する

80-600km 熱圏
大気中では最高温の層で、2,000℃にも達する

50-80km 中間圏
大気中では最低温で、−100℃くらいまで下がる

16-50km 成層圏
この層では、高度20kmくらいまでは温度はほとんど変わらないが、そこから高くなるにつれて温度が10℃くらいまで上がる

0-16km 対流圏
大気の最下層で、気体の80％程度はこの層にあって私たちは呼吸ができる。高度が上がると温度は下がる

▶地表から宇宙へ
大気の5つの層の厚さの比はこの図の通りではない。熱圏は対流圏の50倍ぐらいある。

温室効果

太陽のエネルギーの大部分は大気を透過して地表を暖める。暖められた地表から放射したエネルギーは大気中の二酸化炭素などの温室効果ガスによって吸収され、大気を暖める。炭素の含まれる石炭、石油、天然ガスなどを燃やすと、大気中に二酸化炭素が放出されてこの効果を強める。

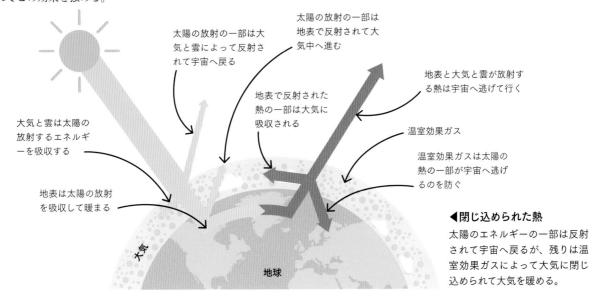

太陽の放射の一部は大気と雲によって反射されて宇宙へ戻る

太陽の放射の一部は地表で反射されて大気中へ進む

地表と大気と雲が放射する熱は宇宙へ逃げて行く

地表で反射された熱の一部は大気に吸収される

温室効果ガス

温室効果ガスは太陽の熱の一部が宇宙へ逃げるのを防ぐ

大気と雲は太陽の放射するエネルギーを吸収する

地表は太陽の放射を吸収して暖まる

大気

地球

◀閉じ込められた熱
太陽のエネルギーの一部は反射されて宇宙へ戻るが、残りは温室効果ガスによって大気に閉じ込められて大気を暖める。

大気の圧力

空気には大量の分子が含まれていて絶えず運動している。この動きが大気の圧力（気圧）を生じ、ふつうはヘクトパスカルhPaという単位で測定され、同じ体積の中で分子の数が増えれば圧力が上がる。大気の圧力は天候の条件や高度によって変化する。

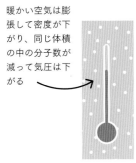

暖かい空気は膨張して密度が下がり、同じ体積の中の分子数が減って気圧は下がる

冷たい空気は収縮して密度が上がり、同じ体積の中の分子数が増えて気圧は上がる

▲温度の影響
高温になれば空気は膨張し、圧力は低下して「低気圧」の領域ができる。低温は空気を収縮させ、圧力を増して「高気圧」の領域ができる。

▶高度の影響
空気が濃くて分子数がもっとも多い海水面で気圧はもっとも高く、高度が上がると空気は薄くなって気圧は下がる。

オゾン層

オゾン層とは成層圏でオゾンが集中しているところで、地上の生物を太陽の紫外線から保護している。噴霧ガスや冷蔵庫からの有害なフロンガスの放出でオゾン層が薄くなり、穴（オゾンホール）ができたが、その穴は小さくなりつつある。

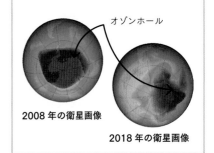

オゾンホール

2008年の衛星画像

2018年の衛星画像

季節

私たちが季節を感じるのは地球が自転軸を傾けて太陽の周りを回っているからである。赤道付近では季節はあまりはっきりしないが、高緯度地方でははるかに極端である。

熱帯地方の季節はたいてい、雨の多い雨季と雨の降らない乾季の2つだけで、温帯地方にははっきりした四季、冬、春、夏、そして秋がある。

参照ページ	
気候帯	78-79 ▶
南北半球と緯度	210-211 ▶

なぜ四季があるのか

地球は太陽の周りを回りながら、少し傾いた地軸の周りを自転している。太陽に対するこの傾きが四季を作っている。地球上で場所が違えば、太陽に対して同じ向きになる時期が違う。太陽の方に向いているときが夏で、反対のときが冬である。

地軸
地球は、中心を南北に貫く地軸という想像上の軸の周りを自転している

太陽

北半球

南半球

公転軌道
地球が太陽の周りをまわる道筋

赤道
地球を南北2つに区切る想像上の線

1 6月
地球の傾きのために北半球では太陽は頭上付近にあるので、昼が長く暑い夏になる。南半球では冬。

2 9月
頭上にあった太陽は南の赤道の方へ移動して、昼と夜の長さが同じになり、北半球では秋、南半球では春。

3 12月
太陽は南半球の頭上付近に輝いて夏、北半球では夜が長くなり冬になる。

4 3月
太陽は再び赤道に戻ってきて、昼と夜の長さがまた同じになる。北半球では冬が去って春、南半球では夏が終わって秋になる。

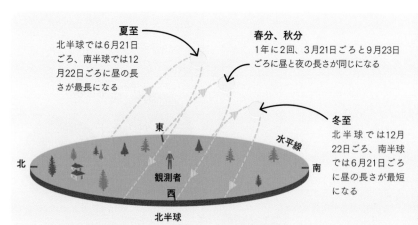

夏至
北半球では6月21日ごろ、南半球では12月22日ごろに昼の長さが最長になる

春分、秋分
1年に2回、3月21日ごろと9月23日ごろに昼と夜の長さが同じになる

冬至
北半球では12月22日ごろ、南半球では6月21日ごろに昼の長さが最短になる

東　水平線　北　観測者　南　西　北半球

冬至、夏至と春分、秋分

季節が変わると、空の太陽の通り道がずれていくように見える。太陽は夏至にもっとも高い位置に、冬至にはもっとも低い位置に、春分、秋分にはその中間の高さにくる。

春分、秋分は「昼夜平分時（昼夜が同じ長さの時）」ともいう。

四季

中緯度および高緯度地方では太陽の強さと昼の長さが一年を通して変化するので、季節によって天候が変わる。太陽が高く、暑いときには夏で、太陽が低くなると冬になる。秋と春はその中間。

冬
昼が短く寒くて暗い。霜が降り、雪が降り、嵐になることもある。

春
昼は暖かくなり始めるが夜はまだ寒い。少し雨も降る。

夏
昼は長く暑い。夕立があっても、雨は少ない。

秋
朝は霧が出て湿度が高く、昼も涼しくなる。嵐になることも多い。

雨季と乾季

熱帯地方には、大量に雨の降る雨季とほとんど雨の降らない乾季の2つの季節しかない。赤道付近には、一年中暑くて乾燥しているか、あるいは暖かくて湿度が高いかのどちらかでまったく季節が変わらないところもある。

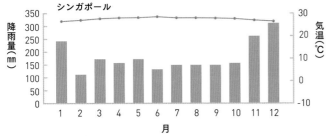

▲赤道地方の気候
アジアのシンガポールのような湿潤な赤道地方の気候では季節の変化はほとんどない。一年中雨が多く、暖かい。

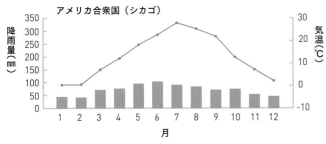

▲大陸内部の気候
アメリカ合衆国の中央部のような大きな大陸の内部では気温は季節によって大きく変動する。冬はとても寒く、夏は焼けつくように暑い。

凡例
　雨量
　気温

モンスーン（季節風）

南アジアにはモンスーン気候のところが多く、乾季と激しい雨が降る雨季がある。インドでは乾季は12月から5月まで、6月から11月は雨季で、雨季の初めに風向きが変わり、季節風が吹き始める。

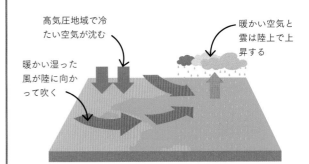

高気圧地域で冷たい空気が沈む

暖かい空気と雲は陸上で上昇する

暖かい湿った風が陸に向かって吹く

▲モンスーンの季節
大陸内部が暖かくなり、湿気を含んだ季節風が海から吹くと、雨季（モンスーンの季節）が始まる。

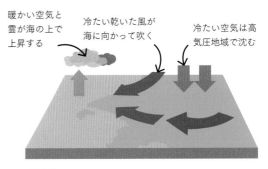

暖かい空気と雲が海の上で上昇する

冷たい乾いた風が海に向かって吹く

冷たい空気は高気圧地域で沈む

▲乾季
大陸の内部が冷えて、海に向かって風が吹き、陸が乾燥すると乾季が始まる。

気候帯

ある地域で30年以上観測した天候の平均を気候という。

どんなところにも異常な天候の日々があるが、どんなに暖かくても寒くても、あるいは湿っていても乾いていても、大部分の時間はその地域の気候になっている。気候は、ある地域にみられる動物や植物、そこでの人々の暮らし方に影響を与えている。

気候帯

地球には、赤道の両側にそれぞれ3つの気候帯がある。赤道付近の両側は強い日光を浴びて暖かい熱帯、地球の両端は日光のもっとも弱い氷の多い極地域、その間にはっきりした季節のある温帯がある。

北極線　　　　　　北極帯

北温帯

北緯23.5度　北回帰線

0度　赤道　　　　北熱帯

南熱帯

南緯23.5度　南回帰線

南温帯

南極線　　　　　南極帯

▶**緯度で区分される3つの気候帯**
気候帯は南北半球で同じで、それぞれの気候帯にはその気候に影響を与えている卓越風が吹く。

世界の気候

ある地域の気候は、3つの要素で決まる。熱帯、温帯、極地方のどこに属するか、海からの距離、そして卓越風との関係で大陸のどちら側にあるか、の3つである。

▶**気候の区分**
気候の分類にはいろいろな方法がある。この地図にはそのいくつかを組み合わせて世界の気候を表している。

暑くて乾燥

暑くて湿潤

凡例

■ **ツンドラ気候**
長く寒い冬と、短くて涼しい、あるいは穏やかな夏がある

■ **亜寒帯冬季少雨気候**
寒くて厳しい冬とやや暖かい夏があり、乾燥している

■ **氷雪気候**
きわめて寒く、平均気温が氷点以上になる月はない

■ **亜寒帯湿潤気候**
日射の弱い冬の寒さは厳しいが、夏には気温が上がり、雨も降る

■ **熱帯雨林気候**
非常に暑く、非常に湿潤な気候

■ **温暖冬季少雨気候**
夏はモンスーンの影響で高温湿潤。内陸の冬は水蒸気が少なく乾燥する

■ **サバナ気候**
気候は暖かいが長い乾期と雨期がある

■ **地中海性気候**
この地域は暖かく、乾燥した夏と、穏やかな冬がある

■ **砂漠気候**
年間に250mm以下の雨しか降らない砂漠地域

■ **ステップ気候**
半乾燥、あるいはステップ地域は非常に長くて乾燥した夏がある

■ **温暖湿潤気候**
穏やかな冬と暖かい夏、雨が多い気候

■ **熱帯モンスーン気候**
南アジア地域は乾季と非常に雨の多い雨季しかない

砂漠はどこにあるか

地球の陸地の5分の1は砂漠である。砂漠は暑いところが多いが、最大の砂漠のひとつである南極だけは寒い。亜熱帯の大きな砂漠では空気は非常に乾燥している。アフリカのナミブのように大陸の西側にも砂漠があり、アラビア砂漠やユーラシア大陸の内部のゴビ砂漠のように海から遠いところにもある。

凡例
- 暑い砂漠
- 寒い砂漠
- 温帯の砂漠

▲暑い砂漠と寒い砂漠
サハラのような熱帯の砂漠は地上でもっとも暑いところ、温帯の砂漠の冬はとても寒い。

寒い冬と穏やかな夏

暖かい夏と穏やかな冬

寒くて乾燥

気候のグラフ

気候を比較する簡単な方法は気温と雨量の月平均値を比べることで、グラフにすると違いがよくわかる。

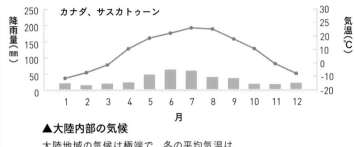

▲大陸内部の気候
大陸地域の気候は極端で、冬の平均気温は夏よりも非常に低く、雨は夏によく降る。

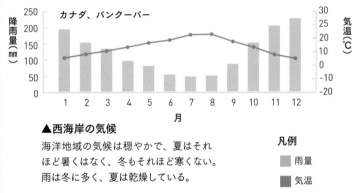

▲西海岸の気候
海洋地域の気候は穏やかで、夏はそれほど暑くはなく、冬もそれほど寒くない。雨は冬に多く、夏は乾燥している。

凡例
- 雨量
- 気温

微気候

庭や都会、湖、谷間、あるいは森、などの狭い地域の気候を微気候という。風をさえぎる丘や、日陰を作る樹木、熱を溜め込むビルディングなどはその地域の天候に大きな影響を与えている。

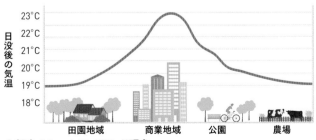

▲都会のヒートアイランド現象
大都会は周辺の郊外よりも、ビルディングからの放熱によって特に夜間にかなり暖かい傾向がある。

水の循環

水は広大な陸地と海洋の間を絶え間なく循環して、地球上の生命を支えている。

地球上の水はこの惑星ができてまもなくのころから存在し、大気、海洋、陸地の間をずっと循環し続けてきた。これを「水の循環」と呼ぶ。

水の動き

地球上の水の97％以上は海などの塩水で、残りの3％が陸上の生物にとっては欠かせない淡水である。太陽の熱によって湖や川、海から水分が蒸発すると、水は水蒸気になる。水蒸気は冷えて凝結して雲になり、雨や雪となって海や湖や川に戻る。

▼海から海へ
太陽の熱が水を循環させる。循環は海から始まって海で終わる。

風は雲を吹き飛ばす

凝結
水蒸気が上昇すると冷やされて凝結し水滴になり雲になる

蒸散
植物は地下から水を吸い上げ、水は葉から空中へ戻る

降雨
雲の中の水滴が大きくなると重くなり、水は雨や雪となって落ちる

凍結
地球上の淡水の70％は凍って氷河や氷床になっているが、やがて少しずつ融ける

蒸発
太陽の熱によって、海や川の水が水蒸気になる

川は海へ流れ込む

小さな川は大きな川へ合流し流れ下って行く

山で融けた雪は小川となる

海

浸透　雨や雪融け水の一部は地下にしみ込んで地下水となり地下を通って海へ向かう

空気中の水蒸気

空気中に存在する水蒸気の量を湿度という。ある体積の空気の中の水蒸気の重さが絶対湿度である。暖かい空気は冷たい空気よりもたくさんの水蒸気を含むことができ、ある温度で含むことのできる水蒸気の最大量を飽和水蒸気量という。ある温度の空気の飽和水蒸気量に対して、実際にそこにある水蒸気の割合をパーセントで表示したものが相対湿度である。

暑い日には、空気はたくさんの水を含むことができる

寒い日には、空気は少ししか水を含むことができない

▲暖かくて乾燥している
暑い夏の空気は絶対湿度が高く、多くの水蒸気を含んでいるが、相対湿度が低ければ乾燥しているように感じる。

▲寒くて湿っている
冷たい冬の空気は絶対湿度が低く、空気中の水蒸気の量は少ないが、相対湿度が高ければじめじめした感じがする。

露点

空気中の飽和水蒸気量は気温が高い方が多い。ある温度で飽和水蒸気量に達していない空気でも温度が下がると、その温度で含むことのできる水蒸気量が減り、ついに飽和に達すると水蒸気は凝結して露や水滴になる。上空ならば雲ができる。水滴ができる温度を露点という。

▲露
夜に地面が冷えると、そのすぐ上の空気も冷えて水蒸気が凝結し、葉っぱの上などで小さな水滴や露になる。

水の循環に人間が与える影響

人間は川の流れを変えて、水の循環に影響を与えている。工場でも家庭でも川から、時には海から引いた大量の水を利用する。大きなダムを建設して水力発電などのための水を貯めることも水の循環に影響を与える。

▲灌漑（かんがい）
食料の必要量が増えると、農業のための水もたくさん必要になる。過剰な灌漑は川を干上がらせ、土の化学組成にも悪影響を与えることがある。

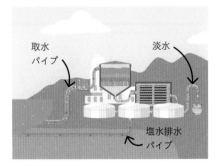

▲淡水化事業
海水は大量にあるが、塩分が多くて利用できない。海水から塩分を除去する脱塩装置には大量のエネルギーが必要なうえに付近の海の生物に危害を与えることもある。この方法では現在の淡水供給量の1%にしかならない。

取水パイプ　淡水　塩水排水パイプ

▲ダムと貯水池
川の流れに沿って建設されたダムはその背後の貯水池に水を貯える。ダムによって堆積物が除去されて生物の生息地やその地域の生物種が失われることがある。

地球に吹く風

大気中の空気はたえず動いていて、地球の周囲の熱を循環させている。

ある地域でいつも決まった方向から吹く風を「卓越風」と呼ぶ。卓越風は赤道地方から暖かい空気を極地方へ運び、冷たい空気を赤道地方へ運ぶ。

なぜ風が吹くのか

太陽がある地域を他よりも強く暖めると、気圧の差ができる。あるところの空気が他より暖かく軽ければ上昇し気圧は下がる。別のところでは冷たく重い空気が下降して高気圧となる。暖かい空気が上昇すれば冷たい空気はその場所に入り込むので、風は冷たいところから暖かいところへと吹く。

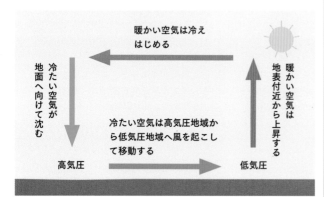

暖かい空気は冷えはじめる

冷たい空気が地面へ向けて沈む

暖かい空気は地表付近から上昇する

冷たい空気は高気圧地域から低気圧地域へ風を起こして移動する

高気圧　　　　　低気圧

▲連続的な循環
地球の周囲では、地表近くの高気圧の地域から低気圧の地域へと風が連続的に循環している。空気の温度が違えば必ず風が吹く。

地球をめぐる風

地球をめぐる風は、大気大循環と呼ばれる特徴的なパターンにしたがって大きな領域の中を吹いている。これによって、太陽がもっとも強い熱帯でも、太陽がもっとも弱い極地方でも、空気はたえず循環している。南北それぞれの半球に、熱帯周辺、温帯地域、極地方の3つの大きな循環がある。

貿易風
熱帯で東から西向きに、地表付近で吹く

卓越偏西風
中緯度地方で西から東へ極に向かって吹く。貿易風とは逆向きなので反貿易風とも呼ばれる

極偏東風
この冷たい乾いた風は極地域で西向きに吹く

コリオリの力

風は高気圧の地域から低気圧の地域へまっすぐに吹くことは決してない。地球の自転運動の影響で、北半球では南へ向かう風は西へ曲がり、南半球では北へ向かう風がやはり西へ曲がる。これをコリオリの力、あるいはコリオリ効果という。

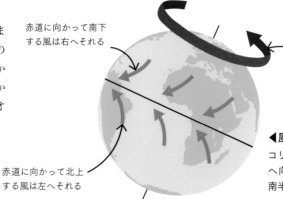

赤道に向かって南下する風は右へそれる

地球は反時計回りに、東へ向かって回転している

赤道に向かって北上する風は左へそれる

◀風の方向
コリオリの力によって赤道へ向かう風は北半球でも、南半球でも西へ曲がる。

循環

赤道地方、中緯度地方、極地方、それぞれの帯状の地域で空気は鉛直方向に循環する。熱帯では赤道付近で上昇する暖かい空気が南北のハドレー循環の中を北と南へそれぞれ流れる。同じような循環が極地域で極循環を形成している。温帯地域では中緯度地方で上昇した空気は分裂してフェレル循環の中を極向きと赤道向きに流れる。

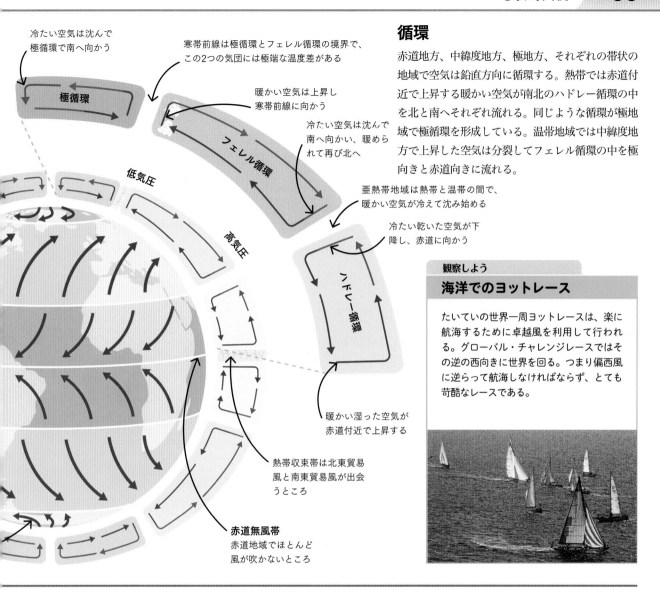

冷たい空気は沈んで極循環で南へ向かう

寒帯前線は極循環とフェレル循環の境界で、この2つの気団には極端な温度差がある

暖かい空気は上昇し寒帯前線に向かう

冷たい空気は沈んで南へ向かい、暖められて再び北へ

極循環

フェレル循環

低気圧

高気圧

亜熱帯地域は熱帯と温帯の間で、暖かい空気が冷えて沈み始める

冷たい乾いた空気が下降し、赤道に向かう

ハドレー循環

熱帯収束帯は北東貿易風と南東貿易風が出会うところ

暖かい湿った空気が赤道付近で上昇する

赤道無風帯
赤道地域でほとんど風が吹かないところ

観察しよう
海洋でのヨットレース

たいていの世界一周ヨットレースは、楽に航海するために卓越風を利用して行われる。グローバル・チャレンジレースではその逆の西向きに世界を回る。つまり偏西風に逆らって航海しなければならず、とても苛酷なレースである。

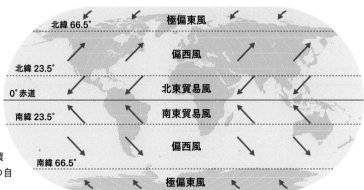

卓越風の吹き方

地球は赤道の両側がそれぞれ3つの主要な卓越風地帯に分けられる。3つの地帯は3つの循環と結びついている。それぞれの地帯では、たいていいつも吹いている卓越風がそれぞれの循環内で起こされる地表での風になっている。

▶世界の風
3つの卓越風帯では空気は循環の中で北か南へ動くが、地球の自転のために東または西に曲がる。

北緯66.5° 　極偏東風
偏西風
北緯23.5°
北東貿易風
0°赤道
南東貿易風
南緯23.5°
偏西風
南緯66.5°
極偏東風

海流

世界中の海を流れる大きな水の流れを海流という。

海流は大量の水の絶えまない移動で、海の表面にも、深いところにもある。海流は海水の温度と密度の差を平均しようとして引き起こされ、流れ方には地球の回転も関係している。

冷たい深層海流と暖かい表層海流が、地球に熱を分配するために協働している。

表層海流と環流

海表面の水の動きは表層海流と呼ばれる。暖かい水は常に冷たい水と混ざるために対流を起こすが、海洋では地球規模で対流が起こる。環流は主な海洋を流れめぐって暖かい水を極地方へ、冷たい水を赤道地方へと、赤道の両側でそれぞれに運んでいる。

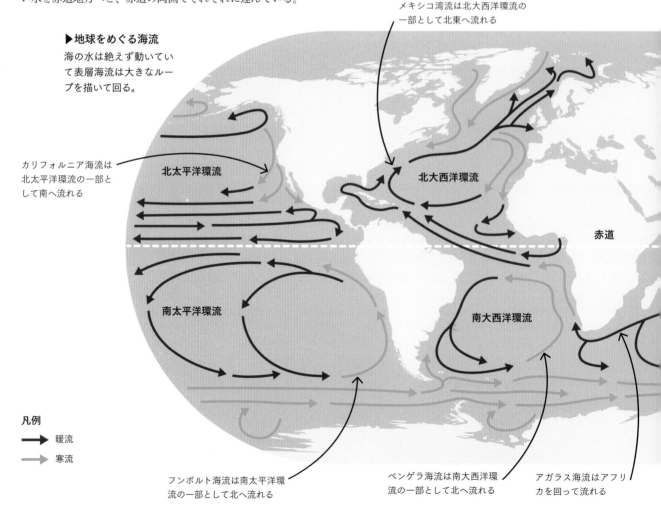

▶**地球をめぐる海流**
海の水は絶えず動いていて表層海流は大きなループを描いて回る。

メキシコ湾流は北大西洋環流の一部として北東へ流れる

カリフォルニア海流は北太平洋環流の一部として南へ流れる

北太平洋環流

北大西洋環流

赤道

南太平洋環流

南大西洋環流

凡例

→ 暖流

→ 寒流

フンボルト海流は南太平洋環流の一部として北へ流れる

ベンゲラ海流は南大西洋環流の一部として北へ流れる

アガラス海流はアフリカを回って流れる

環流の流れ方

卓越風、海洋と大陸の形、そして地球の回転という要素の組み合わせによって表層海流は、環流と呼ばれる大きな循環海流になって、北半球では時計回り、南半球では反時計回りに流れる。貿易風は、たとえば北半球では熱帯で西へ向かい、次に温帯では東へ向かって海流を案内している。

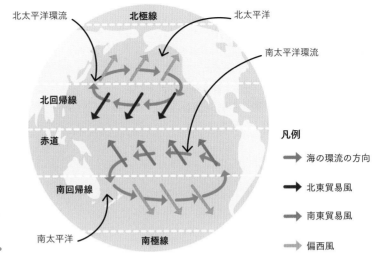

北太平洋環流
北極線
北太平洋
南太平洋環流
北回帰線
赤道
南回帰線
南太平洋
南極線

凡例

→ 海の環流の方向

→ 北東貿易風

→ 南東貿易風

→ 偏西風

▶地球の回転の影響

風も海流も、空気や海水の経路に関しては、地球の回転運動のせいで湾曲して、独特の形になる。

黒潮は北太平洋環流の一部

ド洋環流

南極環流は南極大陸を
回って流れる

境界流

環流の縁の海流を境界流という。これらは環流の西向きと東向きの部分につながる。環流の西側の境界流は速く、深く、幅が狭くて、暖かい水を冷たい領域に運ぶ。一方で東側の境界流はゆっくりで浅く、幅が広くて、冷たい水を熱帯の方へ運ぶ。

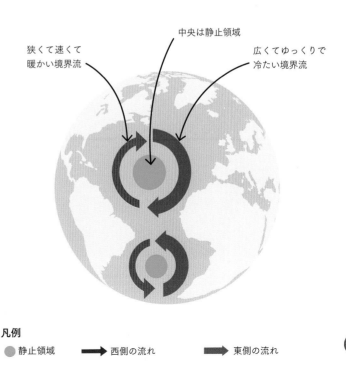

中央は静止領域

狭くて速くて
暖かい境界流

広くてゆっくりで
冷たい境界流

凡例

● 静止領域　　→ 西側の流れ　　→ 東側の流れ

≫ 深層海流

高緯度地方の冷たい海では、氷の下の海水は
ふつうよりも塩分が多いので、水の密度が高
く重くなって海底へと沈む。この冷たくて濃
い水は、深層海流となって暖かくて密度の低
い水の下を流れ、徐々に暖かくなって表面に
上がってくる。深層海流と表層海流は
巨大なコンベアベルトとなって
海の水を世界中に運んで
いる。

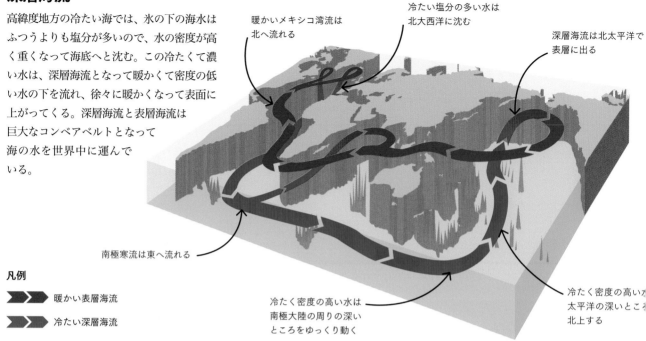

暖かいメキシコ湾流は
北へ流れる

冷たい塩分の多い水は
北大西洋に沈む

深層海流は北太平洋で
表層に出る

南極寒流は東へ流れる

冷たく密度の高い水は
南極大陸の周りの深い
ところをゆっくり動く

冷たく密度の高い水は
太平洋の深いところを
北上する

凡例

≫ 暖かい表層海流

≫ 冷たい深層海流

海岸での湧昇と沈降
<small>ゆうしょう</small>

風が表層水を海岸から離れる方向に押すと、それと置き換わるために深層の水が浮
き上がってくる。これを湧昇という。風が海岸に向かって表層水を押し上げるとき
には、表層水は沈み込んで深層水と置き換わる。これを沈降という。

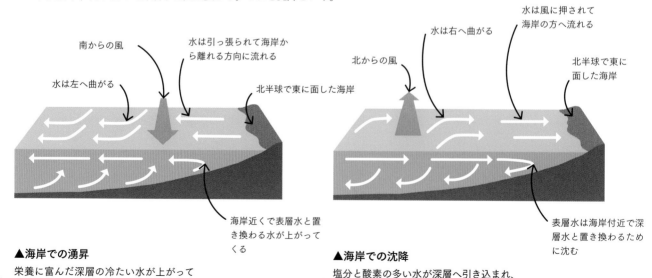

南からの風

水は引っ張られて海岸か
ら離れる方向に流れる

水は左へ曲がる

北半球で東に面した海岸

海岸近くで表層水と置
き換わる水が上がって
くる

水は風に押されて
海岸の方へ流れる

北からの風

水は右へ曲がる

北半球で東に
面した海岸

表層水は海岸付近で深
層水と置き換わるため
に沈む

▲海岸での湧昇
栄養に富んだ深層の冷たい水が上がって
くるととても良い漁場となる。

▲海岸での沈降
塩分と酸素の多い水が深層へ引き込まれ、
海水の組成のバランスを維持する。

気象システム

ある場所での天候は気象システムと呼ばれる大気循環の地球規模でのパターンで決まる。

大気中での風の強さと方向、降水、湿度、雲量、日照時間、そして気温の日々の変化が天候である。天候は、気団と、気象システムと呼ばれる大気循環の大きなパターンによって駆動されている。

気団

気団は大きな体積の大気で、その中の空気は水平方向には一様に湿っていたり、乾いていたり、冷たかったり、暖かかったりする。気団は、たとえば海のような表面に十分な時間滞在して温度と湿度が決まる。内陸では気団が何週間も居座って非常に乾燥し、冬ならばとても寒くなる。不安定な荒れた天候は2つの気団が出会うところ、つまり前線で出現する。

▼気団の発生するところ

気団によってもたらされる天候はそれが発達した状態によってほとんど決まる。気団の発生する地点のことを発源地という。

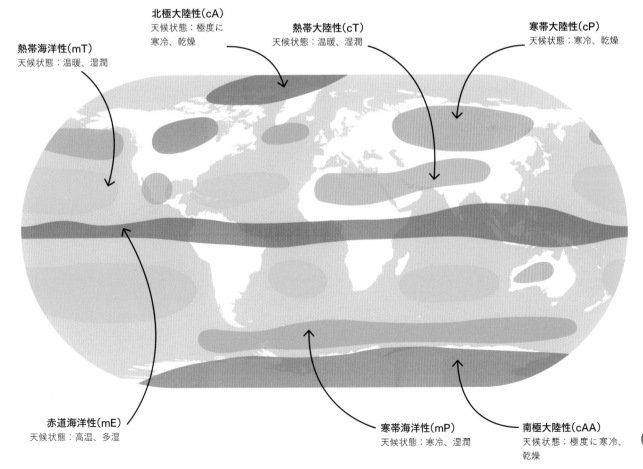

北極大陸性(cA)
天候状態：極度に寒冷、乾燥

熱帯大陸性(cT)
天候状態：温暖、湿潤

寒帯大陸性(cP)
天候状態：寒冷、乾燥

熱帯海洋性(mT)
天候状態：温暖、湿潤

赤道海洋性(mE)
天候状態：高温、多湿

寒帯海洋性(mP)
天候状態：寒冷、湿潤

南極大陸性(cAA)
天候状態：極度に寒冷、乾燥

高気圧と低気圧

高気圧は、広い範囲の気圧の高い安定な空気の領域で、ゆっくりと回転し沈み込む。下りるにつれて圧縮され、暖かくなり、湿度が下がって雲ができにくくなる。低気圧は、2つの気団が出会って上昇する不安定なところにできる。空気は地表近くから押し上げられ、膨張して温度が下がる。上昇するにしたがって湿度が上がり、雲ができる。

低気圧

低気圧はふつう、曇り、変わりやすい天気、嵐などをともなう。

高いところに雲ができる

暖かい空気が上昇

空気は低気圧のところに風となって渦を巻き進入する

▶渦巻く風

風は高気圧の地域から低気圧の地域に向けて吹くが、地球の回転の影響で高いところから低いところへまっすぐに吹くのではなく、渦巻き状になる。

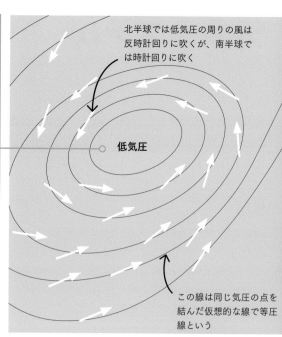

北半球では低気圧の周りの風は反時計回りに吹くが、南半球では時計回りに吹く

低気圧

この線は同じ気圧の点を結んだ仮想的な線で等圧線という

前線

2つの気団の境界が前線である。温帯中緯度地方での最悪の天候は寒冷前線に沿ってできる低気圧が原因で、そこでは暖かい湿った気団が冷たい気団に出会っている。2つの低気圧は卓越偏西風によって東向きに吹き飛ばされ、その途中ではっきりとわかる嵐のような天候となる。

凡例

◠◠◠	地表面での温暖前線
▲▲▲	地表面での寒冷前線
▲◠▲◠	停滞前線
◠◠◠	閉塞前線

▶前線付近の天候の変化

西から前線嵐がやってくると、はじめは曇りで時に雨をともなう暖かい前線が巻雲とともにくる。それからいったん止んだあと、寒冷前線が嵐のようにやってくる。あなたがこの図の地上の右端に立っていたら、状況が左からきて右に移っていくことがわかるだろう。

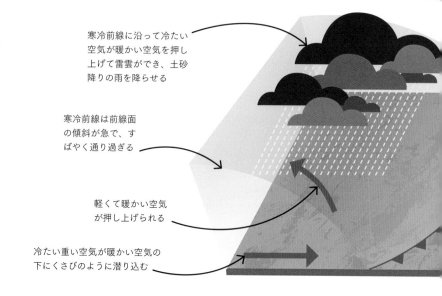

寒冷前線に沿って冷たい空気が暖かい空気を押し上げて雷雲ができ、土砂降りの雨を降らせる

寒冷前線は前線面の傾斜が急で、すばやく通り過ぎる

軽くて暖かい空気が押し上げられる

冷たい重い空気が暖かい空気の下にくさびのように潜り込む

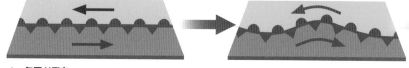

1 気団が衝突
冷たい気団と暖かい気団が衝突するところで前線が発達する。片側では冷たい空気が東へ流れ、もう一方では暖かい空気が西へ流れる。

2 低気圧が発生
暖かい空気が冷たい空気の上に滑り上がることで、前線は少しずつ湾曲し始め、低気圧が発生する。

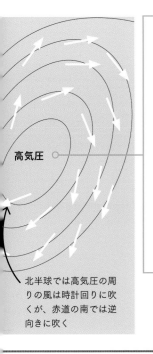

高気圧

高気圧はふつう、晴れて安定した天気、穏やか風などをともなう。

冷たく重い空気が沈んで高気圧になる

沈んだ空気は暖まり、雲ができにくくなる

風は外向きに渦を巻く

北半球では高気圧の周りの風は時計回りに吹くが、赤道の南では逆向きに吹く

ジェット気流

ジェット気流は、上空を時速370kmにも達する速度で狭い帯状の範囲に吹く風である。緯度の異なる4つのジェット気流があって西から吹いている。もっとも北寄りのものは寒帯ジェットで寒帯前線に沿って吹き、前線にともなう嵐の主な原因になる。大西洋を東へ飛ぶ航空機は寒帯ジェットを利用することで飛行時間をかなり短縮できる。

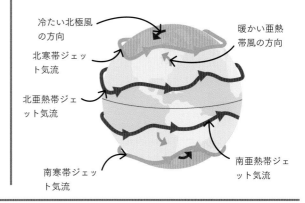

冷たい北極風の方向

暖かい亜熱帯風の方向

北寒帯ジェット気流

北亜熱帯ジェット気流

南寒帯ジェット気流

南亜熱帯ジェット気流

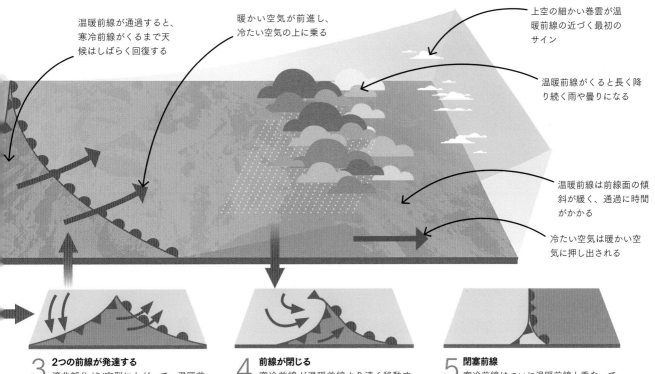

温暖前線が通過すると、寒冷前線がくるまで天候はしばらく回復する

暖かい空気が前進し、冷たい空気の上に乗る

上空の細かい巻雲が温暖前線の近づく最初のサイン

温暖前線がくると長く降り続く雨や曇りになる

温暖前線は前線面の傾斜が緩く、通過に時間がかかる

冷たい空気は暖かい空気に押し出される

3 **2つの前線が発達する**
湾曲部分がV字型にとがって、温暖前線が前方に、寒冷前線が後方になる。この結果天候が荒れる。

4 **前線が閉じる**
寒冷前線が温暖前線より速く移動するので、追いつき始める。すると嵐はエネルギーを失って気圧の低下は弱まる。

5 **閉塞前線**
寒冷前線はついに温暖前線と重なって地上から離れ、一体化して閉塞前線となる。

天気予報

科学的なモデルを使って観測データを解析すれば天気を予報できる。

天気予報は、日焼け止めが必要か、あるいは傘を持って行くべきかを教えてくれるだけではない。農業や航空機の運航計画にも必要で、嵐になることをいち早く警告してくれることもある。

気象観測

気象科学者は大気の状態を絶えず観測して天気を予報する。観測データを過去の事実と比較することで少し先の天気の状態を予測できる。大量のデータを処理できる高性能のコンピュータがあれば、より正確な天気予報が可能である。

気温
気温は温度計で測る。風や太陽の当たらないところに設置することが必要。

湿度
空気中の湿度は湿度計で測定する。

気圧
気圧計で天気の変化による気圧の変化を測定する。

風力
風力計という装置で測定する。風向計があればその場所での風向がわかる。

雨量
雨量計という容器に雨を貯めて深さを測る。

データの共有

世界中の気象データを瞬時に集めて共有することで正確な天気予報が可能になる。世界中の1万か所以上の観測施設から全球通信システム（GTS）を利用して毎日ひっきりなしにデータを交換し、主な気象情報処理センターで解析をしている。

▼気象観測衛星
雲量の観測と同じように人工衛星を使って大気中の温度や風速、水蒸気量などを非常に精度よく測定できる。

▼船舶
船舶は、外洋にいて嵐が陸を襲う前に貴重なデータを集める。

全球通信システム（GTS）

▲気象観測気球
ヘリウムをつめた気球（ラジオゾンデ）を大気中に浮かべておいてそこで集めた気象データを無線で送る。

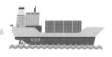
▼気象観測ブイ
海に係留したブイは集めたデータを無線や衛星を使って送る。

▲航空機
特殊仕様の観測機で気象状態の画像を集める。嵐に近づいて撮ることもできる。

▼百葉箱
この鎧戸のような板で囲われた箱は、中にある温度計などの気象観測機器を風や日光、雨から守る。

▼自動観測基地
離れたところや厳しい条件の場所では自動観測でデータを記録する。データは無線網で送られてくる。

天気図

天気図には決まった記号や線を使って気象データを示す。詳しくて役に立つ天気図を総観天気図と呼ぶ。この地図はある同じ時刻に観測された天気の状態に基づいて作られる。実際に観測された時刻は場所によって異なるが、同じ時刻になるようにコンピュータで調整する。

等圧線
この長い曲線は気圧の値が同じところを結ぶ。測定の単位はヘクトパスカル。等圧線が近寄っているほど風が強い

高気圧の地域
高気圧の中心近くでは等圧線の輪の数値は最高値になる。このあたりの天気はふつうは晴れ

低気圧の地域
低気圧の中心近くでは等圧線の輪の数値は最低値になる。このあたりの天気はふつうはどんよりとして雨、風も強い

閉塞前線
寒冷前線が温暖前線と出会って暖かい空気を吹き上げてしまうので強い雨になることもある

温暖前線
赤い半円は温暖前線を示す。前線が近づくと天気は曇って雨になり、通過するまでどんよりしている

寒冷前線
青の三角は寒冷前線を示す。天気は前線に沿って曇っているが通過すると晴れる

天気図の記号

雨の降り方や空の雲量、風速と方向などの詳細を記号で示す。国際気象通報式による雲量は空全体の8分のいくつであるかで表す9段階、日本式では0から10の11段階で表す。風速は風向の矢印につけた羽根の数で表示される。日本では風速はm毎秒で表し、1ノットは約0.5m毎秒である。

降水（国際式）

●	霧雨
●	雨
♣	大雨
★	雪
＝	靄
＝	霧
⚡	雷雨

雲量（国際式）

○	無雲
◐	1オクタ
◑	2オクタ
◑	3オクタ
◑	4オクタ
◕	5オクタ
●	6オクタ
●	7オクタ
●	8オクタ
⊗	雲量不明

風速（国際式）

◎	無風
○—	1–2ノット
○—	5ノット
○—	10ノット
○—	15ノット
○—	20ノット
○—	28–32ノット
○—	50ノット以上

雲と霧

水の循環の一部である水蒸気は空気中で凝結してできまざまな雲になる。

暖かい空気が上昇して冷えると水滴や小さな氷の結晶になり雲となって空気中に浮いて浮く。水滴が大きく重くなって浮いていられなくなると雲から雨が降る。

雲の種類

空の高さによってできる雲が違う。大きく分けると巻雲、積雲、層雲の3種類。巻雲は水の結晶でできたれ小さい雲。積雲はふわふわしたわたしたした山のような雲で暖かい空気が上昇すると積み上がる。層雲は空気の層が凝結点まで冷えたときにできる層状の雲。

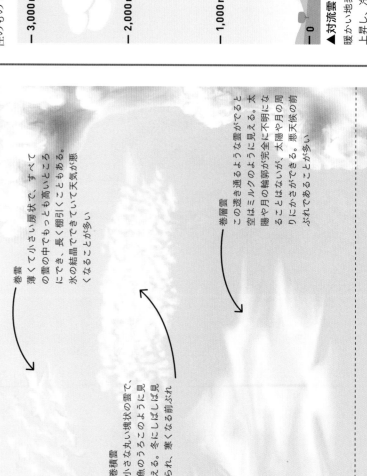

巻雲
薄くてい房状の雲で、すべての雲の中でもっとも高いところにでき、長く棚引くこともある。氷の結晶でできていて天気が悪くなることが多い

巻積雲
小さな丸い塊状の雲で、魚のうろこのように見える。冬にしばしば見られ、悪くなる前ぶれ

巻層雲
この透き通さるような雲ができると空はミルクのように見える。太陽や月の輪郭が完全に不明になることはないが、太陽や月の周りにかさができる。悪天候の前ぶれであることが多い

上昇気流のでき方

たいていの雲は、湿った空気が十分高くまで上昇し冷えて凝結し、水滴になってできる。空気の上昇は対流により起こるのであったり、風によって山に押しつけられる地形的なものであったり、あるいは空気の塊が別の空気の塊に出会って結果として押し上げられてしまうという前線性のものであったりする。

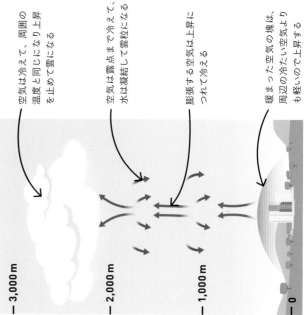

空気は冷えて、周囲の温度と同じになり上昇を止めて雲になる

空気は露点まで冷えて、水は凝結して雲粒になる

膨張する空気は上昇につれて冷える

暖まった空気の塊は、周辺の冷たい空気よりも軽いので上昇する

▲対流雲
暖かい地表で暖かい空気のあわができると上昇し、冷えて凝結し対流雲となる。

— 3,000m

— 2,000m

— 1,000m

— 0

霧

霧と靄は、地表付近の空気中の水分が凝結してできた小さな水滴になったもの。霧は視界をさえぎるので、遠くがはっきりと見えなくなる。視界が1,000m以下になると航空機に通知される。地上では霧によって視界が200m以下になると危険。

▼放射霧

晴れて寒い夜、地面がすぐ上の空気を冷やし、水分が凝結すると放射霧になる。これは秋によく見られる。

冷たい空気が谷や低地に流れ込んで霧となる

熱が空中に放射される

▼移流霧

暖かく湿った空気が陸上や海上の冷たい表面に流れて来ると、空気は冷やされ、含まれていた水分が凝結して移流霧になる。

空気の水分が凝結して霧になる

暖かく湿った空気が冷たい水面に流れて来る

観察しよう
人工降雨の実験

雨が不足しているとき、雲のたねをまいてみることもある。たとえば飛行機からヨウ化銀の粉末を空中に散布する。空気中の水分は粉末にくっついて凝結して雲になり、やがて雨が降るといういうわけだが、雲のたねをまく実験は成功したりしなかったりのようである。

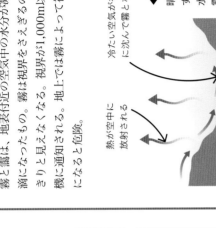

中層 2000～6000m

下層 0～2000m

高積雲
高積雲と呼ばれる小さなかたまりになったような雲で、暑さのあとで雷雨になることがある

高層雲
青や灰色の幕のような雲で、空の広い範囲をおおう。水滴や氷の結晶でできていて、太陽光線を少ししか通さない

乱層雲
暗くぼんやりした雲で、太陽を完全に消してしまってどんよりした日になる。強い雨が長く降る

層積雲
灰色か白の丸い雲の厚い層で、もっともありふれた雲。霧雨や軽い雨を降らせる

層雲
層状の雲で、空全体をおおって灰色に見える。時には地表に近いところに出て霧を発生する

積雲
晴れた日に見られるふわふわした綿の山のような雲。熱気泡と呼ばれる暖かい空気の小さい上昇気流が冷えてできる

積乱雲
非常に不安定な条件下で、積雲が落ちるように大きく上層まで発達したもので、強い雨や雷雨をもたらす

降水現象

空気中の水蒸気は、ふつうは雨や雪、露となって落ちてくる。

水の循環の中の蒸発と凝結の過程で、水滴か氷の結晶が地上に落ちてきたり、葉っぱなどの表面に凝結したりするのが降水現象である。

降水の種類

降水は大気の状態によってさまざまで、雨、霧雨、雪、みぞれ、雹、霜、露はすべて降水である。

霧雨
雨滴の直径が0.5mm以下の細かい雨が層雲から降ってくる

雨
直径0.5mmより大きい球形の水滴が雨

みぞれ
湿った雪と雨の混ざったもので雪が部分的に融けてできる

雪
氷の結晶の集まりでできた雪片となって降ってくる

雹
冷たい雷雲の中でできた氷の粒が地面に落ちて来たもの

露
夜、空気が冷えたときに葉の表面などに凝結した水滴が露

霜
冷えた物体の表面で空気中の水分が凝結し凍ったもの

雨、雪、雹

雲の中の水滴、氷の粒、氷の結晶が大きくなり過ぎて重くて空中に浮いていられなくなると、雨、雪、雹となって降ってくる。暖かい雲の中では、水滴は互いにくっついて大きくなりやがて雨として降る。薄い雲から降る細かい雨が霧雨。冷たい雲の中では、氷の結晶は大きくなり周りが寒ければ雪として降ってくる。雹は雲の中の氷の結晶からできた氷のかけらである。

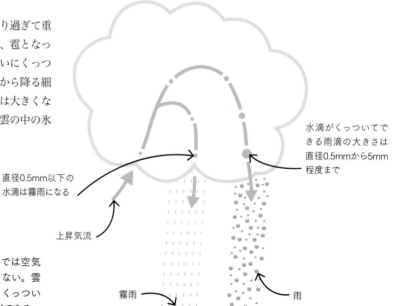

水滴がくっついてできる雨滴の大きさは直径0.5mmから5mm程度まで

直径0.5mm以下の水滴は霧雨になる

上昇気流

霧雨

雨

▶雨のでき方
世界中のたいていのところでは空気は暖かくて氷の結晶はできない。雲の中の水滴がぶつかったりくっついたりして大きくなって雨滴ができる。

雨の降り方

暖かい湿った空気が大気中を上昇し、冷え始めたときに雨が降る。冷えることによって空気中の水蒸気は凝結して水滴になり雲になる。雲の中で水滴が衝突し、くっついて大きくなる。そして十分重くなれば雨になって降ってくる。雨の降り方には、対流型、前線型、地形型の3種類があるが、どんな雨でも空気の上昇から始まる。

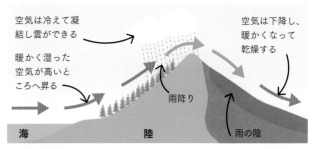

空気は冷えて凝結し雲ができる

暖かく湿った空気が高いところへ昇る

空気は下降し、暖かくなって乾燥する

雨降り

雨の陰

海　陸

▲地形型降雨

風が湿った空気を高いところへ吹き上げると、空気は冷えて水蒸気は雨雲になる。雨の大部分は風上で降り、風下側ではほとんど降らない。

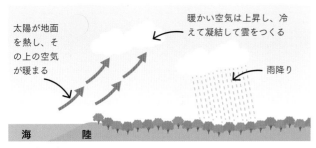

太陽が地面を熱し、その上の空気が暖まる

暖かい空気は上昇し、冷えて凝結して雲をつくる

雨降り

海　陸

▲対流型降雨

太陽が地面を熱し、その上の空気が暖まる。この空気は上昇して冷えて水蒸気が凝結し、雷雨をもたらすような雲をつくる。

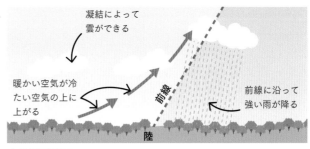

凝結によって雲ができる

暖かい空気が冷たい空気の上に上がる

前線

前線に沿って強い雨が降る

陸

▲前線型降雨

温度の違う2つの空気の塊が出会って前線ができ、前線上で暖かい空気が冷たい空気の上に上がると、冷えて凝結し雲をつくって前線型の雨を降らせる。

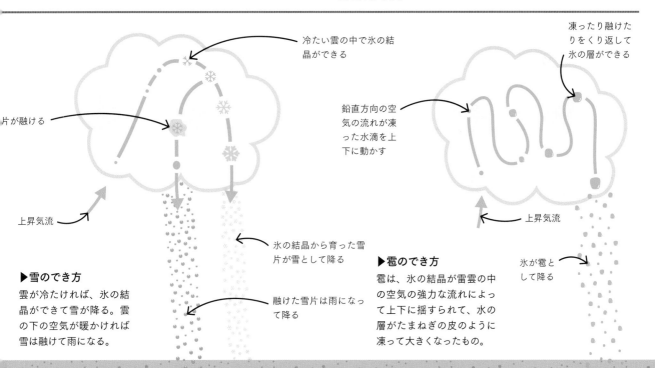

冷たい雲の中で氷の結晶ができる

片が融ける

上昇気流

氷の結晶から育った雪片が雪として降る

融けた雪片は雨になって降る

▶雪のでき方

雲が冷たければ、氷の結晶ができて雪が降る。雲の下の空気が暖かければ雪は融けて雨になる。

凍ったり融けたりをくり返して氷の層ができる

鉛直方向の空気の流れが凍った水滴を上下に動かす

上昇気流

氷が雹として降る

▶雹のでき方

雹は、氷の結晶が雷雲の中の空気の強力な流れによって上下に揺すられて、水の層がたまねぎの皮のように凍って大きくなったもの。

ハリケーンとトルネード

低気圧は時には破壊的なハリケーンやトルネードに発達することがある。

ハリケーンは巨大な熱帯暴風で、その範囲は何百kmにもなる。トルネードは雷雲から下がってくるらせん状の空気の柱で数百m程度に広がる。

▼暴風の進路
大西洋では暴風をハリケーンと呼び、日本付近に来るものを台風、それ以外ではサイクロンと呼ぶ。

熱帯暴風が発達するところ

熱帯暴風は赤道のすぐ北かすぐ南、大西洋、インド洋、太平洋の東の縁で発生する。そして西の方へ進み、最終的に弱まる前に赤道から離れて、海の西の端に当たる前にさらに北西へ回る。

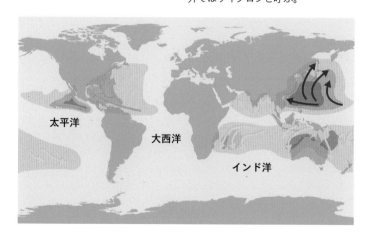

太平洋

大西洋

インド洋

凡例

暴風の進路
→ ハリケーン
→ 台風
→ サイクロン

暴風の発生件数
■ 多い
■ 中程度
▨ 少ない

熱帯暴風の発生と発達

ハリケーンは、夏の終わりの太陽が海の水を熱すると発生する。海の水蒸気は巨大な雷雲を発生させ、はるか上空では東からの強い風が雲を巻き込んで大きな渦巻きのような暴風になる。暴風は西の方へ進み、さらに雲を巻き込む。

→北

高いところでも低いところでも、沖に向かう強い風

雲は集まってコンマのような形になり、しっぽが東を向く

風の方向

1 熱帯低気圧の発生
大西洋のハリケーンは、太陽によって海から蒸発した雲をともなってアフリカ西海岸沖のカーボベルデ諸島付近で発生することが多い。

2 暴風の発達
風によっていくつかのばらばらの雷雲がまとめられて1つになる。空気は中心を昇って行き、風は渦を巻く。

1 第一段階

トルネードは夏の太陽が空気を暖めたときに発生する。暖まった空気は上昇して、スーパーセルと呼ばれる巨大な雷雲になる。

暖かい空気が上昇し、積雲になり、やがて積乱雲になる

地面

トルネード

トルネード（竜巻）は毎時480kmもの速さで回転するろうと状の空気の渦巻きで、夏の雷雨のときに地上で発生する。縁では風は猛烈な速度で渦を巻き、中央部の気圧は非常に低くて、巨大な掃除機のように何でも吸い上げてしまう。

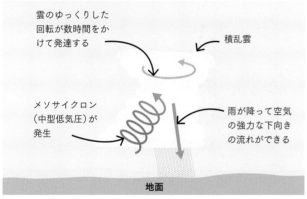

雲のゆっくりした回転が数時間をかけて発達する

積乱雲

メソサイクロン（中型低気圧）が発生

雨が降って空気の強力な下向きの流れができる

地面

2 第二段階

上昇気流は運動量を増し、雲の上を吹く冷たい風に向かって進む。衝突すると上昇気流は回転を始めて柱状の空気の渦巻きであるメソサイクロンとなる。

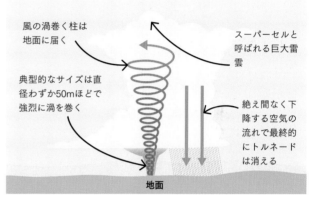

風の渦巻く柱は地面に届く

スーパーセルと呼ばれる巨大雷雲

典型的なサイズは直径わずか50mほどで強烈に渦を巻く

絶え間なく下降する空気の流れで最終的にトルネードは消える

地面

3 第三段階

嵐が強くなり雨が降ると、メソサイクロンの柱は雲の底から強くろうと状に渦を巻きトルネードとなる。

降雨帯が暴風の「目」に向かって渦を巻く

暴風の「目」

風の方向

3 熱帯暴風

暴風は渦を巻いてゆっくりと西向きに進む。雲がたくさん集まるほど運動量を増して回転し、強力になる。

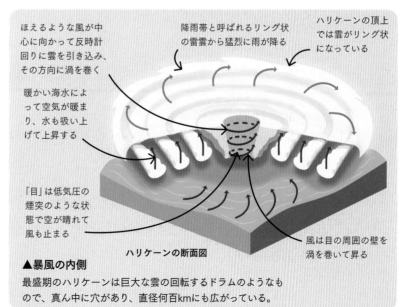

ほえるような風が中心に向かって反時計回りに雲を引き込み、その方向に渦を巻く

降雨帯と呼ばれるリング状の雷雲から猛烈に雨が降る

ハリケーンの頂上では雲がリング状になっている

暖かい海水によって空気が暖まり、水も吸い上げて上昇する

「目」は低気圧の煙突のような状態で空が晴れて風も止まる

風は目の周囲の壁を渦を巻いて昇る

ハリケーンの断面図

▲暴風の内側

最盛期のハリケーンは巨大な雲の回転するドラムのようなもので、真ん中に穴があり、直径何百kmにも広がっている。

バイオーム

地球上のある大きな地域で、その特徴的な気候に順応した動物や植物が住んでいるようなところをバイオームという。

地球は、その主要な天候、動物、植物によっていくつかのバイオームに区切ることができる。別の大陸に同じバイオームがあることもある。

世界のバイオーム

バイオームを研究する生物地理学者の多くは地球上を10種類のバイオームに区分している。乾燥した砂漠から、青々として生命のあふれる雨林まで、それぞれのバイオームには特有の気候、土壌、風景があり、そこに生息する動植物群集が見られる。その動物も植物も自分たちの環境に適応して生きている。

▶極地方
氷におおわれた極地方は気温が氷点をはるかに下回り、とても寒い。砂漠のように乾燥もしていて、生き物は藻類、菌類、細菌だけである。

▶山岳地帯
頂上は寒く凍っていて、わずかな植物しか見られないが、谷間には暖かく肥沃なところもあり、森林や牧場が広がる。

> **亜寒帯針葉樹林**は地球の陸地の**5分の1**をおおう最大のバイオームである。

凡例

■ 極地方	■ 熱帯雨林
■ 山岳地帯	■ 温帯林
■ 地中海性	■ 温帯草原
■ 砂漠	■ 亜寒帯林
熱帯草原	■ ツンドラ

◀地中海性
この低木地帯には乾燥した夏と、雨の多い冬がある。夏には森林火災が多い。

緯度とバイオーム

植物の生育には温度、水、光が必要なので、それぞれの土地の気温や降雨量、日照時間に適したものが育つ。暖かくて湿潤な気候は常緑広葉樹に向いている。季節のはっきりした乾燥した気候では落葉広葉樹や常緑樹が育つ。赤道の近くには低木地帯、草原、砂漠しかない。

北極線

北回帰線

赤道

南回帰線

南極線

南北回帰線の間で赤道を中心とした熱帯地方は、日照量が最大で他の地域より気温が高い

北極圏と南極圏では日照量は最小で、夏は涼しく、冬は長くて暗く凍りついている

温帯地域は穏やかな気候で、極端に暑いとか寒い、あるいはひどい乾燥や多湿は珍しい。はっきりとした季節の変化がある

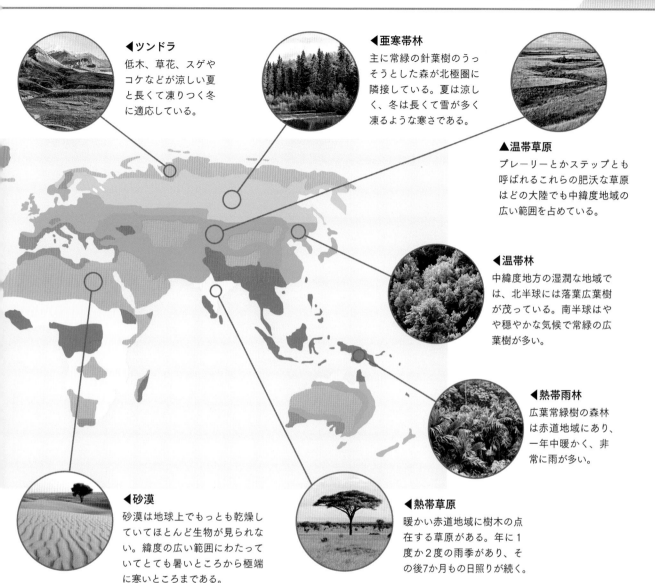

◀ツンドラ
低木、草花、スゲや
コケなどが涼しい夏
と長くて凍りつく冬
に適応している。

◀亜寒帯林
主に常緑の針葉樹のうっ
そうとした森が北極圏に
隣接している。夏は涼し
く、冬は長くて雪が多く
凍るような寒さである。

▲温帯草原
プレーリーとかステップとも
呼ばれるこれらの肥沃な草原
はどの大陸でも中緯度地域の
広い範囲を占めている。

◀温帯林
中緯度地方の湿潤な地域で
は、北半球には落葉広葉樹
が茂っている。南半球はや
や穏やかな気候で常緑の広
葉樹が多い。

◀熱帯雨林
広葉常緑樹の森林
は赤道地域にあり、
一年中暖かく、非
常に雨が多い。

◀砂漠
砂漠は地球上でもっとも乾燥し
ていてほとんど生物が見られな
い。緯度の広い範囲にわたって
いてとても暑いところから極端
に寒いところまである。

◀熱帯草原
暖かい赤道地域に樹木の点
在する草原がある。年に1
度か2度の雨季があり、そ
の後7か月もの日照りが続く。

高度とバイオーム

標高とともに気温が下がるの
で、植物や動物の生態は高さ
によって変化する。山の麓の
林間の動植物は、頂上近くの
寒くて険しい斜面に生息する
動物や植物とは異なっている。

▶山の生態系
麓の丘陵地帯には落葉
広葉樹林が広がり、高
いところの植生は北極
ツンドラや極地方のバ
イオームが変化し
たものである。

8,848 m

4,500 m

3,400 m

500 m

高山地域では地衣類やコケのような耐寒性
のあるツンドラの植物だけが生き残る。ユ
キヒョウはここで見られるわずかな捕食者
の種のひとつである

この辺りの気候は寒い。上がるにつ
れて、スギなどの針葉樹林がやがて
カバノキやビャクシンの低木帯に代
わる。高地性のヤギ、バサンが生息

低いところの斜面では亜熱帯
から温帯の気候で落葉樹の森
が見られ、クマやサルなどの
動物がいる

種の分布

ある種が生息しているということは、その種は何世代もかけてその環境にうまく適応してきたということである。

動物や植物の分布は、その地域の気候や地質などの条件による。それはまた、新しい地域へ広がったり、何世代もかけて異なる条件に順応したりする能力にも依存する。

参照ページ	
‹78-79	気候帯
‹98-99	バイオーム
生態系	102-103›

▼ダーウィンフィンチ類
ガラパゴス諸島のフィンチ類は、種が異なれば食べ物が違ってくちばしの形が少しずつ違う。彼らはすべて共通の祖先をもつが、異なる環境にそれぞれ適応してきたのである。

進化

種というのは、近い関係にある動物や植物で、互いに交配が可能なグループのことである。長い時間をかけて、各世代はある特徴を進化させ、あるいは新しい種へと進化して、環境に合わせてきた。1859年にイギリス人の博物学者、チャールズ・ダーウィンは、その環境にもっとも適した動物や植物が繁殖しやすく遺伝子を伝えやすいということを示して、この過程を「自然選択」と説明した。

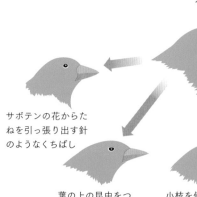

共通の祖先は植物のたねを砕くための厚くて強いくちばしを持っていた

サボテンの花からたねを引っ張り出す針のようなくちばし

柔らかい果物やつぼみを薄く切れるカギ状のくちばし

葉の上の昆虫をついばむとがったくちばし

小枝を使ってエサを掘り出すことに特化したくちばし

地虫を掘るのに便利な上の方が伸びたくちばし

種の広がり

種の勢力範囲を簡単に広げられるかどうかで、その種の分布は決まる。種の生き残りの可能性は、新しい環境でうまく生きていく力や、たねを広範囲にまいたり、つがいの相手を見つけたりする能力があるかどうかにかかっている。

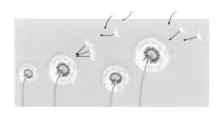

▲風に運ばれるたね
小さくて軽くて綿毛のついたたねは風に乗ってずいぶん遠くまで運ばれる。

▲水に運ばれるたね
ココナツのような陸上植物のたねの中には、海に浮き、海流に乗って遠くの海岸まで運ばれるものもある。

▲動物の広がり
ほとんどの動物は自分で動くことができる。歩き、泳ぎ、あるいは飛んで自分の古巣から出て行く。

▲動物に運ばれるたね
たねの中には動物を利用するものもある。特殊なフックのようなものがついていて動物の毛に引っかかって運ばれる。

▲鳥に運ばれるたね
やわらかい果実のたねは鳥の消化管を通り、別の場所でふんとともに落とされる。

動物の分布

種によってはほとんどどの大陸でも、あるいは世界中のどの海でも見られるものがある一方で、ある地域で進化し、そこでしか見られない種もある。山や海などの物理的な障壁があることや、ごく最近に進化してそこから広がる十分な時間が経過していないことが理由であることもある。

凡例
■ 種の分布

ワオキツネザル

アフリカ　　マダガスカル

ワオキツネザル
の分布

シャチの分布

シャチ

▲広く分布している種
適応できる環境条件の幅が広ければ簡単に移動でき、分布を拡大することができる。シャチはその例である。

▲土地固有の種の分布
島で進化した動物の種の多くは海があるために遠くへ分布を広げられない。ワオキツネザルはその例で、マダガスカルにしかいない。

生物地理区

19世紀の中ごろ、博物学者たちは世界を探検し、その土地の動物や植物を調べて地球を区分した。イギリスの博物学者フィリップ・ラトリー・スクレイターとアルフレッド・ラッセル・ウォレスは世界を6つの生物地理区に分割した。この分類は今日ではあまり知られておらず、多くの生物地理学者たちは地球を「バイオーム」で分けている。

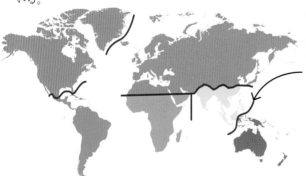

ウォレスは最初に東洋区とオーストラリア区の野生生物の明らかな違いに気づいた。この境界を現在では「ウォレスライン」と呼んでいる

凡例
■ 新北区
■ 新熱帯区
■ 旧北区
■ エチオピア区
■ 東洋区
■ オーストラリア区

▲スクレイターとウォレスによる生物地理区
気候の違いや山脈、海洋などが、生物地理区の間の障壁となり、生物があるところから別のところへ広がっていくことを阻止している。

観察しよう

侵略的な外来種

植物や動物の中にはある地域で外来の種として、本来の健全な生態系を脅かしながら繁栄しているものもある。アメリカ合衆国でもっとも侵略的な植物種のひとつはアジアの蔓性の植物、クズである。クズはさまざまな木にからまり、ほとんど光を通さないほどに茂っている。

生態系

ある場所で生活し、相互にかかわり合っている動植物群集を生態系と呼ぶ。

水溜まりのような小さなものも、地球全体のような大きなものも生態系である。生態系の中の生物は、その環境中の他の生物や生物以外のものとかかわり合っている。

生態系の中の生物

どの生物も生態系の中に自分の場所があり、その生態系を共有する別の生物とかかわり合っている。それぞれの生物は、場所、水、食べ物、そして仲間などのさまざまな資源を手に入れるためにその場所に適応して生きている。その適応の仕方には、大きさ、色、そして行動などがある。

▶安定した生態系
健全な生態系では、そこに生息するさまざまな生物とその周囲の環境の間にバランスのとれた関係がある。

太陽は気温を保ち、光合成のためにエネルギーを供給している

自然の、あるいは人為的な火事によって新たに植物が育つための場所ができる

草食動物は草を刈り、低木の茂り過ぎを防ぐ

鳥やカエルのような捕食者の餌は昆虫

緑色の植物や藻類は太陽光を利用して光合成をし、食べ物をつくる

菌類は死んだ動植物を処理する分解者

生態系のためのエネルギー

生物が成長し活動するためにはエネルギーと栄養が必要である。緑色植物は自分のための食べ物をつくる光合成に太陽のエネルギーを利用する。枯葉や枯木は分解されて栄養となって土の中に戻り、生物が再び食べ物に変える。これを栄養循環という。

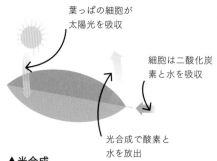

葉っぱの細胞が太陽光を吸収

細胞は二酸化炭素と水を吸収

光合成で酸素と水を放出

▲光合成
吸収された太陽光のエネルギーは、二酸化炭素、ミネラル、水から食べ物としてのグルコースをつくるのに利用される。

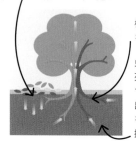

枯れ葉や枯れ木は炭素と窒素を土の中へ返す

植物は根で栄養を吸収する

虫や菌類は生物の死体などを分解して二酸化炭素を放出し、細菌は窒素を植物の栄養に転換する

▲栄養循環
生態系の中では、無機栄養物は生物以外のものから生物へ流れ、そして生物以外のものへと戻る。

食物網

生物は食べ物のために相互にかかわり合っている。この図はプレーリー（草原）における食物網が、食べる、食べられる、の関係でどのように結ばれているかを示している。自分の食べ物を自分で作る植物などの生産者で始まり、一次消費者は生産者を食べる。一次消費者は二次消費者に食べられ、食物網は常に頂点の捕食者で終わる。

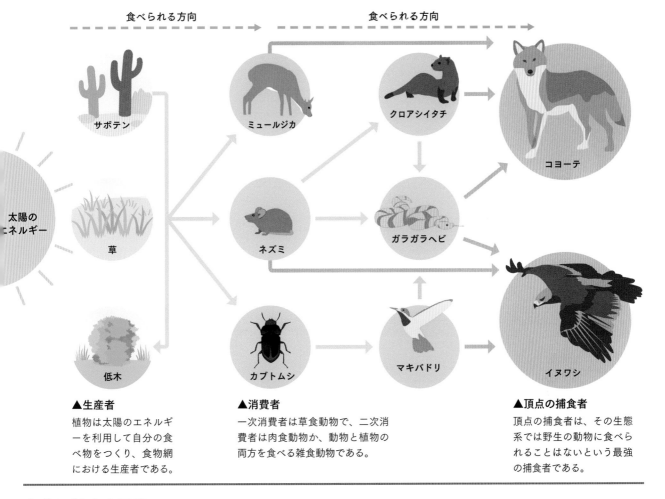

▲生産者
植物は太陽のエネルギーを利用して自分の食べ物をつくり、食物網における生産者である。

▲消費者
一次消費者は草食動物で、二次消費者は肉食動物か、動物と植物の両方を食べる雑食動物である。

▲頂点の捕食者
頂点の捕食者は、その生態系では野生の動物に食べられることはないという最強の捕食者である。

変化に対する反応

ある生態系の生物や生物以外のものは複雑な均衡を保っていて、ある部分の変化は他の部分への障害となり得る。地震、洪水のような自然災害や病気、外来種による侵略なども生態系に打撃を与える。今日では、人間の活動が多くの生態系にとって障害となっている。

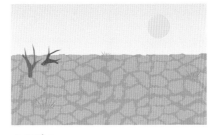

▲干ばつ
ある期間日照りが続くと、生態系の均衡がくずれ、種によっては絶滅するものもある。

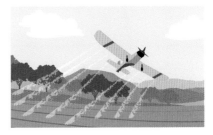

▲肥料の散布
農場にまかれた肥料が小川や湖に流れ込み、藻類を異常繁殖させて海の生態系を損なう。

熱帯草原と熱帯雨林

熱帯バイオームは赤道の南北に見られ、そこは太陽の照射が
もっとも強い。

熱帯地域は一年中温暖であっても雨の降り方は地域によって
違う。草原では年に1度か2度の雨季があり、その他の時期
は日照りが続く。雨林ではほとんど毎日のように雨が降る。

熱帯草原

このバイオームでは地面は草におおわれ、アフリカのサバナのように低木が点在
するところもある。雨季には草がとても速く育ち、その高さは数mになることも
ある。植物も動物も毎年の日照りには慣れている。またここでは自然の火事もよ
く起こる。

凡例

　熱帯草原　　　　熱帯雨林

▲熱帯バイオームの分布
熱帯草原と熱帯雨林はおよそ北緯25度
と南緯25度の間の赤道地域にある。熱
帯草原の半分以上はアフリカにあり、
最大の雨林は南アメリカにある。

バオバブの木
バオバブの木はその異
様な幹に何千リットル
もの水を貯えることが
できる。

ハゲコウは草原の火事
で逃げ出してくる昆虫
やネズミ、トカゲなど
を捕えるために火事の
そばで待ち構えている

アカシアは根が非常に深くて何か
月も雨が降らなくても枯れないの
で乾季の大事な食べ物になる

雌ライオンは黄褐色な
ので獲物をねらうとき
には草原に紛れている

シロアリの塚
シロアリの集団は土で
つくった塚の中にいて、
厳しい乾季の間は枯れ
木や枯れ草を食料にし
ている。

キリン
陸上でもっとも体高の
高い動物であるキリン
には木のてっぺんの枝
や葉に届く長い首があ
る。

ヌー
南アフリカ原産のヌー
は季節ごとに飲料水と
新鮮な草を求めて群れ
になって移動する。

熱帯雨林

地上で生育する動植物種の知られているもののおよそ半分は熱帯雨林で見られる。常に暖かく湿度のある状態で、飲料水や果実、木の実やたね、草食の動物のための若葉もいつもあって、年中成長し、活動できる。植物があまりに茂り過ぎると太陽光を求めて競争になり、森の構造や植物の姿にも特徴が現れる。

▼熱帯雨林の生活
この図に描かれている動物や植物は同じ大陸にいるわけではない。

オラウータン
オラウータンは、長い腕と大きな手を使って東南アジアの雨林の樹木をよじ登り、果実や葉っぱを食べる。

アカメアマガエル
この中央アメリカ産のカエルは長くてねばねばした舌をもち、夜は林冠に隠れて通り過ぎる昆虫を待ち伏せしている。

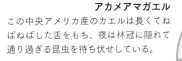

コンゴウインコは果実やたね、木の実などを食べるのに便利な角のようなくちばしがある

ブラジルナッツのような超高木は林冠の上まで伸びて太陽光を浴びている

着生植物は超高木や林冠を成す樹木の水分のある枝に根づいている

超高木層

林冠層

低木層

林床

板根
雨林で最大の木は、板根を発達させて浅い土の中で幹を安定させている。

つる植物
このつる性の植物は、根は地中にあるが太陽光を求めて木をよじ登り、そこで葉や花をつける。

ジャガー
南アメリカ最大のネコは敏捷な肉食動物で、獲物を狩るときには、走り、跳び、泳ぎ、木に登る。

観察しよう
雨林の住民

雨林には狩猟採集民の集団が住んでいて、彼らは動物を狩ったり、果実、植物、木の実などを集めたりして食料を得ている。中央アフリカのバカ族のような雨林の住民は、ごく最近まで日々必要なもののほとんどを複雑な森の生態系に依存していた。

砂漠

乾燥した厳しい気候にもかかわらず、砂漠にはうまく適応した動物や植物が生息している。

砂漠は地上でもっとも乾燥したところで、年間雨量は250mm以下である。暑い砂漠も寒い砂漠もあるが、風が強く、日中と夜間には極端な気温差がある。

暑い砂漠

赤道の南北の亜熱帯にある暑い砂漠には砂のようなやせた土しかないことが多い。夏には日中の気温は40℃を超えるが、夜には0℃に近づくこともある。水はほとんどなく、日照りに強いわずかな植物がここで育つ。砂漠の動物はこの厳しい条件に生きられるように適応してきた。

凡例

　暑い砂漠　　　　寒い砂漠や雨陰砂漠

　極地の砂漠

▲砂漠の分布

暑い砂漠は、赤道の南北で緯度が20度と30度の間の亜熱帯にある。寒い砂漠は中緯度地方と両極地方にある。

▼暑い砂漠の生き物

この図に示した動物や植物は同じ大陸にいるわけではない。

サワーロ（ベンケイチュウ）
北アメリカ産のこのサボテンには乾季に使うための水を貯える太い緑色の幹がある。

強い風で高さ300mを超えるような砂丘ができる

トビネズミは、焼けるような太陽を避けるために日中は巣穴の中で過ごす

ラクダは長い間水を飲まなくても歩き続けることができる

ツノクサリヘビ
北アフリカ原産のこのヘビは砂地を機敏に移動することができる。

フェネック
このキツネの大きな耳は体の熱を逃がすので涼しく過ごせる。

クレオソートブッシュ
この中ぐらいの低木には小さな厚い光沢のある葉があって、水分の蒸散を抑えている。

寒い砂漠

寒い砂漠は、空気の乾燥した内陸部にあることが多いが、寒流の流れる海岸にも見られる。山岳地域には雨陰砂漠ができることもある。夏は暖かいが、冬季の気温は氷点下であることがふつうである。

極地の砂漠

南極は雪と氷の世界である。ここはほとんど雨が降らず、液体の水はほとんどないという砂漠でもある。耐寒性の藻類、細菌、菌類がこの条件下でかろうじて生きているが、海岸近くのやや湿度の高いところには花の咲く植物が2種類生息している。

イヌワシ
世界中の大きな猛禽類の中でも、イヌワシは特に敏捷で、鋭いかぎづめで獲物をつかむ。

フタコブラクダは脂肪を貯えるためのこぶが2つある

スキンクヤモリは暑さと寒さを避けるために地下の巣穴に隠れている

ゴビヒグマ
地球上でも稀少な大型哺乳類の一種であるゴビヒグマは木の根やベリー類、小動物を食べる。

サクサウール
中央アジアの砂漠原産のこの低木のスポンジのような樹皮はラクダの水源になっている。

雨陰砂漠

山の風下側には雨陰砂漠ができることがある。たとえば、ヒマラヤ山脈とチベット高原はインド洋からの降水をさえぎり、北側の雨陰にゴビ砂漠が広がっている。

▶乾燥地域ができる条件
湿潤な空気が押し上げられると山脈の手前側に雨を降らせる。水分のなくなった空気だけが山を越えて向こう側に到達し雨陰ができる。

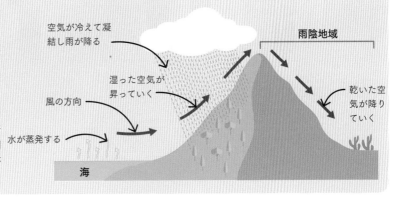

空気が冷えて凝結し雨が降る

雨陰地域

湿った空気が昇っていく

風の方向

乾いた空気が降りていく

水が蒸発する

海

温帯林と温帯草原

熱帯と寒帯の間の温帯には2つの大きなバイオームがある。

温帯地域では季節がはっきりしている。春は成長の季節である一方で、夏の草原には自然の火災が起きやすい。秋には樹木は葉を落とし、寒い雪の季節に備える。

温帯林

北半球の森林には秋に落葉する広葉樹が多い。早春には枝だけの木々の間に太陽光が差し込み新芽の成長を促す。野の花がまず開き、大きな木の葉が茂るのは最後である。もっと穏やかな南半球では広葉樹林は常緑である。

凡例

■ 温帯林　　　■ 温帯草原

▲温帯バイオームの分布
温帯林と温帯草原は北半球の北緯25度と50度の間、南半球では南アメリカ、オーストラリア、ニュージーランドに分布している。

ブナ
ブナの森は中央ヨーロッパに広がっている。密集した林冠の下の日陰にキノコや野生ニンニクが育つ。

▼秋
北半球の木々の葉は薄くて幅広く、秋には落ちる。つまり木は葉を冬の霜から守らなくてもよい。

秋

小さい樹木や林冠に届かないような若い木々が亜高木層をなす

地面の近くでは灌木（かんぼく）や若い木々が低木層をなす

林床では実生の苗やコケ、シダ類が虫やクモ、ナメクジ、昆虫などに食事と隠れ家を提供している

春

アメリカグマ
雑食性で、夏から秋にかけてたっぷり食べて体に脂肪を貯え寒い間は冬眠する。

キタリス
同じように針葉樹林で見られるキタリスは冬眠しないが、貯えとともに巣にこもる。

ブルーベル
春、林床に太陽光があふれると、ブルーベルのような花々が咲き乱れる。

温帯草原

春になると、温帯草原は生気にあふれる。草は新芽を伸ばし、色とりどりの花々が開いて夏を迎え、昆虫も活発に動く。冬が近づくと、植物の地上部分は枯れてしまうが、地下に根が生きていて、春にはまた芽を出す。かつてはどこにでも見られた大型の草食動物は、狩猟によって数が減ってしまった。

▼温帯草原の自然
この図の動植物は同じ大陸で見られるわけではない。

アカカンガルー
オーストラリア原産のアカカンガルーは強力な後ろ足を使って捕食者から逃げる。体の脂肪のおかげで日照りにも強い。

モウコノウマ
生き残りの野生のウマの亜種がモンゴルにいる。野生ではいったん絶滅したが、再野生化したものがステップで暮らしている。

ラージヘッドグラスホッパー
草を食べるこの頭の大きなバッタは夏の間中、背の高い草の間を跳び回っている。

樹木は、土に十分な水分のある水路に沿って茂っている

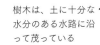

動物たちは、融けた雪やわずかな雨による限られた水源で水を飲む

プレーリードッグ
この北アメリカ産の齧歯目（げっしもく）は穴掘りが得意で、掘るための鋭い爪と硬いプレーリーの植物をかじるためのとがった歯がある。

プレーリーグラス
プレーリーグラスの根は地表よりはるか下の地下水に届いているので、夏の日照りにも枯れない。

グアナコ
このシカのような動物は南アメリカのパンパに見られ、自分の好みの草を選り分けることのできる柔らかく繊細な唇をもっている。

バイソン
北アメリカと東ヨーロッパ原産の重量感のある草食動物バイソンは地面を踏みつけて新しい植物が育つ土を用意する。

亜寒帯林とツンドラ

地球の北端は、広くて寒い亜寒帯林と木のないツンドラの平原である。

亜寒帯林はユーラシアと北アメリカの北部に広がり、夏は涼しく、冬は長い。さらには北は極限の寒さに適応したツンドラの背の低い植物だけで樹木は見られない。

亜寒帯林

クロトウヒやマツ、モミなどの常緑針葉樹は亜寒帯林にふつうに見られるが、カバノキやハンノキを含む落葉広葉樹も森林の火事によって拓けた土地に素早く勢力を伸ばす。樹木の下ではコケのカーペットが林床のほとんどをおおっている。

凡例

亜寒帯林　　ツンドラ

▲亜寒帯林とツンドラのバイオーム
亜寒帯林は、北緯50度と北極線の間のユーラシアと北アメリカにまたがって広がる。ツンドラはさらに北に分布している。

クロトウヒ
多くの北方の針葉樹のようにトウヒ類はつやのある針のような葉で湿度を保って冬を乗り切る。

ムース
シカの中では最大のムースは、冬のマツやトウヒの葉なども食べる。

グリズリーは冬の6か月間、飲まず食わずで眠ることができる

モミノキの円錐状の形は雪が滑り落ちやすい

バルサムモミ
この北アメリカ産の針葉樹の球果のたねは多くの鳥類や齧歯目の動物に食べられる。

カンジキウサギ
雪の上を飛び跳ねることのできる大きな足からこの名がついていて、冬には毛が白くなる。

地衣類
岩石の表面や樹皮上に育つ地衣類は藻類と菌類の共生であって、厳しい冬を乗り越え動物たちの食料になる。

ツンドラ

ツンドラに育つのは、矮性低木類、スゲ、草花、コケ、それに地衣類などの背が低く根の浅い植物である。一年の大半はこれらの植物は厚い雪におおわれている。春になると永久凍土の表面の数cmは融け、雪も融けて、その水は小川、湖、くぼ地を満たす。植物は夏の24時間の日照時間を利用して成長し繁殖する。

ホッキョクオオカミ
このオオカミは群れで活動し、優れた聴力と雪に紛れることのできる白い毛のおかげで完璧なハンターである。

ジャコウウシ
厚い毛と体の脂肪による断熱で、この屈強な哺乳類はツンドラの厳冬に耐えることができる。

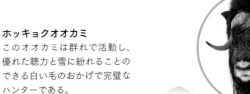

ツンドラの凍った地面には木々は根を下ろすことができない

冬

カリブー
トナカイとして知られるカリブーは、ひづめや鼻を使って雪の下の草や地衣類を引っ張り出す。

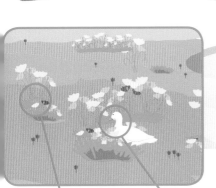

夏

ホッキョクヒナゲシ
ツンドラで見られる花の咲く多くの植物のひとつで、小さな花が咲き、太陽を追って頭を回す。

ハクガン
この渡り鳥は毎春、北極ツンドラで繁殖するが、冬ははるか南方で過ごす。

永久凍土

2年以上凍ったままの土や砂利を永久凍土という。何百mもの厚さがあることもあり、冬は凍って春に融けることをくり返す薄い「夏期融解層」が表面にある。南の方では永久凍土はまだらになり、夏期融解層がもっと厚くなる。

毎年、凍ったり融けたりする夏期融解層

一年中凍っている永久凍土層

永久凍土層の下、あるいは夏期融解層と永久凍土の間のタリク（不凍結層）

リンカン海

グリーンランド海

バレンツ海

バッフィン湾

デービス海峡

デンマーク海峡

ノルウェー海

北極線

ラブラドル海

レイキャネス海嶺

アイスランド海盆

ノルウェー海盆

ハドソン湾

ラブラドル海盆

ロッコールバンク

北海

ボスニア湾

バルト海

北　ア　メ　リ　カ

グランドバンク

ニューファンドランド海盆

ビスケー湾

ヨーロッパ

黒海

カスピ海

ファンディー湾

大
西
洋
中
央
海
嶺

アドリア海

エーゲ海

地
中
海

サルガッソー海

マデイラ深海平原

世界の海洋

ハテラス深海平原

メキシコ湾

北回帰線

大　西　洋

プエルトリコ海溝

ケーン断裂帯

アフリカ

ペルシア湾

紅海

アデン湾

アラ

アラ

カリブ海

ドルドラムズ断裂帯

ギニア湾

ベルナンブコ深海平原

アセンション断裂帯

南　ア　メ　リ　カ

ブラジル海盆

アンゴラ海盆

ソマリ海盆

南回帰線

サントス海台

リオグランデ海台

大
西
洋
中
央
海
嶺

ウォルヴィス海嶺

モザンビーク海嶺

ナタール海盆

マダガスカル

インド

アルゼンチン海盆

ゴフ断裂帯

ケープ海盆

フォークランド海台

アガラス海盆

南西インド洋海嶺

クロー海盆

サウスサンドウィッチ海溝

大西洋インド洋海嶺

ドレーク海峡

スコシア海

アメリカ南極海嶺

エンダビー深海平原

南極線

大西洋インド洋海盆

ウェッデル深海平原

ラザレフ海

ウェッデル海

海深

0	0
-328ft	-100m
-820ft	-250m
-1,640ft	-500m
-3,281ft	-1,000m
-6,562ft	-2,000m
-13,124ft	-4,000m
-19,658ft	-6,000m

赤　道

5つの大洋が地球表面の3分の2以上を占める。

地球の大洋は一続きの大きな海で、大陸の周辺には浅い海が広がっている。海底には地殻のプレートが引っ張り合ったり、こすり合ったりした深い溝や長い尾根がある。

北　極　海

カラ海

ラプテフ海

東シベリア海

ボーフォート海

チュコト海

ベーリング海峡

ベーリング海

アリューシャン海盆

北　ア　メ　リ　カ

ハドソン湾

ア　ジ　ア

オホーツク海

アリューシャン海溝

アラスカ湾

千島・カムチャッカ海溝

メンドシノ断裂帯

日本海

日本海溝

北西太平洋海盆

天皇海山列

マレー断列帯

黄海

ハワイ海嶺

モロカイ断裂帯

東シナ海

南西諸島海溝

中部太平洋海山群

メキシコ湾

フィリピン海

マリアナ海溝

クラリオン断裂帯

中央アメリカ海溝

ベンガル湾

アンダマン海

南シナ海

フィリピン海盆

チャレンジャー海淵 -10,994m

太　平　洋

クリッパートン断裂帯

グアテマラ海盆

ココス海嶺

セレベス海

中部太平洋海盆

ガラパゴス断裂帯

ラッカディブ海台

セイロン深海平原

メラネシア海盆

マルケサス断裂帯

嶺

ペルー海盆

ペルー・チリ海溝

中部インド洋海盆

東経90度海嶺

ジャワ海

ココス海盆

バンダ海

ティモール海

アラフラ海

洋

ナスカ海嶺

チリ海盆

ウォートン海盆

ジャワ(スンダ)海溝

コーラル海

イースター断裂帯

イ　ン　ド　洋

オ　ー　ス　ト　ラ　リ　ア

ロードハウ海膨

南西太平洋海盆

平

チリ海膨

チリ海嶺

ブロークン海嶺

パース海盆

チャレンジャー断裂帯

南東インド洋海嶺

グレートオーストラリア湾

バス海峡

南オーストラリア海盆

タスマン海嶺

ケルマデック海溝

ルイスビル海嶺

アガシー断裂帯

東

チャタム海膨

南インド洋深海平原

タスマン海盆

キャンベル海台

エルタニン断裂帯

モーニントン深海平原

太平洋南極海嶺

南　極　海

ベリングスハウゼン深海平原

南東太平洋海盆

アムンゼン深海平原

南　極

モルジブ諸島

トンガ海溝

縮尺

0　1,000　2,000　km

0　1,000　2,000　マイル

大洋、海、湖

地表の70％以上は水でおおわれ、たくさんの大洋、海、湖となっている。

水圏の生態系には2種類あって、海の生態系は塩水、湖沼や河川の生態系は淡水である。

海の生物

海の動物や植物の大部分は、川から運ばれた栄養の豊富な浅い海で見られる。浅い熱帯の海は海の生物多様性のホットスポット（多様な生物が生息している）にもかかわらず、人類による破壊の危機に瀕している地域になっている。深海では魚などの動物たちは厳しい条件のもとで生きることに適応している。

海の深さによる区分

海の深さが増すと、太陽光が届きにくくなり、温度が低下し、水圧が増加する。深海では特別に適応した生物しか生きられない。

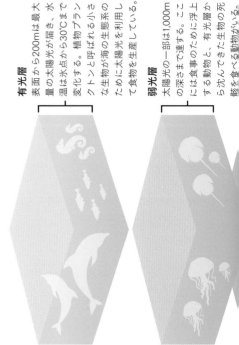

有光層
表面から200mは最大量の太陽光が届き、水温は氷点から30℃まで変化する。植物プランクトンと呼ばれる小さな生物が海の生態系のために太陽光を利用して食物を生産している。

弱光層
太陽光の一部は1,000mの深さまで達する。ここには食事のために浮上する動物と、有光層から沈んできた生物の死骸を食べる動物がいる。

湖のいろいろ

湖は陸に囲まれた止水域に溜まった水である。池と呼ばれるものから深さが1,500mを超える大きな湖まである。多くは淡水であるが、塩分を含むものもある。すべてを合わせても陸の面積の１％程度であるが、動植物の重要な生息域となっている。

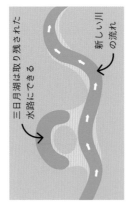

▲三日月湖
もともとは曲がった川があったところで、川がよりまっすぐに流れるようになって曲がった部分が取り残され、三日月湖になる。

三日月湖は取り残された水路にできる
新しい川の流れ

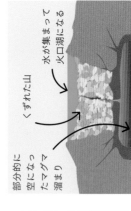

▲火口湖
活動していない火山の火口にできた湖である。酸性の湖や活火山の火口にできている場合もある。

くずれた山
水が集まって火口湖になる
部分的に空洞になったマグマ溜まり

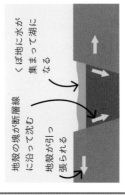

▲構造湖
褶曲作用や断層によってくぼ地ができることがある。そこに川が流れ込むと淡水湖ができる。

地殻の塊が断層線に沿って流む
地殻が引っ張られる
くぼ地に水が集まって湖になる

▲氷河湖
地球の湖の大部分は氷河が融けて流れた水がくぼ地や谷に溜まってできたものである。

後退する氷河
泥や粘土が底に集まる
氷河から融け出た水
氷河湖

観察しよう

瀕死のサンゴ礁

サンゴ礁には安定した海水温が必要である。水温が上がり過ぎると、サンゴはストレスを感じて共生している褐色藻を追い出して白化する。海水温は上昇しつつあり、サンゴの白化も頻繁に起こるようになってサンゴ礁の存続自体が危機に瀕している。

▲**地滑りによるせき止め湖**

地滑りが起こって川がせき止められることがあり、しばらくの間湖になる。

地滑りによる堆積物が川をせき止めて湖を造る

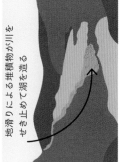

▲**人造湖**

人間は、水力発電、貯水、あるいは休養や娯楽などさまざまな理由で湖を造る。

ダムの後ろに水が溜まり、人工的に作られた湖になる

緯度と湖

高緯度地方の湖は冬には凍るが、低緯度地方では干上がることがある。さまざまな緯度のところでの季節による変化は、水の混ざり方や、湖の生態系にとって重要な栄養や酸素の再配分に影響を与える。

▲**温帯湖**

夏には暖かい水の層が冷たい水の層の上にあり、冬には表面の層が凍ることがある。

▲**寒帯湖**

一年のほとんどは氷がおおっている。夏に氷が融けると、水の層の混合が起こる。

無光層

水深1,000m以下では常に暗いけれども、生物発光と呼ばれるしくみを使って自分で光る生物もいる。マッコウクジラは食べ物を探すときにはこの深さまで潜ってくる。

深海域

水深4,000m以下には生物はごくわずかしかいない。チョウチンアンコウやホウライエソ、クラゲ、ダイオウイカなどは、この完全な暗やみ、大きな水圧、わずかな餌や凍るような水温に適応して生きている。

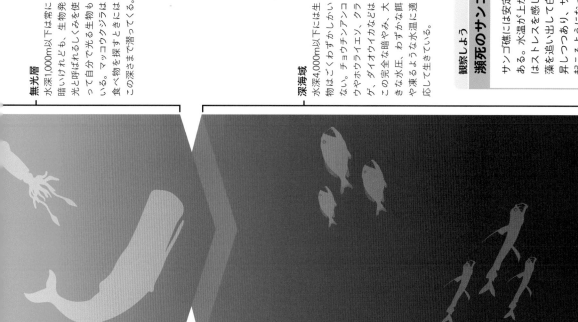

人文地理学

人文地理学とは何か

人文地理学では、人間や場所とその周辺の環境との関係を考える。

地理学者たちは、場所がそこに住む人々にどのような影響を与えるかということと同時に、人々がその周りの場所をどのように変えるか、にも興味を持っている。その場所は熱帯雨林のような自然環境の場合も、都市のような作られた環境の場合もある。

人口と集落

人文地理学者たちは人が住んでいる場所と、その人数を記録し、人口の時間的な変化を調べ、集落の違い（田舎か、都市の郊外か、都市か）による人口の増え方の違いを調べる。

▼町と都市
世界の人々の大部分は町か都市に住んでいる。都市地域はその地域の人口の変化とともに急激に変わることがある。

経済と社会に関する地理学

地球の天然資源のおかげで、私たちは食物、水、エネルギーを得て、人もその社会も生活できている。地理学者たちは経済がどのように成長するか、社会が仕事や品物、サービスの分配をどのように組織的に行っているか、そしてこれらのすべてが周辺の環境にどのように影響するかを研究している。

▶輸送と流通
製品は、製造された工場から消費者のいるところまでさまざまな方法で輸送されなければならない。

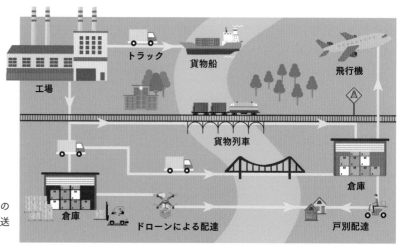

トラック　貨物船　飛行機　工場　貨物列車　倉庫　倉庫　ドローンによる配達　戸別配達

人々と環境

人間も、私たちの住む環境の一部であるから、私たちの活動が環境に重要な影響を与えることがある。地理学では、森林の破壊や魚の乱獲、大気への温室効果ガスの排出など、人による環境への影響についても研究している。人間の活動が原因であるような危害を減らすために、人々や政府にできることを探らなければならない。

温室効果ガスの増加は熱が宇宙へ逃げるのを妨げる

太陽からの熱は地球の大気を透過する

工場は温室効果ガスを大気へ排出する

▶温室効果
工場、農場、そして家庭からの排出が大気の温室効果ガスに付け加わる。

地理に関係したたくさんの問題

世界における開発の不均衡、人口増加の予測と貧困、十分な食べ物と水の供給に関する問題や、貿易によって狭くも、広くも繋がっているにもかかわらず世界には対立もあるということなど、地球も人間も深刻な問題に直面している。

0.3%が液体の水

2.5%は淡水

97.5%は塩水

68.9%は氷河や氷床に閉じ込められた淡水

30.8%は地下水

◀水の供給量
世界の水の供給量は限られていて飲用に適する水はごくわずかである。

▼食料の増産
技術の改革によって収穫の増加が可能になったが、いまだに栄養のある食料の足りない人々も多い。

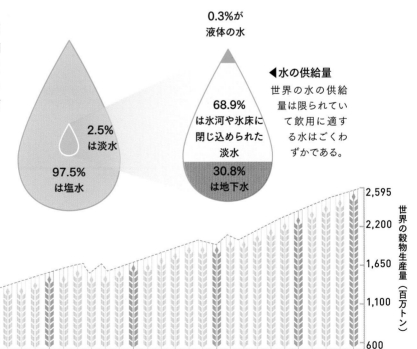

世界の穀物生産量（百万トン）

2,595
2,200
1,650
1,100
600

1950　1960　1970　1980　1990　2000　2010　2018

年

人の住むところ

約77億人といわれる世界の人口の分布はとてもかたよっている。

自然の条件と人間による条件の両方が影響して、人口の密集地域とそうでない地域とがある。

人口密度と人口の分布

人口密度は1km² に住んでいる人数で表すので、ある地域の全人口を、km²で表したその地域の面積で割ればよい。人口密度を地図上で見ると、地域による人口の違いがわかりやすい。人々が世界にどのように広がっているかがわかる。

人口密度に影響する要素

集落化を促進するような要因があると人口密度は増加し、逆の要因があれば減少する。

✔ 人口密度を増やす要因

安心な水の供給
淡水を安定して供給できる地域は人が住みやすいだけではなく、農作物の栽培にも適する。

往来の容易なところ
海岸や川沿い、山と山の間などは住むだけではなく交易や観光にも魅力的である。

安定した政情
政治的に安定していれば工業や社会の基盤的な設備に投資し、人々を引きつけるような雇用を創りだせる。

利用可能な天然資源
十分な燃料、水、鉱物などの利用や商売ができれば、その地域に住むことは魅力的になる。

除去しやすい植生と肥沃な土
建設のために容易に植生を除去できるところや農作物の育つ肥沃な土のあるところには人が集まる。

✖ 人口密度を減らす要因

極端な気候
極端に暑いとか寒い、乾燥し過ぎや湿潤過ぎる気候では作物を育てにくく、住みにくい。

安心な水が得られない
季節によっては水が手に入らないという地域では人は生きることができない。

往来が困難
高い山や密林などのように離れたところや、往来しにくいところには人は住みたくない。

天然資源が少ない
鉱物資源やエネルギー供給が十分でない地域には仕事が少なく人を引きつけない。

除去しにくい植生ややせた土地
農作物を育てにくく、土地のやせた地域に住む人は少ない。

現在の中国の人口はオーストラリア
の人口のおよそ60倍にちかい。

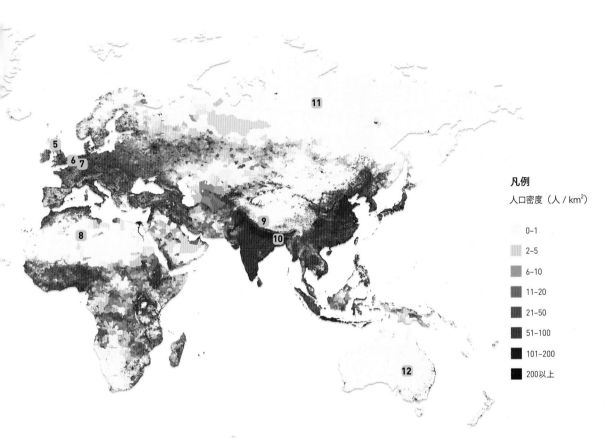

凡例

人口密度（人 / km²）

- 0–1
- 2–5
- 6–10
- 11–20
- 21–50
- 51–100
- 101–200
- 200以上

1 グリーンランド
ほとんど氷におおわれているグリーンランドの気候は極端で、人口密度は0.028人/ km² しかない。

2 カナダ北部
カナダ北部には到達もできないところや極端な気候のところがあって人口密度は非常に低い。

3 アメリカ合衆国
政情が安定し、社会の基盤設備が整っていて、十分な燃料や食べ物、水があるのでアメリカ合衆国は大きな人口を養っている。

4 アマゾン熱帯雨林
アマゾンの熱帯雨林は、極端な気候と往来の困難さのために人口密度は低い。

5 イギリス
穏やかな気候と肥沃な土壌に恵まれ、往来困難なところもほとんどなく、人口密度は274.5人/ km²と高い。

6 オランダ
平坦で肥沃な土壌と交通の便利な海岸線のある安定した国で、人口密度はEUの中では最大である。

7 ドイツのルール地方
この地域には石炭や鉄鉱石が豊富で、重工業が発展し、その周辺では人口が増加した。

8 サハラ
極端な気候と水不足のためにサハラ砂漠の人口密度は0.5人/ km²しかない。

9 ヒマラヤ
世界最高の山岳地帯、ヒマラヤ山脈では農業は困難で往来も非常に難しく、人口密度は低い。

10 ガンジス下流域
平らで肥沃な土地で、気候は湿潤で暖かく、農業には最適なのでガンジス地方の人口密度はとても高い。

11 ロシア北部のシベリア地方
シベリアは極端な気候である一方で、天然資源が豊富なので、そこに住む人もいる。

12 オーストラリア
国土の大部分は農業には不向きなほど乾燥しているが、海岸地方に住む人は多く人口密度は3.1人/ km²である。

人口統計学

時間と場所に関して、人口および人口統計の変化を調べるのが人口統計学である。

全体を見れば地球の人口は急激に増加している。この増加の大部分は低所得の国（LICs）のものである。逆に高所得国（HICs）の人口は減少しつつある。

人口の変化

ある国の人口の変化の数値は主にその出生率と死亡率の変化による。もし出生率が死亡率よりも高ければ人口は増加し、死亡率が出生率を上回れば人口は減少する。このような人口の自然な変化は自然増とか自然減とか呼ばれる。乳幼児の死亡率や平均寿命、移住数（国境を越えた人々の移動）なども人口に影響を与える。

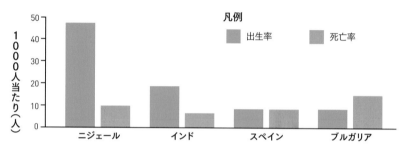

▲**出生率と死亡率（2016年）**
出生率が死亡率のおよそ5倍というニジェールは世界でももっとも人口増加の速い国のひとつである。ブルガリアは人口減少のもっとも速い国のひとつで、出生率は死亡率の半分をわずかに超えるほどしかない。

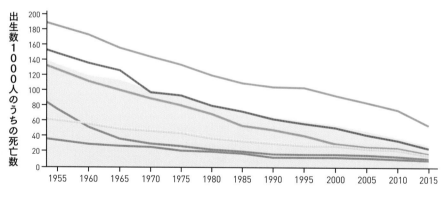

◀**乳幼児死亡率**
乳幼児死亡率（1歳未満で死亡した乳幼児数）は世界的にはこの60年間に劇的に減少したが、低所得国では依然として高所得国よりも高い。

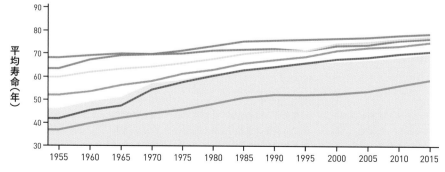

◀**平均寿命**
出生時に期待される平均的な生存期間である平均寿命が増加するにつれて死亡率は下がる。平均寿命は過去60年間に世界中で改善された。

人口の移動

ある国に移住のために入国した人の数から、国外への移住のために出国した人の数を差し引いて図示したものである。人々の移住には、自然災害、戦争、そして経済的な要因などさまざまな理由がある。

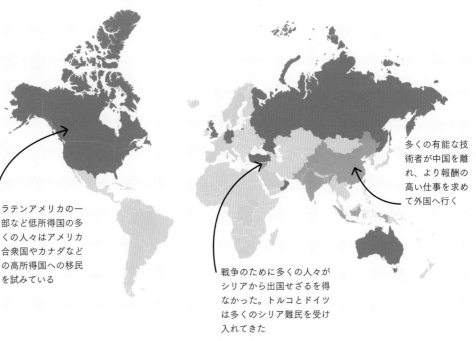

合計人口移動数(2017年)

■ −65万人以上

■ −65万人から10万人

■ 10万人から60万5,000人

■ 60万5,000人以上

データなし

ラテンアメリカの一部など低所得国の多くの人々はアメリカ合衆国やカナダなどの高所得国への移民を試みている

戦争のために多くの人々がシリアから出国せざるを得なかった。トルコとドイツは多くのシリア難民を受け入れてきた

多くの有能な技術者が中国を離れ、より報酬の高い仕事を求めて外国へ行く

人口構成

ある国での各年齢層の男女別の人数を人口構成という。この統計を人口ピラミッドで記述すると、その国の開発の度合いによって特徴的な形になる。

> 現在のアフリカでは人々の**41%**が15歳未満、ヨーロッパでは**16%**である。

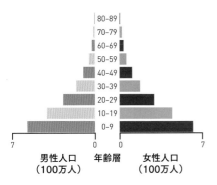

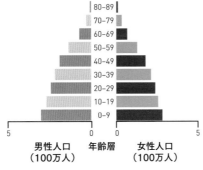

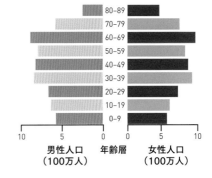

▲若い人口構成
底辺が広く頂点の狭いピラミッドは、高い出生率と短い平均寿命で人口増加が速いことを示している。これは低所得国の典型である。

▲安定した人口構成
一定の出生率と比較的低い死亡率で、人口はゆっくり増加し、先細りのピラミッドとなる。新興経済国の典型である。

▲高齢化する人口構成
底辺が狭く、途中の膨れたピラミッドは若年人口が少ないことを示す。平均寿命は長いけれども出生率が低い日本の人口は減少しつつある。

移住

ある地域から別の地域へ人々が移ることを移住という。

人類はこれまで常に、水、食料、あるいは場所を求めて移住を続けてきた。移住には新しい国への長い旅もあれば同じ国の中での転居もある。

移住の形

どこから来たのか、どこへ行くのか、そしてどんな理由で移動するのか、など移住にはいろいろな形がある。ある場所、あるいはある国へやって来る人を移入者といい、出ていく人を移出者という。

移住の形	移動の実態
外国への移住	**ある国から別の国へ**
自主的な移住	ある国から別の国への移住を自分で決める。新しい仕事や家族との合流、あるいは新しい国で隠居生活をしたいなど。
強制された移住	戦争や対立から逃れるために、ある国から別の国へやむを得ず移住する。
国内での移住	**国内のある場所から別の場所へ**
地域を変える移住	多くの国で、人々は不便なところや人口が減少して仕事がないところから仕事が得られるところへと移住する。
田舎から都会への移住	低所得国では技能のない労働者たちが仕事、よい教育、別のチャンスを求めて田舎から都会へ移住することが多い。
都会から田舎への移住	人々は都会から田舎へ引っ越すこともある。生活の質を高めるために田舎へ移住するという人々は特に高所得国に多い。
短期的な移住	**永久的にではなく、数か月や数年を別の場所で過ごす。**
季節的な移住	一年のうち決まった期間だけ別のところで過ごす。たとえばスキーシーズンにスキー場で働くとか、収穫時期に農場で働くなど。
日単位、週単位の移住	住んでいる町ではないところで仕事をする場合、毎夜、あるいは毎週末に家に帰る。
経済的な理由による移住	より良い仕事や生活の質の向上を求めて移住する。経済的な理由による移住は必ずしも貧しかったり、技術がなかったり、教育が足りなかったりするわけではなく、いずれ帰郷することも永住することもある。
難民	戦争や政治的、宗教的な迫害によって自国を出なければならないことがあり、大きな危険がともなうことも多い。難民は国際的な法律によって安全に避難する権利が認められている。

移住の理由

人々が移動をする理由には、あるところへ行きたいという場合と、あるところから離れたいという場合とがある。何かひとつの要因がとても強いこともあるが、たいていはいくつかの要因の組み合わせで人々は移住を決意する。

▼押し出す要因と引き寄せる要因
人々はさまざまな要因で引き入れられたり、押し出されたりする。

より良い教育の機会
より報酬の多い仕事
宗教や政治に関する自由
健康保険などのより良いサービス

引き寄せる要因

押し出す要因

自然災害
戦争や紛争
貧困
過密な人口

移住の影響

国外への移住者や国内での移住者は、彼らが新しくやって来たところ、彼らがあとにして来たところの両方に何らかの影響を与えることがある。それは経済的なものであったり、社会的な、すなわちその地域の人や社会に影響を与えるものであったりする。

やってきた国への良い影響

- ✔ 移入者は税金を払って経済に寄与する。
- ✔ 移入者は新しい文化や食べ物、言葉などを紹介する。
- ✔ 医者のような高い技術のある移入者は役に立つ。
- ✔ 移入者は労働市場の不足を埋める。

立ち去った国への悪い影響

- ✖ 若い、適材な働き手を失う。
- ✖ 技術の高い労働者が出ていく。
- ✖ 若い人々が出ていくと出生率が低下する。
- ✖ 家族のつながりが破たんする。

なぜ移住には問題が多いのか

移入には問題が多い。ある場所に新しい人が入って来ると、すでにそこに住んでいる人は仕事や住む場所に関して競争になるのではないかと心配する。移入者の宗教や生活は、そこに以前から住んでいる人々には奇妙に思える。これらのすべてが政府に対して入国を認める人数を減らすようにという圧力をかけることになる。

- ● 移入者は低賃金で懸命に働くことがあり、それは脅威や不公平な競争と思われやすい。
- ● 移入者の生活様式や信念、見かけが違うというだけで嫌う人々もいる。
- ● 政府は、移入を制限するようにという圧力が大きくなっていると感じるかもしれない。
- ● 移入者が地域のサービスに圧力をかけたり、仕事の機会を奪ったりすると非難する人もいる。

人口の変化

世界の人口もその構成も時代により、地域によって変化している。

世界の人口は増え続けていて、しかもその分布はある国々や地域にかたよっている。人口の年齢構成や男女の比も地域によって違っている。

増え続ける世界の人口

地球全体の人口の地域による違いや、変化していく様子には、出生率と死亡率が影響を与えている。現在の世界の人口はおよそ77億人で、2056年には100億人に届くと予想されている。

人口変化の原因

世界の出生率や死亡率はさまざまな要因で変化する。

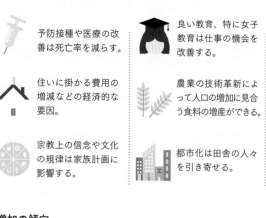

予防接種や医療の改善は死亡率を減らす。

良い教育、特に女子教育は仕事の機会を改善する。

産児制限の方法が利用できること。

住いに掛かる費用の増減などの経済的な要因。

農業の技術革新によって人口の増加に見合う食料の増産ができる。

かつての中国の一人っ子政策のような政府による出生率への介入。

宗教上の信念や文化の規律は家族計画に影響する。

都市化は田舎の人々を引き寄せる。

戦争や紛争による死亡や人口の落ち込み。

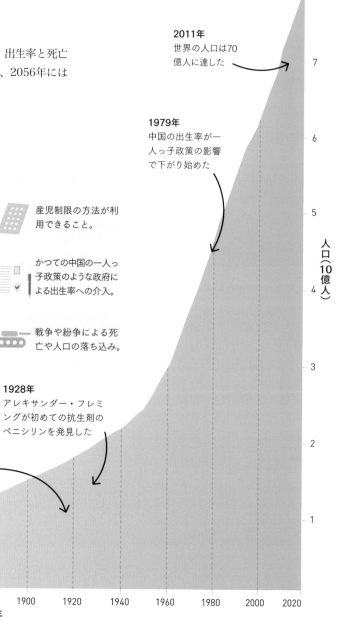

▶増加の傾向

世界の人口は1800年代まではゆっくり増加し、1804年に10億人に達した。1960年代には30億人に達し、2011年に70億人になった。

1700年代後期
産業革命がイギリスとアメリカで始まった

1800年代初期
世界の人口が10億人に達した

1918年
スペイン風邪の流行で世界の人口の5%が死亡した

1928年
アレキサンダー・フレミングが初めての抗生剤のペニシリンを発見した

1979年
中国の出生率が一人っ子政策の影響で下がり始めた

2011年
世界の人口は70億人に達した

人口（10億人）

年

世界各地の人口の変化

低所得国では医療の改善で死亡率が下がり、出生率は依然として高いので人口の伸びがもっとも速い。高所得国では出生率も死亡率も、家族計画や医療の改善、普遍的な教育の影響で下がっている。各大陸の人口の割合の変化は今後も続く。

▼人口の移り変わり
世界の全人口に対する各大陸の人口の割合は変化する。アフリカ大陸の人口増加は他の大陸に比べて特に大きい。

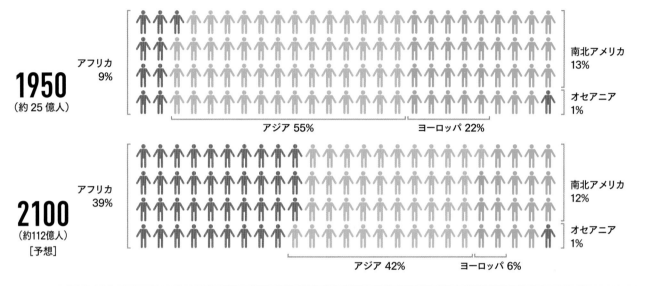

1950
（約25億人）

アフリカ
9%

南北アメリカ
13%

オセアニア
1%

アジア 55%　　　ヨーロッパ 22%

2100
（約112億人）
［予想］

アフリカ
39%

南北アメリカ
12%

オセアニア
1%

アジア 42%　　　ヨーロッパ 6%

人口転換モデル

出生率や死亡率と国の経済開発とがどう関係するかを考えるためには人口転換モデルがわかりやすい。このグラフは出生率と死亡率の5つの段階での人口の変化の様子を示している。どの国も5つの段階のどれかにあてはまり、どれもがその国の経済に影響をおよぼす。

▼人口変化の段階
モデルの5つの段階を示す。出生率、死亡率ともに低い第四段階にある国の人口は現状維持となる。

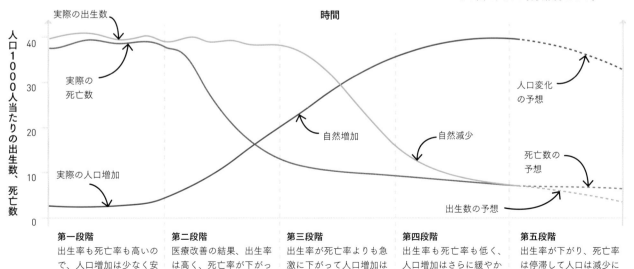

実際の出生数

時間

実際の死亡数

人口1000人当たりの出生数、死亡数

実際の人口増加

自然増加

自然減少

人口変化の予想

死亡数の予想

出生数の予想

第一段階
出生率も死亡率も高いので、人口増加は少なく安定している。

第二段階
医療改善の結果、出生率は高く、死亡率が下がって人口は増加する。

第三段階
出生率が死亡率よりも急激に下がって人口増加は緩やかになる。

第四段階
出生率も死亡率も低く、人口増加はさらに緩やかになる。

第五段階
出生率が下がり、死亡率は停滞して人口は減少に転ずる。

人の集落

人が住むところを決めるときの自然に関する条件はたくさんある。

集落とは人が住んでいるところであって、大小さまざまである。
初期の集落は時代とともに広がって大きな町や都市になった。

地域の岩石は建設の材料となり、鉱物は容器や道具になり、商売にも使われる

立地と条件

集落の立地とは、川のそばであるとか、丘の上などのような集落のある場所を示す。集落の条件は、ある場所と他の町や自然な道路などの周囲との関係である。立地と条件の両方が集落の位置を決める。

川のような水系は、人間および農耕のための淡水を一年中安定して供給してくれる。川はさらに食べ物を提供し交通手段にもなり得る

近くの森からは、料理や暖房のための燃料、建設用の木材が得られる

集落の大きさ

集落は大きさと、店や学校などの提供可能なサービスの種類と数で分類できる。集落が大きくなると、提供されるサービスの種類と数も増加する。

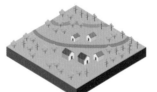

▲小さな村
田舎の数戸の農家や畑の並んだ小さな村には店などのサービスはない。

▲村落
数百人規模の小さな社会で小規模な店や小学校があることもある。

▲町
サービスの幅が広がり、交通網や仕事があって、町はその住人だけではなく周囲の村の人々にもサービスを提供する。

集落の形

集落の形は、土地の様子や水などの天然資源の利便性によって決まることが多い。すぐ近所や別の集落への往来の便利さも重要である。

▲散在集落
大きな人口を支えるほど十分な天然資源がないところには、孤立した住宅あるいは村落が隣とはある程度離れて存在する。

▲有核集落
初めは防衛のために、のちにはおそらく社会的経済的な理由で建物が集まった。中心となる市場や水道があることが多い。

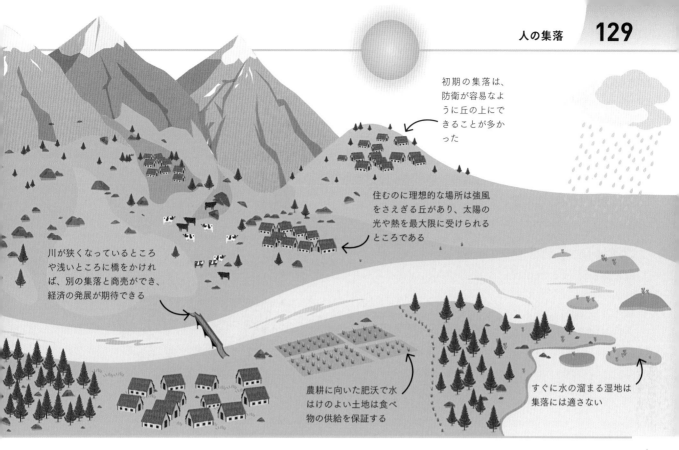

初期の集落は、防衛が容易なように丘の上にできることが多かった

住むのに理想的な場所は強風をさえぎる丘があり、太陽の光や熱を最大限に受けられるところである

川が狭くなっているところや浅いところに橋をかければ、別の集落と商売ができ、経済の発展が期待できる

農耕に向いた肥沃で水はけのよい土地は食べ物の供給を保証する

すぐに水の溜まる湿地は集落には適さない

▲都市
大学や公私の事務所など特殊なサービスもあって、都市はそこに住んで働きたいという移住者と訪問者を同じように引きつける。

▲線形集落
丘の麓や川、あるいは道路などの線状のものに沿って集落ができた。

集落の機能

集落の機能には、商業のような目的や活動があり、集落は本来の目的をめざして、あるいは目的を変更して、発生し拡大した。今日、集落の大部分は多機能である。

港
海岸や船の通れる川には港が造られて、あるところから別のところへと貨物を運ぶ。

工業の町
工業のための原材料が手に入りやすいところでは工業の町が発展する。

信仰の中心
集落には主要な宗教の礼拝所が建てられ、宗教的な中心として機能する。

教育都市
イギリスのオックスフォードのように教育で有名な地域もあり、大学が主要な雇用を担っている。

行政の中心
法律と治安、地方の行政のために発展した行政府は地域のために運用されている。

観光地域
海岸地域や森林地域には、別の観光地ともつながって観光地域が広がる。

都市の構造

都市は、土地の用途によってはっきりと地区に分けられることが多い。

ひとつの都市は、人々の居住地域、工場のある工業地域、そして店や事務所のある商業地域に分けられる。都市のレイアウトはその都市の歴史と成長を反映している。

土地利用のパターン

都心部をとりまき環状に発達した都市がある。中心には中央業務地区があって多くの店、銀行、行政機関などがあり、その周りには住居や工業地域がある。都市にはそれぞれ違いがあって、これとは違う利用パターンになっている都市も多い。

中央業務地区
この地区には商店、企業、行政、娯楽などがあって、別の地区ともうまくつながっている。

都市周辺地帯
都市の周辺には大きな家、オープンスペース、郊外型の商業施設などがあり、そこを通る交通網も発達している。

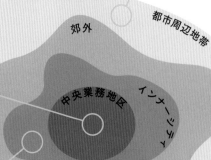

郊外

都市周辺地帯

中央業務地区

インナーシティ

インナーシティ
この地区には工場と労働者の住宅があったが、再開発されて多くの集合住宅や改装された倉庫になっているところが多い。

郊外
この住宅地域には庭のある近代的な住宅が多く、地域の学校や商店などのサービスもある。

インナーシティでは

インナーシティは中央業務地区に隣接しているので、土地や建物が高価である。労働人口のためにもともと小さな住宅が密集し、さらに高層の新しい住宅ができている。交通も便利なのでとても人気がある。

1 インナーシティには博物館や図書館のような古い建物がある。使われなくなった工場や倉庫は新しい用途に向けられている。

2 この地域は空き地がほとんどないほど密集しており、公園や庭も少なく、建物どうしはきわめて近い。

3 この地域の土地や建物は、仕事場や娯楽街に近いという理由でとても高価である。

4 多くの人が中心部へ乗り入れて来るので交通渋滞が問題である。公共の交通機関を利用するべきである。

5 中央業務地区での仕事に近いことは魅力的なので、人、商店、サービスの豊富な文化圏を作り上げている。

都市における変化

インナーシティはもともと工場と労働者のための住居の地域だった。多くの都市で工場は海外、あるいは町の外のもっと往来の楽なところへ移転したので、インナーシティにも大きな変化があった。都市のこの部分の土地利用は、この変化を反映して多様になっている。

1950年以降、アメリカ合衆国のデトロイト市は60%以上の人口を失った。

問題		解決法
工業がこの地域から出ていったので、特に技能の低い労働者対象の雇用が減ってしまった。	→	メディアや広告、金融などの新しい産業が古い工場の建物に移転して雇用を創りだしている。
かつての工場が空き家になって残され、あるいは放棄されて、破壊行為の標的となり社会問題化している。	→	放棄された建物は住宅やアートギャラリー、美術館などこの地域にもっと人を呼ぶようなものに改装されている。
社会の基盤的な設備が不十分でこの地域はビジネスからも見放され、交通渋滞で人々の通勤も困難になっている。	→	政府は、トラムや路面電車などの新しい公共交通システムを開発するための資金を提供している。

メガシティ

都市が成長し、ひとつの国よりも人口の多いメガシティになったものもある。

人口1,000万人を超える都市圏をメガシティと呼ぶ。1950年にはニューヨークだけであったが、1975年には東京、メキシコシティ、サンパウロが加わった。

メガシティのでき方

仕事やより良いサービスを求めて農村部から都市へ人口が移動すると、都市は大きく無計画に拡大し、やがてメガシティになる。2012年には26のメガシティがあり、その大半は低所得国と新興経済国にある。特にアジアの国々に多い。2050年には50都市を超えるだろうといわれている。

▶増えるメガシティ
急速に成長するメガシティの大半はアジアにあり、その数は世界でもっとも多い。

凡例

北アメリカ	南アメリカ	ヨーロッパ	アフリカ	アジア		
① ロサンゼルス	④ ボゴタ	⑨ パリ	⑪ ラゴス	⑭ イスタンブール	⑲ ベンガルール	㉔ 重慶	㉙ 深圳
② ニューヨークーニューアーク	⑤ リマ	⑩ モスクワ	⑫ キンシャサ	⑮ カラチ	⑳ チェンナイ	㉕ 北京	㉚ マニラ
③ メキシコシティ	⑥ サンパウロ		⑬ カイロ	⑯ ラホール	㉑ コルカタ	㉖ 天津	㉛ ジャカルタ
	⑦ リオデジャネイロ			⑰ デリー	㉒ ダッカ	㉗ 上海	㉜ 大阪
	⑧ ブエノスアイレス			⑱ ムンバイ	㉓ バンコク	㉘ 広州	㉝ 東京

人口の急増

低所得国において仕事を求めて農村部から都市へと人々が移動することで、デリーのような都市の人口は急激に増加する。しかし高所得国では東京のような都市の人口増加はそれほど急激ではない。

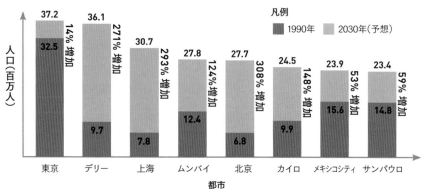

凡例
■ 1990年　■ 2030年(予想)

（人口（百万人）、都市）

都市	1990年	2030年(予想)	増加率
東京	32.5	37.2	14%増加
デリー	9.7	36.1	271%増加
上海	7.8	30.7	293%増加
ムンバイ	12.4	27.8	124%増加
北京	6.8	27.7	308%増加
カイロ	9.9	24.5	148%増加
メキシコシティ	15.6	23.9	53%増加
サンパウロ	14.8	23.4	59%増加

周辺都市（エッジシティ）の発展

周辺都市は、人々の都心から郊外の周辺への移動にともなってできる。公共交通よりも自家用自動車が便利な高所得国ではこのような周辺都市が発展した。商店、サービス、仕事、娯楽の中心なども都市の周辺に移っていく。アメリカの最初の周辺都市は1980年代にできた。

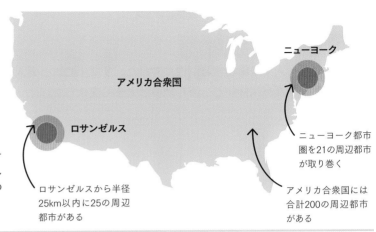

アメリカ合衆国

ニューヨーク

ロサンゼルス

▶アメリカ合衆国の周辺都市
大きなショッピングモールやオフィスや住宅の集中地域、そしてハイテク産業とともに多くの周辺都市が出現した。

ロサンゼルスから半径25km以内に25の周辺都市がある

ニューヨーク都市圏を21の周辺都市が取り巻く

アメリカ合衆国には合計200の周辺都市がある

貧民街が直面する問題

低所得国では違った意味の周辺都市、つまり貧民街が出現する。不法占拠集落ともいわれる貧民街は低所得国における急激な都市化の結果として出現したもので農村地域からの移入者たちの唯一の居場所になっていることが多い。移入者は所持金が少なく、貧民街ではその場しのぎの貧しい生活がふつうである。

▲基本的なサービスの欠如
上下水道や排水の設備が十分でなく、電力供給も不足すると水を原因とする病気や火に関連した事故が起きやすい。

▲過密状態
貧民街の人口は多く、常に増加傾向にあるし、住居も互いに接近している。

▲危険な場所
貧民街は、急な傾斜地やごみ処理場の隣などの安価で危険な土地にもある。

▲雇用不安
農村地帯からの移入者は労働市場に合うような技術がなく、仕事が見つからなかったり、給与の安い臨時的な仕事にしか就けなかったりする。

▲犯罪
仕事がないと、暴力団が関与する犯罪に巻き込まれることもある。

▲不法な住居
貧民街の中には住人の所有でない土地に建てられた不法なものもあり、通知なしに取り壊されることもある。

観察しよう
狭いながらも……

キベラはケニアのナイロビにある貧民街である。ここでは2.5km²に120万人が住んでいる。泥と木材と波型鉄板でできた家に密集して暮らしているが、家々は清潔である。

農村地帯の集落

農村地帯の集落は農地に囲まれた小さな町や村である。

何百年もの間、人々は農村地域に住んでいた。産業化によって人々は仕事を求めて町や都市へ移住し、農村地帯は大きく変化した。

農村集落の特徴

農村集落は、世界の各地域で異なっていて、そこに住む人々からそこで受けられるサービスまでかなり多様である。しかし、高所得国でも低所得国でも農村集落には共通の特徴がある。

面積と人口
農村集落は住んでいる人の数もその面積も小さい。

遠隔
農村集落は都市から遠いことが多く、住民のためのサービスは自分たちでまかなっている。

産業
農村集落は一般に、農業、林業、鉱山業、漁業などの一次産業を基盤としている。

農村地域と都市地域

かつての農村地域は自給自足体制であったけれども、最近ではそれは困難になっている。農村の発展は都市地域とどれだけ近いかによることが多い。高所得国では、行き来しやすい農村地帯へ都市から移住する人も多いが、遠く離れた農村地域からは出て行く傾向がある。

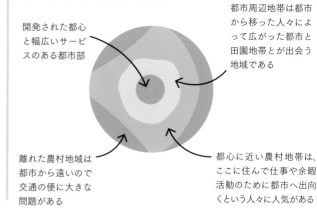

開発された都心と幅広いサービスのある都市部

都市周辺地帯は都市から移った人々によって広がった都市と田園地帯とが出会う地域である

離れた農村地域は都市から遠いので交通の便に大きな問題がある

都心に近い農村地帯は、ここに住んで仕事や余暇活動のために都市へ出向くという人々に人気がある

変化する世界

19世紀、ヨーロッパとアメリカでは産業革命が人々の町や都市への移住を促進した。このような農村から都市への移住はずっと続いている。

▼農村から都市への移動

1950年には世界の84%の人は農村に住んでいた。2018年には農村地帯に住む人は45%になり、そのほとんどは低所得国である。

凡例
ほとんどの人が農村地帯に住んでいる
ほとんどの人が都市部に住んでいる

1950

2018

農村地帯の人口減少

世界中で農村地帯の人口は減少傾向にある。これは若い人々が雇用の機会が多く教育や医療を受けやすい都市へ移住するからである。それによって農村地域はますます貧しくなる。

19世紀の産業革命は、農村から都市への大規模な移動を引き起こした。

高所得の国では

- 農業や採石などを含む農村経済において機械化によって仕事が減少
- 農業の縮小と安価な輸入品が簡単に手に入ることで農村の仕事が減少
- 農村地域では公共交通、その他のサービスの縮小が農村での生活の困難さを増大

低所得の国では

- 農村の人々の自給に足りる食料を生産するための十分な土地や技術がない
- 農村地帯では医療、教育などの基本的なサービスが貧弱である
- 賃金が安く、仕事の機会も少ない

農村に見られる変化

高所得国では、都心から近い距離にある農村の多くは「郊外化」し、都市の一部のようになってしまった。農村地域の多くはベッドタウンとなり、人々はそこに住んで、近くの街や都市へ通勤している。農村地域の生活は大幅に変わってしまったのである。

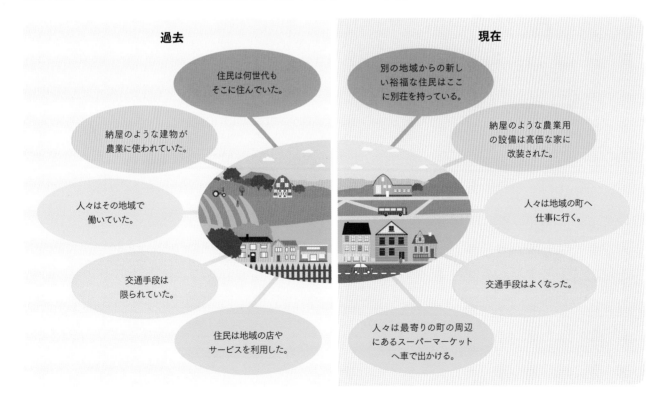

過去

住民は何世代もそこに住んでいた。

納屋のような建物が農業に使われていた。

人々はその地域で働いていた。

交通手段は限られていた。

住民は地域の店やサービスを利用した。

現在

別の地域からの新しい裕福な住民はここに別荘を持っている。

納屋のような農業用の設備は高価な家に改装された。

人々は地域の町へ仕事に行く。

交通手段はよくなった。

人々は最寄りの町の周辺にあるスーパーマーケットへ車で出かける。

都市化

現在は田園地帯より都心に住む人が多い。

国が経済的に発展すると、田園地帯から都市部へ移動する人が増える。都市はかなり過密になりつつあるけれども、農村地帯よりもチャンスが多い。

都市化の原因

整った都市の街並みは文明の象徴であったけれども、人々の多くは農村地帯に住み続けて農業に従事していた。その後、農業が機械化され、以前ほど農業に人手が要らなくなると工業に仕事を求めて都市に移動した。

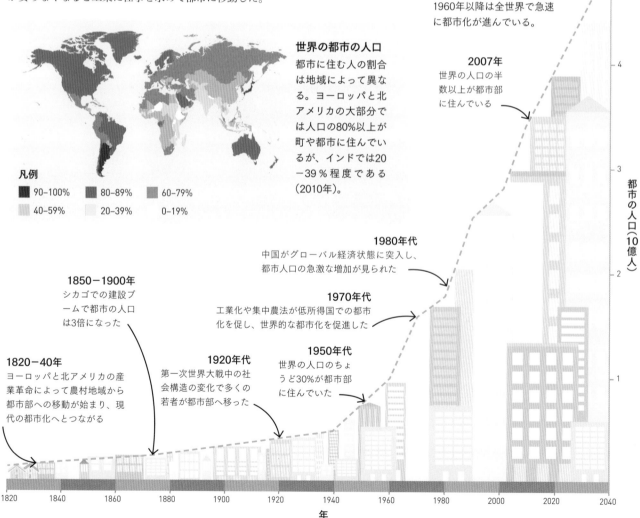

世界の都市の人口
都市に住む人の割合は地域によって異なる。ヨーロッパと北アメリカの大部分では人口の80%以上が町や都市に住んでいるが、インドでは20－39％程度である（2010年）。

凡例
- 90-100%
- 80-89%
- 60-79%
- 40-59%
- 20-39%
- 0-19%

▼世界における農村から都市への変化
都市化の割合は急激に伸びている。1960年までその割合はゆっくりであったが、1960年以降は全世界で急速に都市化が進んでいる。

2007年
世界の人口の半数以上が都市部に住んでいる

1980年代
中国がグローバル経済状態に突入し、都市人口の急激な増加が見られた

1850－1900年
シカゴでの建設ブームで都市の人口は3倍になった

1970年代
工業化や集中農法が低所得国での都市化を促し、世界的な都市化を促進した

1820－40年
ヨーロッパと北アメリカの産業革命によって農村地域から都市部への移動が始まり、現代の都市化へとつながる

1920年代
第一次世界大戦中の社会構造の変化で多くの若者が都市部へ移った

1950年代
世界の人口のちょうど30%が都市部に住んでいた

都市の人口（10億人）

1820 1840 1860 1880 1900 1920 1940 1960 1980 2000 2020 2040

年

国による都市の成長の違い

都市部に住んでいる人口は世界の各地で違っている。高所得国では低所得国よりも都市部に住む人の割合が大きい。低所得国では都市部よりも農村部に住んで農業に従事している人が比較的多い。

凡例

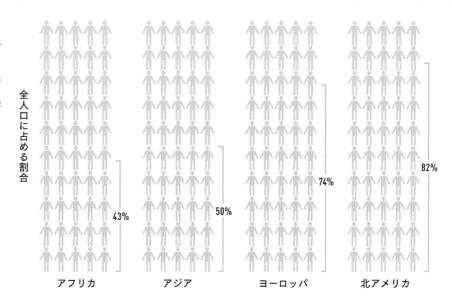

全人口に占める割合

🧍 都市部の人口
　の合計　　　　🧍 農村部の人口
　　　　　　　　　　の合計

▶ **都市部の人口のいろいろ**

アフリカでは都市部に住む人は43%に過ぎないが、北アメリカでは82%である。

アフリカ　43%　　アジア　50%　　ヨーロッパ　74%　　北アメリカ　82%

押し出す要因と引き寄せる要因

農村部から都市部への人々の移動には農村における仕事の機会の不足のような押し出す要因と、生活の質の良さのような引き寄せる要因が働いている。これらの要因は低所得国では高所得国よりも強く、都市化の割合は貧しい地域の方が高い。

押し出す要因

自然災害
竜巻のような自然災害は農村地域に広大な被害をもたらし、支援はすぐには得られないかもしれない。

貧弱な住宅環境
農村地域の生活水準の低さのため、よりよい生活を求めて都市部へ駆り立てられる。

農作物の不作
不作は、農業従事者が生計のために都市へ移動する理由になることが多い。

紛争や戦争
政情の不安や武装紛争は村を破壊し人々は安全のために都市へ移動せざるを得ない。

引き寄せる要因

高賃金
都市部での仕事は技能のある労働者にもない労働者にも高い報酬を提供するので都市への移動は魅力的である。

医療と教育
都市部では、医療、学校、その他の教育の機会が得られる。

仕事
都市部には仕事の機会が多いと思われているので農村部の人を引きつける。

良い住環境
高収入、広範なサービス、良い住宅は、高水準な都市での生活につながる。

文化の広がり

人が動き思想が伝わるとともに文化は世界中へと広がった。

文化とは言語、宗教、習慣、そして芸術である。文化遺産は何世代も引き継がれ、故郷を離れる人々はそれを携えて行った。

植民地化

15世紀からヨーロッパの国々は資源を求めて植民地化という手段で遠くの土地を征服し所有した。彼らは自分たちの言葉、習慣、宗教を外国へ広め、彼らが侵略した文化の産物、食べ物や楽器や美術品などを持って帰った。現在私たちが当然のように食べているカレーやチョコレートなどの多くはインドやメキシコなどかつての植民地に起源がある。

▶植民地の建築
メキシコやキューバの教会建築はスペイン風である。スペイン人の入植者たちはそこで地元の人々にカソリックの信仰を広めた。

移住

長期間にわたって人々は移住を続け文化が広がっていった。今日、高所得国の多くは、外国からの大勢の移住者が食べ物や宗教、習慣を持ち込んだ多文化の社会である。多くの場合、地元の人々は移住者の文化を受け入れて自分たちの社会に取り込み、移住者たちは言語や服装などの地元の文化を吸収している。

◀異なる文化を祝って
聖パトリックの日はアイルランドの重要な祭日で、世界中のアイルランド人のコミュニティで祝われる。アメリカ合衆国のシカゴではその日には川を緑色に染める。

グローバリゼーション

世界的な貿易や工業を通した文化の広がりはグローバリゼーションといわれる。商品やサービスは世界中で取り引きされ、どこででも似たような商品が手に入る。最新の技術やインターネットのおかげで、映画、音楽、テレビジョンの利用が増えて、習慣や伝統も、芸術、音楽、ファッションなどと同じようにあっという間に世界に広がるようになった。

▶世界の味
同一のファストフードのチェーン店が今や多くの国にあるが、その普及は多くの人にその土地の料理の伝承について考えさせることにもなった。

旅行と文化交流

航空機や長距離の旅行が安価になり、利用しやすくなって多くの人が異文化を体験できるようになった。旅行者たちは異なる文化を楽しむと同時に、休暇から戻るときには旅先の衣服や食べ物を持ち帰って友人や家族と分け合う。

▲海外での休暇
1960年代に、新型の旅客機が多数の乗客を乗せられるようになり、外国への観光旅行が始まった。イタリアは旅行先として特に人気があってパスタやピッツアを初めて食べた人々は帰国後さっそく注文するようになった。

▼空の旅の増加
1970年代以降、航空機による旅行客の数は急激に増加し、多くの人が外国の文化を体験できるようになった。

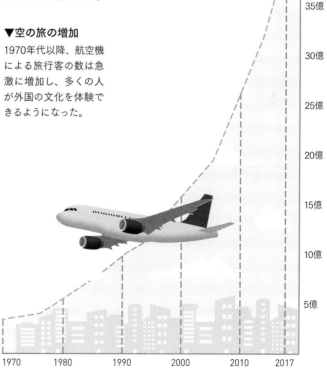

年間の航空機利用者数（人）

40億
35億
30億
25億
20億
15億
10億
5億

1970　1980　1990　2000　2010　2017
年

健康

世界を見わたすと、人々の健康は社会や経済が健全であること
と密接に関係しているようである。

**医療や栄養のある食物、清潔な水に恵まれない貧困な地域では
人々の健康状態も貧しい。病気になると働けないので健康状態
が悪い人々は貧困からぬけ出すことができない。**

世界における医療の状況

世界保健機関（WHO）は、世界のど
こにあっても医療を受けることは人の
権利であるべきで、経済的な理由で治
療行為や予防的な措置を拒否されるべ
きではないと述べている。新しい治療
法は高価ですべての人が受けられるも
のではないが、下痢を止める薬などは
安価でしかもよく効く。

▶医療経費
一国の健康は市民および政府が医療の
ために費やすことのできる金額で決ま
る。このグラフは高所得の国ほど医療
に投資していることを示している。

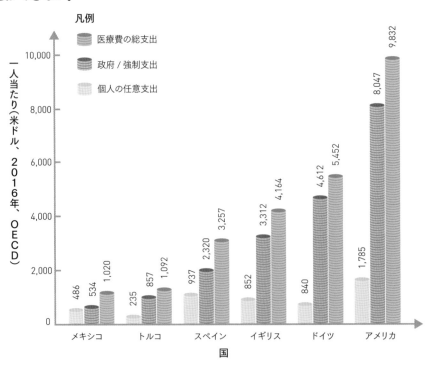

凡例
- 医療費の総支出
- 政府 / 強制支出
- 個人の任意支出

一人当たり（米ドル、2016年、OECD）

国	個人の任意支出	政府/強制支出	医療費の総支出
メキシコ	486	534	1,020
トルコ	235	857	1,092
スペイン	937	2,320	3,257
イギリス	852	3,312	4,164
ドイツ	840	4,612	5,452
アメリカ	1,785	8,047	9,832

医療を受ける平等な権利

医療には医者や看護師、病院、薬局などにかかることだ
けではなく、清潔な水、栄養のある十分な食事、健康な
生活につながる教育なども含んでいる。健康な人々は低
所得の国々の開発を支援することができる。医療への平
等な権利を保障することは低所得国と高所得国の間の格
差是正につながる。

経済活動
健康な労働力は国の経済を支え豊かにするので医
療サービスなどへの出費が可能になる。

ワクチンの利用
人口の広い範囲へのワクチンの投与は病気を防ぎ、
健康で生産的な労働力を保証する。

高品質な食品の供給
虫害や病気などのない安全で栄養のある質の高い食品が
あれば人々によい食事と健康を提供できる。

健康教育
衛生や栄養、健康な生活スタイルについて教育す
ることは人々が賢い選択をする助けになる。

貧困がもたらす病気

衛生や医療の状態が悪いと感染症は人から人へと広がる。鳥インフルエンザのような病気は、低所得国に多く、動物から人に感染する。栄養状態が悪いと健康も損なわれ栄養失調に至って、予防できる病気に対しても弱くなってしまう。

マラリアのような病気

ヒト免疫不全とエイズ

コレラや腸チフスなどの水系感染

結核

 貧しい食事による栄養失調

 不十分な消毒や衛生状態

 医療や健康相談の機会の不足

などによって

富裕にともなう病気

高所得国のいくつかの国では近年、死亡率がわずかに上昇し始め、富裕層の増加にともなう病気が多くなるにつれて平均寿命が低下している。その病気のいくつかは互いに関係があって、たとえば肥満は2型糖尿病につながり、ある種のがんや心臓病の危険が増す。

 自動車の使用の増加

 運動不足

 安価な加工食品の大量摂取

 新鮮な旬の食品の摂取不足

 座ったままの仕事の増加

 安価な酒やたばこの摂取の増加

などによって

2型糖尿病

心臓病

ある種のがん

アルコールや薬物依存の問題

肥満

経済活動

商品やサービスの生産や売買の過程のすべてを経済活動という。

経済活動には、ある国や地域での仕事、貿易、産業、そして金銭の循環が含まれる。さまざまなタイプの仕事からの金銭が人々へは賃金、政府へは税金として支払われる。

産業の分類

経済活動、あるいは産業のタイプは4つの領域に分けられる。それぞれの領域の経済で発生する収入の割合はその国が発展し裕福になるにしたがって時代とともに変化する。

一次産業

土地からとれる農作物や鉱物、海の魚や海草などの未加工の原料の収集がこの領域である。

鉱業あるいは採石
採掘や採石の技術で、石炭、鉄鉱石、その他の原料を地中から掘り出す。これらの原料は次に二次産業で使用される。

農業
農業ではコムギや肉などの食品を生産し、二次産業で使われる綿や麻のような植物を育てる。

漁業
海や川で集めた魚介類は料理や別の商品への加工に使われる。

二次産業

ここでは未加工の原料を使って加工品をつくるが、小さなものをつくる作業場から大規模な工場まである。

繊維加工
大きな織機で木綿や化学繊維を使って衣服用生地の大きなロールを織り上げる。

自動車工業
自動車の製造には、金属材料からボルトやネジなど、あらゆる部品の製造も含まれる。

食品加工
一次産業で生産された材料を使って加工食品をつくる。食料品は特に保存を目的としている。

三次産業

この領域には、個人相手の理容美容業からハイテク産業のデータ処理まで含まれる。

小売業
商店は二次産業で作られた商品を扱い、小売業者が消費者に商品を売る。

輸送
バスやフェリーなどのあらゆる公共交通によって仕事や旅行のための移動が可能になっている。

教育
教育機関や専門学校などでは教師は生徒、学生に教育を与え、管理者や他の雇用者がその支援をする。

四次産業

経済活動の最後のカテゴリでは技能や知識、情報を提供し新しいアイデアを開発する。

情報技術
この産業で働く人は、人々がデータや情報を利用できるようにソフトウェアやハードウェアをデザインし、開発する。

研究開発
この産業は、新しい薬品や自動運転の車などの新しい商品を開発したり、現在あるものを改良したりする。

メディア
エンターテインメント産業にはTV、ソーシャルメディア、ビデオゲームの制作などが含まれる。

雇用の構造

4つの領域の被雇用者の分布がその国の雇用の構造である。一次産業の人々は、二次、三次、四次産業に比べて技能が少なく収入も少ない。ある経済社会における雇用の構造は人々の技能が上がれば時代とともに変化する。

▼**国による雇用構造の違い**
先進国では三次、四次産業の従事者が多く、発展途上国では一次、二次産業の従事者が多い。

凡例

- 一次産業の従事者
- 二次産業の従事者
- 三次、四次産業の従事者

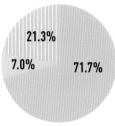
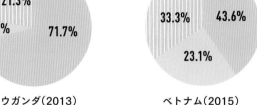

21.3%　7.0%　71.7%

ウガンダ(2013)

33.3%　43.6%　23.1%

ベトナム(2015)

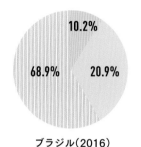

10.2%　68.9%　20.9%

ブラジル(2016)

1.3%　27.4%　71.3%

ドイツ(2016)

産業システム

すべての産業は、インプット、プロセス、アウトプットをともなうシステムとして働いている。インプットはある産業が操業するために必要なすべてのもの、プロセスはインプットに対してなすこと、そしてアウトプットは最終的な製品である。アウトプットは車のような品物や、ある会社が販売できるアイデアであることもある。

インプット（投入）

資金
どの産業も機械や原材料を買い、労働者に支払うための資金が必要である。資金の出所は投資か売り上げによる利益かのどちらかである。

原材料
産業の種類によって必要な原材料は異なる。たとえば、パン製造には小麦粉が必要であり、自動車産業では金属を使う。

研究
どの産業でも製品を改良するために、社内で、あるいは外部から購入したアイデアに基づいて研究をしている。

人材
どんなに自動化された産業でもそこで働く人は必要である。清掃をする人から管理者の補助をする人まで仕事の幅は広い。

プロセス（工程）

生産
産業によって生産の方法は異なる。たとえば、自動車工場ではほとんど機械を利用するが、宝飾品のメーカーでは手作業である。

管理
有能な被雇用者は産業にとって有益であり、製品に関する管理決定はアウトプットへ導くプロセスの中で重要である。

アウトプット（産出）

最終生産品
産業のアウトプットはそこで原材料から生産した自動車や家具などの最終生産品である。

利益
最終生産品を売り、かかった費用をすべて差し引いた残りが利益である。利益は会社にさらに投資するか、企業主に回収される。

廃棄物
これには、生産過程で生じた材料の無駄や包装材料、工場からの排出物などが含まれる。環境を汚染し問題となり得る。

食料と農業

農業とは、消費と販売のために農作物を生産し家畜を飼うことである。

農業は、製品が土地から直接得られるという意味で一次産業である。地球の表面のおよそ3分の1は陸地であるが、実際にはその約11%しか農業に使われていない。

農業の種類

世界にはさまざまな農業がある。インプットでは資金の額、労働力や土地の大きさ、利用する技術など、プロセスでは搾乳、家畜の世話、収穫など、そしてアウトプットでは販売のためか、自家消費用かなど。

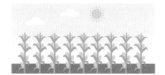

▲耕作
土地を耕して小麦、トマト、米、綿などの作物を生産することを耕作という。

▲販売農業
農家が市場で売るために作物を作ったり、動物を飼育したりすることを販売農業という。

▲集約農業
土地の面積に比べて技術、資金、労働力を大量に使う農業を集約農業という。

▲牧畜
ニワトリなどの動物や、牛乳や卵、ウールなど動物が作るものを生産することを牧畜という。

▲自給農業
農家が自分とその家族のために作物や動物を育てることを自給農業という。

▲粗放農業
大きな農場で、技術や労働力は少なく、収穫も少ない方法を粗放農業という。

農業に影響する要因

自然条件、あるいは人間に関係する条件は、どの作物を育てるか、どの動物を飼うか、農場の規模をどうするか、どのような技術やプロセスを使うか、などの決定に影響を与える。

自然条件

気候
その地域の気温や降雨量はそこで育てることのできる作物に影響する。

土壌
作物の種類によって必要な栄養分が違うので土壌の種類や肥沃さの程度は重要である。

標高と土地の起伏
低地は耕作に適するが、急斜面には土が少なく、機械の使用にも適さない。

大きさ
小さな畑は集約農業に使えるかもしれないし、大きければ粗放農業に向くかもしれない。

人間に関係する条件

使える資金
たとえば機械に投資することのできる資金があればそのような農業を選択することも可能になる。

場所
ある種の農産品は早く加工したり、売ったりしなければならないので農場の位置は重要である。

政府の政策
政府が農家に対して助成金を提供することで、特定の生産物の製造を奨励できる。

市場の影響
特定の生産物がよく売れるということなどは、農家の作物の選択に影響することが多い。

フードマイレージ

食品の製造者から消費者までの輸送距離をフードマイレージと呼んでいる。フードマイレージは人々が自分の国では育てられない異国の食品を欲しがることで大きくなった。多くの消費者が、たとえばトマトやイチゴのような季節商品を一年中求めることでも増加している。

▼世界中からの材料の供給

ホンコンでシューマイを作るための材料は世界各地からやって来る。ごま油などははるかアメリカ合衆国から調達される。

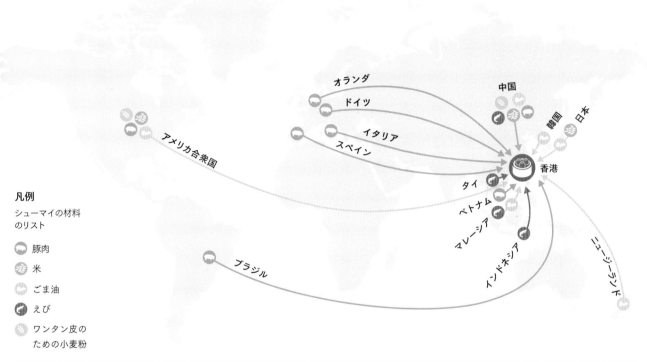

凡例
シューマイの材料
のリスト

- 豚肉
- 米
- ごま油
- えび
- ワンタン皮の
  ための小麦粉

遺伝子組み換え食品

農家では収量を増やすために常に植物や動物の選択的な交配をしてきた。世界的なアグリビジネス（農業関連産業）は今や収量を増やすために植物や動物を実験室で改変できるようにもなった。遺伝子操作された作物は病害虫や雑草、乾燥などに抵抗力があるように改良されている。米、綿、小麦は遺伝子操作ができるかもしれないが、そのような改変された植物は生態系のバランスを崩すかもしれない。

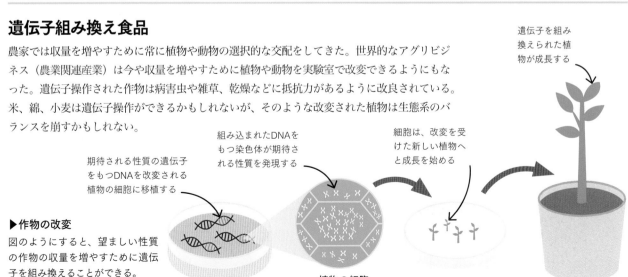

遺伝子を組み
換えられた植
物が成長する

期待される性質の遺伝子
をもつDNAを改変される
植物の細胞に移植する

組み込まれたDNAを
もつ染色体が期待さ
れる性質を発現する

細胞は、改変を受
けた新しい植物へ
と成長を始める

▶作物の改変
図のようにすると、望ましい性質の作物の収量を増やすために遺伝子を組み換えることができる。

植物の細胞

化石燃料の採掘

何百万年もかかって作られた化石燃料は再生不可能なエネルギー源である。

石炭や石油、天然ガスなどの化石燃料のほとんどは発電に使われる。化石燃料ができるには何百万年もかかるので再生不可能な資源だと考えられている。

石油と天然ガスの採掘

堆積岩の層の中で有機物（炭素を含み、可燃性の植物や動物）から作られた石油と天然ガスは地下深く、あるいは海底の下にあることが多い。石油や天然ガスを取り出すには機械で岩石を掘らなければならない。深海や厳しい気候のところでは、それらの採掘には費用もかかり危険でもある。

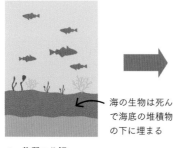

1 物質の分解
藻類のような小さな植物や動物が死んで海底に沈み、分解する。

海の生物は死んで海底の堆積物の下に埋まる

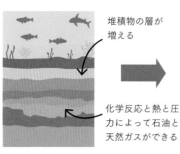

堆積物の層が増える

化学反応と熱と圧力によって石油と天然ガスができる

2 石油や天然ガスに変化する
積み上がった堆積物に圧力と熱が加わり、残骸を石油や天然ガスに変える。

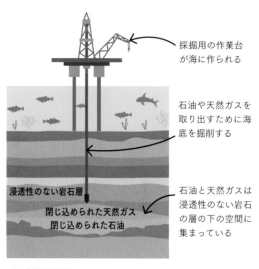

採掘用の作業台が海に作られる

石油や天然ガスを取り出すために海底を掘削する

浸透性のない岩石層
閉じ込められた天然ガス
閉じ込められた石油

石油と天然ガスは浸透性のない岩石の層の下の空間に集まっている

3 採掘の手順
石油と天然ガスに到達するまで岩石層を掘り下げて採掘する。

シェールガスを採掘する破砕法

天然ガスの埋蔵量は尽きつつあり、水圧破砕法と呼ばれる新しい方法が、地下の頁岩層に閉じ込められた天然ガス（シェールガス）の採掘をするために開発された。アメリカで使われており、これまでの採掘方法よりもコストはかからないが、乱暴な方法で問題も多い。

▶シェールガスを採掘する破砕法
ガスの採掘の安価な方法であるが、破砕法は地下水の汚染や小さな地震を起こすと考えられている。

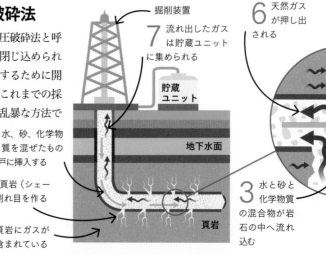

掘削装置

7 流れ出したガスは貯蔵ユニットに集められる

貯蔵ユニット

地下水面

1 水、砂、化学物質を混ぜたものを井戸に挿入する

2 水圧で頁岩（シェール）に割れ目を作る

頁岩にガスが含まれている

頁岩

6 天然ガスが押し出される

5 ガスが頁岩から割れ目に流れ出す

3 水と砂と化学物質の混合物が岩石の中へ流れ込む

4 砂は割れ目が閉じないようにするために使われる

石炭の生成と採掘

植物の残骸は長い年月をかけて地下で分解し、化石燃料である石炭になり、採掘される。地表に近い大きな炭鉱では露天掘りで、地下深いところの石炭は石炭層まで立坑を掘り下げて採炭する。

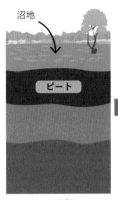

1 ピート(泥炭)の生成
植物の残骸が沼地の土に沈み、酸素不足のために完全には分解せずに茶色の多孔質のピートになる。

2 ピートから褐炭へ
堆積物の層がピートをおおい、長い間圧力をかける。ピートは乾燥し茶色でもろい褐炭になる。

3 褐炭から石炭へ
堆積層がさらに積み上がり、褐炭層に熱と圧力が加わって黒くて硬い石炭になる。

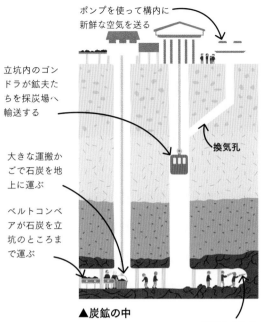

ポンプを使って構内に新鮮な空気を送る

立坑内のゴンドラが鉱夫たちを採炭場へ輸送する

換気孔

大きな運搬かごで石炭を地上に運ぶ

ベルトコンベアが石炭を立坑のところまで運ぶ

▲ 炭鉱の中
炭鉱は暑くて危険な場所である。鉱夫たちはトンネルを下りて石炭を掘り出し、地上へ送り出す。

鉱夫たちはドリルを使って手作業で石炭を掘る

化石燃料の問題点

化石燃料はエネルギーの貯蔵という意味では便利であり、輸送もしやすいが、不都合なこともある。石炭や石油、天然ガスの採掘は危険な仕事であり、採掘や燃料としての利用には環境への大きな危害をともなう。

気候変動
すべての化石燃料は燃やすと二酸化炭素を排出し、温室効果ガスが増加して気候変動をもたらす。

環境への危害
化石燃料の採掘によって不要になった炭鉱、廃石の集積場[ぼた山]などの荒廃した土地が残る。

限りある資源
到達可能な化石燃料の大部分はすでに掘り尽くされ、採掘の困難なところしか残っていない。

油漏れの事故
石油は大型タンカーで海上輸送されるが、その際の油漏れの事故で海岸地域や海の生物に危害がおよぶ。

危険な採掘作業
採炭は、地下深いところで健康に有害なガスや塵にさらされる危険な仕事である。

将来への展望
将来的には化石燃料の採掘は、非効率で危険で汚れがちな不要な仕事と見なされるであろう。

製造業

製造業では、原材料と労働力、機械を使って販売用の商品を作る。

原材料から新しい完成品を作る製造業には、鉄鋼製品などを作る重工業からハイテク関連まである。製造業は二次産業である。

工業の立地

過去には工業は原材料やエネルギーの近くに立地していたが、交通と通信が便利になって工業の立地はこのようなことに左右されなくなった。地方自治体や政府から提供される奨励や報奨が現代の工業の立地に影響している。

▶工業の立地に影響する要因

工業の立地にはさまざまな要因が影響している。ある場合には品物を販売する市場が近いことが重要であり、またある場合には輸送網が利用しやすいことが必要である。

土地の利便性／政府の政策／品物の市場／十分な労働力／原材料の入手手段／十分な電力供給／商品の便利な輸送手段

多国籍企業（TNC）の仕事

TNCは製造のコストを下げ、利益を増やすために世界中に操業を拡大している。TNCの中枢部は常にその会社の本拠のある国にあって、研究開発の機関も備えている。製造プラントは多くの場合、製造コストが低く抑えられる中国のような低所得国にあって、販売先の国には販売や営業の拠点をおいている。

アメリカ合衆国
国際本部では世界戦略、製造、企画、市場調査などについての重要な決定を下す

アメリカ合衆国
輸送網を完備したハイテクな配送拠点

▶世界中での操業

ひとつのTNCが異なる国々に設備を置いている。この地図ではTNCの本部、地域事務所、製造プラントの配置例を示す。

ブラジル
中央・南アメリカでの操業、市場調査、配送

多国籍企業

多国籍企業（TNC）は国境を越えてビジネスを展開する規模の大きな企業で、商品（や利益）を望むところへ動かすことができる。たとえばスマートフォンは中国にあるアメリカの会社で、世界中から材料を集めて作られているのかもしれない。多国籍企業は、その製造を別の会社へいつでも移転することができる。

あなたの国に TNC を誘致することの利点と損失

利点	損失
＋ 仕事が増える	━ 熟練を必要としない仕事には報酬も少ない
＋ 職業訓練や新しい技術が得られる	━ 利益は投資国へ回収される
＋ 道路などの新しいインフラストラクチュアが整備される	━ 決定は受け入れ国の外でなされるので制御しにくい
＋ 外国貿易が増加し、外貨が入ってくる	━ 報酬の高い管理職は外国人が占める
＋ 企業を支えるための地域の産業が育つ	

▶**世界にまたがる製造**
自国から離れたところに製造プラントを立ち上げることには、その会社にとっても受け入れる国にとっても利点もあるが不利な点もある。ほとんどの場合、双方にとって利点の方が不利な点に勝っている。

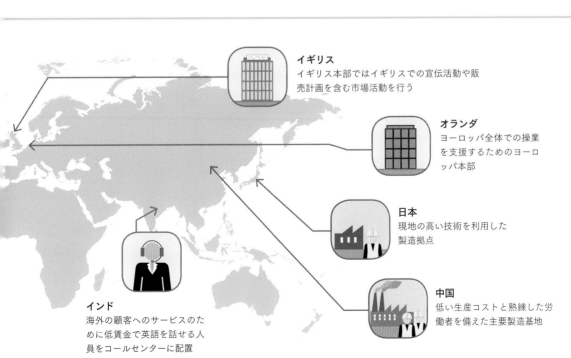

イギリス
イギリス本部ではイギリスでの宣伝活動や販売計画を含む市場活動を行う

オランダ
ヨーロッパ全体での操業を支援するためのヨーロッパ本部

日本
現地の高い技術を利用した製造拠点

インド
海外の顧客へのサービスのために低賃金で英語を話せる人員をコールセンターに配置

中国
低い生産コストと熟練した労働者を備えた主要製造基地

サービス産業

ある国のサービス部門の成長は富の成長と経済の発展を示すことが多い。

サービス産業とはサービスと技能を売ることである。サービス産業の範囲は病院から理容美容業、スポーツクラブ、レストラン、銀行から保険会社まで、とても広い。

サービス産業とは何か

サービスとは人が行う活動、あるいは客のためのビジネスである。サービス産業は商品を製造しないが、サービスと同様に商品も販売する。教育、商店、劇場や映画館などの娯楽施設も含まれる。

サービス産業は製造業ではないが
サービスを提供している。

**人々にサービスを
提供する**
サービス産業は教えたり、看護をしたりして、幅広いサービスを提供する。

品物を製造しない
サービス産業は何もつくらないが、製造業からの品物を使ったり、売ったり、買ったりする。

**原材料につながる
場所でなくてよい**
サービス産業は何もつくらないのだから、原料の調達に便利な場所である必要はない。

場所に縛られない
提供されるサービスは「仮想的」（インターネット経由で）、あるいは移動可能なのでビジネスの拠点がどこかということは重要ではない。

サービス産業の成長

過去50年間、多くの国でサービス産業の目覚ましい発展があった。富が拡大してさまざまなサービスへの要求が増加している低所得国でもさらなる成長が期待されている。

▶この部門でのグローバルな成長
サービス部門での雇用は1991年以来、着実に伸びていて、雇用されている人の割合は上昇し続けている。

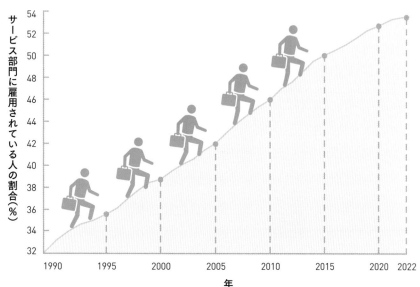

成長に影響する要素

高所得国の人々にはサービスに費やす時間も資金もある。低所得国の一部の人々も同じである。サービスの営業の拠点は高所得国に置かれることが多いけれども、コールセンターのようなある種のサービス産業の仕事の基地は低所得国にある。

可処分所得の増加
これは人々が収入から基本的な経費を支払った後で、娯楽などのサービスに使うことのできる費用である。

新しい技術の開発
インターネットのような技術の開発が、通信販売の商品の配達員という新しいサービスの需要につながっている。

他の産業への依存が少ない
品物は製造コストの安い低所得国で作られることが増えて、低所得国の住民の多くが一次、および二次産業に雇用されている。

人口統計上の変化
人々の結婚が遅くなり、子供の数が少なくなって、レジャーに費やす時間と資金が残るようになった。

コールセンターの拡大

コールセンターは、主に衛星TVのようなメディアや銀行、移動電話などに関する顧客の質問に電話で答える人がいるオフィスである。インドやフィリピンには大規模な多国籍企業に代わって質問に答えるコールセンターがたくさんある。

1 英語を話せる人材がいること
インドには完璧な英語を話す高学歴の人が多く、顧客と正確な会話ができる。

2 早くて安い通信網
早くて安い通信の開発によって他の国からインドへの電話料金が顧客の余計な負担にならない。

3 給与が安く抑えられること
インドの賃金はオーストラリアやアメリカ合衆国のような高所得国よりも安く、多国籍企業にとってコストの削減になる。

4 自在な勤務時間や長時間勤務
顧客の国との時差に合わせて勤務時間をずらしたり伸ばしたりして働いている。

世界のサービス産業に関する統計

サービス産業に従事する割合は国によって大きく違う。世界経済の大半では、サービス業はもっとも雇用者が多い。高所得国に比べて低所得国の方がサービス部門に従事する人の割合が低いが、これは変わり始めている。

凡例

■ サービス業で働く人口

░ サービス業以外で働く人口

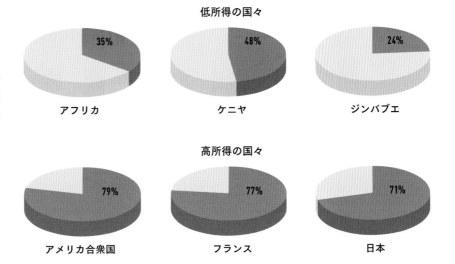

低所得の国々

アフリカ 35%　ケニヤ 48%　ジンバブエ 24%

高所得の国々

アメリカ合衆国 79%　フランス 77%　日本 71%

観光旅行

ある場所の自然地理学や人文地理学が、観光旅行の可能性に影響を与える。

人々が楽しみのためにする旅行が観光旅行である。日帰りや泊まりがけなどで、見物、キャンプなどの活動をする。余暇に旅行する人を観光客という。

観光客が望むものは何か

人々が休暇について望むことはさまざまある。ある人は冒険や活動をしたいので遠くの面白そうなところや運動施設のあるところに魅力を感じる。またある人は歴史や文化に興味があるので、史跡や博物館、美術ギャラリーなどを選ぶ。リラックスしたいと願う人々はビーチへ向かう。

見物

文化

自然

食べ物

歴史

リラックス

宗教

スポーツや冒険

観光旅行の効果

観光旅行は低所得国の場合と同じように、高所得国でも経済の重要な部分である。しかし、低所得国の収入源である一方で、観光客として多くの人がやってくると地域の環境や文化には負の効果もある。良い効果と良くない効果のバランスをとることが重要である。

観光産業は世界のGDPの10%になっている。

✔ 良い効果

● **仕事が増える**
地域の人々にはホテルやレストラン、あるいは観光ガイドなど新しい仕事ができ、新しい技術を学ぶことができる。

● **収入が増える**
新しい仕事は地域の人々に高給を与え、地域の産業を拡大して経済を発展させる。

● **政府には税金が入る**
地域の人々が多く稼ぐようになると彼らの払う税金が増え、行政は基盤となるインフラストラクチュアの改善などに投資することができる。

● **文化が広く認知される**
人は未知の場所を訪ねて異なる文化に触れる。それによって国と国の間の理解が改善され、対立を減らせる。

✘ 良くない効果

● **地元の人々にとっての不便**
大勢の観光客で交通が渋滞し、駐車場やごみの問題が発生する。別荘の需要が増えると不動産価格が上がる。

● **利益が他へ流れる**
ホテルの多くは大きな多国籍企業の所有なので、地元に何も益することがなく、利益はすべて海外にいってしまう。

● **地元の環境への損害**
新しい建物は自然の生態を破壊し、水の供給にも問題が起きる。観光客のごみが地元の環境を破壊することもある。

● **文化の衝突**
観光客が宗教や文化的習慣、不適当な服装やアルコールや薬物の消費について誤解をして、地元の住民に不快感を与えるかもしれない。

世界的な観光旅行の発展

今、観光旅行は世界最大の産業で、世界のGDPの10%にもなっている。観光客の数、観光の目的地は増加の一途をたどっている。さまざまな理由で人々はより遠くへ、ますます頻繁に旅行するようになった。

▼観光客の増加

観光客は1950年代に、有給休暇と可処分所得の増加とともに増加し始めた。

1970年代に割安な航空料金の制度が始まって、旅行する人の数が飛躍的に増加した

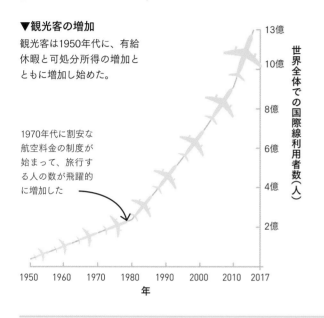

観光増加の理由

● **富の拡大**
　人々の収入が増え、休暇を取れるようになった。働く女性が増えて一家で複数の人が働くようになった。

● **余暇の増加**
　有給休暇が増えて、労働時間が減少したので、人々には旅行をするような余暇ができた。

● **年金**
　平均寿命が延び、年金などで余裕ができて、高齢者は退職後に旅行できるようになった。

● **技術の進歩**
　道路、鉄道、航空輸送が快適になり、インターネットを利用して家から簡単に予約ができるようになったので旅行が速くて簡単で、安価になった。

● **広告**
　TVやインターネットが普及して外国に関する知識が増え、多くの人々が知らないところへ行ってみたいと思うようになった。

観光と環境

観光は地域の環境には良くない影響を与える可能性があるが、この影響を小さくし、ついでに観光客の活動によって地域の人々の得になる支援をしようというエコツーリズムやグリーンツーリズムが試みられている。それは地域の人々に仕事を提供し、新しい技術を開発することも可能にする。

地域の材料を使った宿泊設備はその環境にも優しい

観光客は自然の中にいる野生生物を見つけることもできる

地域で作られた食べ物は生産者を支援し、地域文化を広めることになる

地域の生産物を購入して地域経済を支援する

▶エコツーリズムの良い点

エコツーリズムは、地域の人々の知識を増やしつつ、観光客がその地域の自然環境を保全しながらそこで最高の経験ができるというものである。

輸送と流通

産業やサービスにはさまざまな形で効率のよい輸送手段が必要である。

人々は仕事に、学校に、買い物に行かなければならない。あるいは友人や家族を訪ね、遊びにも行きたい。産業活動には原材料の工場までの輸送や製品の顧客までの配送が必要である。

参照ページ	
‹142-143	経済活動
‹148-149	製造業
‹150-151	サービス産業
グローバリゼーション	162-163›
気候変動	175-177›

モーターバイク
道路が渋滞していたり、地形的に自動車では無理であったりするときにバイクならすばやく移動できる。

輸送のいろいろ

バスや列車などの公共交通は誰にでも利用できるもので、地方や国の政府、または私企業が運営している。自動車やトラックなど個人や私企業の所有する私的な輸送手段は便利であるが、エネルギー効率や持続性がよくない。

船舶やフェリー
フェリーは海や川に面したところで定期便を運航している。コンテナ船は海外へ品物を輸送する。

自動車
一般的な道路交通で、個人がいつでも行きたいところへ行くことができる。

列車
何百人もの人、あるいは大量の品物を積んで長距離を輸送できる。

トラック
トラックは原材料や製品を載せて短距離でも長距離でも輸送できる。

バス
バスは市内、あるいは町と町の間で大勢の人を一度に輸送できる。

航空機
国や大陸間で最速の輸送手段である。

自転車
自転車は短距離専用である。自転車のレンタルシステムが運用されている都市もある。

輸送網

輸送拠点ではさまざまな輸送形態が連絡している。空港には町の中心への列車やバスの連絡があるし、港には列車が連絡していて陸揚げされた品物が商店や倉庫、消費地へ輸送されていく。企業は品物を保管したり発送したりするための倉庫などの物流の拠点を備えている。

▶配送網
品物は、工場から倉庫へ、倉庫から消費者へ配送網を使って輸送される。

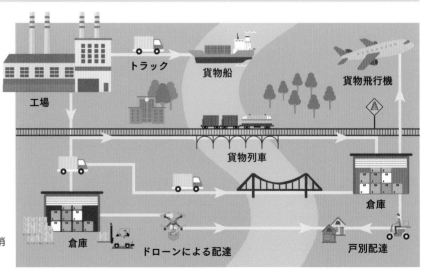

輸送上の問題

製造者は、原材料を工場へ、製品を消費者へ輸送しなければならないが、輸送にはいくつか問題がある。道路輸送は公害や渋滞を発生するし、航空輸送は高価であり、鉄道輸送は決まった区間しか使えない。

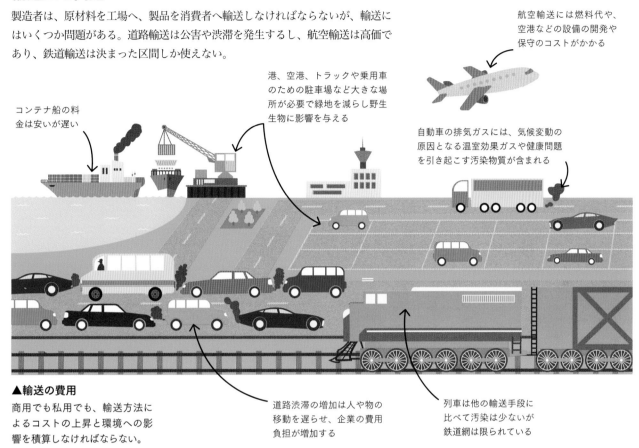

航空輸送には燃料代や、空港などの設備の開発や保守のコストがかかる

コンテナ船の料金は安いが遅い

港、空港、トラックや乗用車のための駐車場など大きな場所が必要で緑地を減らし野生生物に影響を与える

自動車の排気ガスには、気候変動の原因となる温室効果ガスや健康問題を引き起こす汚染物質が含まれる

道路渋滞の増加は人や物の移動を遅らせ、企業の費用負担が増加する

列車は他の輸送手段に比べて汚染は少ないが鉄道網は限られている

▲輸送の費用
商用でも私用でも、輸送方法によるコストの上昇と環境への影響を積算しなければならない。

輸送上の問題の解決

より持続可能な輸送方法への転換によって、空気の汚染や道路渋滞を削減できるであろう。多くの国では列車輸送の容量を増やすことで、道路上のトラックを減らして品物の配送機能を改善しようとしつつある。夜間の飛行と騒音、船や航空機、自動車からの排出ガスにも規制を設けている国もある。

 バスと地下鉄路線の連絡がよくなれば公共交通はもっと便利になる。

 職場へのカーシェアリングや相乗りによって日常的な交通量と排出ガスを減らし燃料を節約できる。

 レンタル自転車や自転車専用道の整備によって自転車の利用意欲が向上する。

 電気自動車が安価で、充電場所が便利になれば公害をともなう乗り物を減らせる。

 レンタカー設備が整備されれば、自分の車を買わなくても必要な時に車を使えるようになる。

 市街地や公害地域に乗り入れる車から渋滞料金を徴収することにすれば乗り入れを抑制できる。

 市街地への公共交通の利用のために駐車場を整備すれば交通量を減らすことができる。

 道路交通を減らすために荷物を配達するためのドローンの開発が進んでいる。

科学技術

科学を使って問題を解決し、ものごとの処理を改善することを科学技術という。

車輪の発明からコンピュータの開発まで、科学技術は私たちの生活に新しい方法と製品をもたらした。私たちは何をするにもたいてい何らかの科学技術を使っている。

科学技術の変化

技術の刷新は、問題解決の必要性や時間や費用の節減のためになされることが多い。発見や発明は調査研究され、それから商品の開発、テスト、改善を経て完成する。人間の要求はたえず変化するので科学技術は発展し続けなければならない。

▼技術革新の移り変わり

発明や新しい技術の数はこの200年間におおいに増加した。研究への投資とますます強力になるコンピュータの開発がこの成長の後押しを続けている。

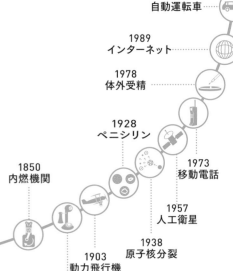

2013 自動運転車
1989 インターネット
1978 体外受精
1928 ペニシリン
1973 移動電話
1957 人工衛星
1938 原子核分裂
1903 動力飛行機
1876 電話
1850 内燃機関
1752 電気
1698 蒸気機関
1608 望遠鏡
1439 手動印刷機
1306 光学レンズ

さまざまな科学技術

私たちは日常生活の大部分で技術を使っている。速くて安全な輸送やプラスティックのような便利な材料が技術によってもたらされた。さらに速くて安価な世界中との通信が可能になり、ペースメーカーのような命を守る医療機器ができ、家事時間を短縮できる洗濯機などが作られた。

情報
データ処理のためのコンピュータの利用（情報技術、IT）はビジネスを効率化した。手で作業していた多くの仕事が現在では自動化されている。

医療
X線、コンタクトレンズ、抗生物質、鎮痛剤などの薬品はすべて、生活を改善し、寿命を延ばすために開発された医療技術である。

輸送
輸送技術によって人も品物も速く安価に世界を往来できるようになった。列車、飛行機、車と同じように道路や橋などの基盤設備も輸送技術に含まれる。

エネルギー
技術はエネルギー産業においても、化石燃料の採掘から水力発電や太陽光発電、風力などの再生可能エネルギーまでたえず発展してきた。

通信
コンピュータによって地球の向こう側まで瞬時に情報を送れるようになった。電話、人工衛星、TV、インターネットはすべて通信のための技術である。

製造
オートメーションやロボットの利用によって製造業は変わり、同じことをくり返したり、時には危険な仕事をしたりする工場労働者が減った。

良い点と悪い点

技術によって生活が良くなったか、悪くなったかについてはいろいろな意見がある。技術によっては良い点、悪い点のどちらもある。たとえば、ハーベスター（自動収穫機械）のおかげで安い賃金できつい仕事に人を雇う必要はなくなったが、仕事を失くした人々の収入源もなくなった。

良い点

 技術革新は時間と費用の節約になり、効率と生産性がずっと良くなる。

 新しい通信技術によって、情報を早く容易に入手できるようになり、教育の機会が改善される。

 医学の画期的な進歩によって世界中の健康状態が改善した。

 技術によって国の経済はより速く発展するようになる。

悪い点

 新しい技術は、プラスティックや原子核兵器のような地球にとって害になり得るものや破壊的なものも開発してしまった。

 工業や農業に、人間より多くの仕事をこなす機械が導入されて仕事を失くした人もある。

 工業技術に頼り過ぎて、伝統的な技能が失われることになった。

 インターネットやソーシャルメディアの利用が増えて対面での接触が減り、孤立することが増えた。

適正技術

技術を小さな扱いやすい規模で用いることを適正技術という。地域の材料や限られた量のエネルギー、地元の人々の知識や技能を使う方法である。その地域の経済や社会に適しているので、導入すれば高所得国と低所得国の間の開発の格差を減らすこともできる。農業にも工業にも導入できるであろう。

単純

装置は簡単に修理、保守ができる。壊れにくい。

小さな規模

手ごろで融通が利き、コミュニティの要求に合っている。

コミュニティ主導

地域の問題を地元の力で解決すれば、地元のコミュニティに役に立つ。

持続可能

環境を傷つけることなく地域の資源を利用する。

観察しよう

ケニヤの点滴灌漑（かんがい）

ケニヤの日照りの多い半乾燥地帯で、小規模な農家用の灌漑に導入されて成功している方法は適正技術そのものである。トウモロコシのような作物が「点滴灌漑」で育てられている。これは張り巡らせたチューブを使って水を直接植物の根に届けることで蒸発を最小限におさえる簡単な方法で、農夫たちは地元で設備を準備し訓練を受けて、節水と労働量の軽減をしながら作物の収量を改善できるようになった。

不平等な開発

ある国がその住民の生活の改善のために実行する施策を開発という。

世界中で人々の生活の質は改善されているけれども、どの国も同じように進展しているわけではない。急速に発展する国もあれば、とり残されている国もある。

開発の指標

開発を調査するときの最大の難問はそれを評価することである。ひとつの「指標」は経済であるが、開発は経済的なことだけではない。もうひとつの大きなポイントは、人々がその生活を改善するチャンスを公平に手にすることができるかという点である。

経済的な指標

富
国にどれだけの資力があるかは、ふつうは生活の質を表すよい指標になる。

雇用の構造
この指標は、国の経済が一次、二次、三次、四次産業にどのような比率で依存しているかによって国の開発の程度を分類するものである。

貿易
開発の遅れている国は貿易で原材料を扱うことが多く、一般に製造品よりは価格が安いので貿易による収入は少ない。

負債の程度
富める国がより貧しい国に資金を貸すと、貧しい国は、時には利息も含めてそれを返さなければならない。これによって貧しい国はさらなる負債を連鎖的に背負うことになりかねない。

社会的な指標

識字率
読み書きのできる人の割合は国の教育制度をよく表している。

出生率と死亡率
出生率と死亡率が高いのは開発のレベルが低いことを示している。国の開発が進むとどちらも下がる。

平均寿命
国の医療の水準のひとつの目安は何歳まで生きられるかという平均寿命である。

乳幼児死亡率
低開発国では一歳未満で死亡する子供の数で示した乳幼児死亡率が高いことが多い。

富と開発

開発は、国内総生産と国民総所得で示される富と常に切り離せない関係にある。富は決して公平に分配されることはないけれども、ひとつの指標を使うことは間違いを導きやすい。そこで国連はいくつかの指標を組み合わせてより正確に状況を表す「人間開発指数」を提供している。

国内総生産（GDP）

ある国で生産された品物とサービスの価格の総計。国の間の比較を容易にするために常にアメリカドルで示される。

国民総所得（GNI）

生産された品物とサービスの総計に、その国の国民と事業による海外での所得を加えたものである。

人間開発指数（HDI）

国連の人間開発指数は、平均寿命、一人当たりの収入、そして教育（学校に通う年数）を組み合わせて、国ごとに計算し0（最低）から1（最高）のスケールで表す。富そのものよりも生活の水準を正確に比較することができる。

富の不平等の評価

世界銀行はある国の市民の平均収入を求めるために一人当たりの国民総所得（GNIを人口で割ったもの）を使い、それを高所得、中所得、低所得の3段階に分類している。中および低所得の国々の中には、一次産業から二次産業へ経済が移行するとともに急速に豊かになったところがある。これらの国々を新興経済国と呼び、ロシア、インド、中国などが含まれている。

高所得国
スイスは世界でもっとも裕福な国のひとつであり生活水準が非常に高い。

凡例

■ 高所得国
一人当たり 12,055 米ドル以上

■ 中所得国
一人当たり 995 − 12,055 米ドル

■ 低所得国
一人当たり 955 米ドル以下

データなし

新興経済国
中所得国であるブラジルは2000年代以降急速な経済成長をとげ、世界経済を牽引する国へと成長しつつある。

低所得国
中央アフリカ共和国は世界でもっとも貧しい国のひとつで、政情不安、内戦、そして汚職などが経済の発展を遅らせている。

富と開発の比較

国の富が増加すると、開発の規模も改善されるのがふつうである。増大した富によって、たとえば教育や医療にもっと費用をかけられるようになりその国の人々の生活の質の向上に役に立つ。しかし、異なる事情もある。生活水準の改善はひとつの国の中でいかに公平に富が分配されるか、政府が資金の使い道をどう選ぶかによっている。

キューバの富のレベルは赤道ギニアと同程度であるが、キューバ政府は教育と医療を優先したのでHDIが高くなった。

赤道ギニアはアフリカ最大の石油生産国であるが、その富の分布は非常にかたよっている。

▶一人当たりのGNIとHDI（2018年）
この散布図はいくつかの国の富と人間開発の相関を示している。HDIは0から1のスケールで測られている。

開発の格差

国連の人間開発指数（HDI）は、いくつかの例外はあるものの、北半球はあいかわらず南半球よりも高いレベルの開発を続けていることを示している。この北と南の違いは開発格差といわれる。世界的に開発格差は拡大しつつあると考える人が多い。

世界の富の**半分**は全人口のうちの**1％**の人のものである。

カナダ（HDI 0.926）
平均寿命は82.5歳、平均13.3年間学校に通い、一人当たりのGNIが高いカナダは北アメリカでもっともHDIが高い。

ノルウェイ（HDI 0.953）
平均寿命が長く、教育制度は完璧で、一人当たりのGNIが高く、ノルウェイのHDIは世界最高ランクである。

トルコ（HDI 0.791）
EUとの貿易のおかげでトルコの大きな製造業は富と開発を拡大してきた。

ロシア（HDI 0.816）
巨大な石油、天然ガス、鉱物による富は2000年代初期からのロシア経済の高度成長を助けてきたが、富が公平に分配されているとはいえない。

富める北
貧しい南

メキシコ（HDI 0.774）
北隣の国への大量の製品輸出国であるメキシコは富が増加し、国民の生活の質の飛躍的な改善に費やすことができている。

ニジェール（HDI 0.354）
ニジェールの開発は世界でも低い位置にランクされる。子供たちは平均して2年間しか学校に行かない。

インド（HDI 0.640）
インドの急成長する経済は貧困の撲滅を進めるために役立っている。

オーストラリア（HDI 0.939）
ブラントラインはHDI世界第3位のオーストラリアを迂回している。

ブラントライン
この地図に描かれた赤線は富める北と貧しい南の境界を示している。1980年代に考案されたが、インドや中国などの発展によって現在ではあまり意味がなくなった。

中国（HDI 0.752）
安価な商品を大量に輸出して中国の経済は急成長を遂げた。ブラントラインが規定した「貧しい南」の中で発展した国のひとつである。

▲人間開発指数（HDI）
富と教育と平均寿命をすべての国について比較し4段階に分類した。

凡例
■ きわめて高度な人間開発（0.8 以上）
■ 高度な人間開発（0.7−0.8）
■ 中程度の人間開発（0.55−0.7）
□ 低い人間開発（0.55 以下）
■ データなし

国内での不平等

ある国の開発をまとめて見ているというのがHDIの欠点のひとつで、国内における不平等が見えていない。どの国にも裕福な地域と貧しい地域があり——特に低所得国——都市部に住む人々は農村部に住む人々よりもサービスを受けやすい（2015年）。

◀アメリカ合衆国：10億米ドル以上の資産家536人

アメリカ合衆国の人口は3億2,500万人、しかし国の資産の6分の1がわずか536人のものである。

◀インド：10億米ドル以上の資産家90人

インドでは2億人以上が貧困状態にあり、100人以下という人数で国の資産の15%以上を持っている。

凡例 ▨ 右の資産家以外の資産の割合

■ 10億米ドル以上の資産を所有する資産家の資産の合計が、国のGDPの中で占める割合

不平等な開発の原因

世界中の不平等な開発には多くの複合的な原因がある。危険な自然環境や住みにくい気候はその国の開発能力に影響する。しかし戦争や貿易などの政治的、あるいは経済的な要因も決定的な影響を与えることがある。

自然環境による要因

自然災害
低所得国では、地震や洪水などの自然災害によっても開発が滞ったり後退したりする。必要な復興には大きな費用がかかることもある。

気候
資金や技術水準の低い国では干ばつや異常低温などがあると農業生産に支障が出る。気候変動によってさらに悪化する可能性がある。

貧困な農地
やせた土地や、山地の多い国では多くの食料を生産することは困難であろう。

天然資源の不足
天然資源の足りない国では売ることのできるような商品が作れない。

経済的な要因

貧弱な貿易網
高所得国の多くはEUのような大きな貿易機構に属していて貿易の相手国も多いが、低所得国の相手国は少なく輸出では稼ぎにくい傾向がある。

重い負債
低所得国では、たとえば自然災害からの復興のためなどに高所得国から借り入れが必要になることがある。これらはいずれ利息をつけて返済しなければならない。

重点は原材料
原材料のような一次産品は、工業製品のような二次産品よりも価格がずっと安い。多くの低所得国では経済を一次産品に頼っているので利益が少ない。

歴史的、政治的な要因

植民地化
低所得国の多くは18、19世紀には植民地であった。ヨーロッパの強大な国は原材料を求めて植民地を開拓し、時には人をも調達したので開発は今日まで持ち越されてしまった。

紛争
多くの低所得国では戦争によって開発が減速した。軍備や兵器に多額を費やしたので開発に回す資金はなかったということである。

政情不安
低所得国では政府が不安定なことが多く、そのような国は産業の振興のために外国の資本を引きつけることが難しい。

不平等な開発の結果

不平等な開発は世界規模の不公平をもたらす。何億という人々が貧困に苦しんでおり、医療や教育、衛生、食料、その他の日用品さえ、十分手に入れられない。国境を越えた移住のきっかけにもなり、紛争を引き起こすこともある。

富の不平等
不平等な開発によって裕福な国と貧しい国との富の格差が拡大し、国内でもさらに不平等が広がる。

不十分な医療
低所得国では医療が不十分なために若年で死亡する人が多い。日本の平均寿命の84.0歳に比べてチャドの平均寿命は52.9歳である。

国境を越えて
戦争や自然災害の結果として、あるいはよりよい仕事の機会と生活の質の向上を求めて、低所得国の人々は高所得国への移住を希望することが多い。

グローバリゼーション

企業の多くは今や工場や事務所を世界中に配置してグローバルに
事業を展開している。

グローバルな経済活動がグローバリゼーションの出発点で
ある。企業のグローバルな活動とともに、貿易による国ど
うしの連携が増えている。

グローバリゼーションとは何か

グローバリゼーションを説明する
のに「急速に小さくなる世界」と
よくいわれる。世界のどこへ行っ
ても同じ系列店に同じファストフ
ードがあり、同じTVプログラム
を見ている。食品は世界中に輸出
され、人々は仕事を求め、あるい
は休暇のために大陸間を移動する。

世界はどのようにして近くなるのか

技術の進歩によって品物は速く簡単に輸
送できるようになった。インターネット
は新しい通信手段となり、メディアや文
化の拡散に大きな役割を果たしてきた。

ビデオ共有サイトには
世界中に13億人のユ
ーザーがいる

大手のファストフード
企業は110か国以上で
営業している

国際サッカー連盟
FIFAにはすべての
大陸から211の国
が参加している

毎年16億人もの人が
海外旅行をしている

TV番組は世界中に
輸出されている

世界経済の急速な成長
によって必要になった
労働力を充足している
のは移民である

熱帯のバナナのよう
に特定の気候でしか
育たない果物も現在
は世界中で手に入る

ブラジルで進行中の開発
ではコーヒーの生産と輸
出が重要な役割を果たし
てきた

多国籍企業
事務所や工場を多くの国におい
ている大きな多国籍企業は世界
中に同じ製品やサービスを提供
している。

観光旅行
安くて速い航空機によって多く
の人々が世界を旅行し、外国で
異文化を体験できるようになっ
た。

スポーツ
オリンピックやサッカーのワー
ルドカップのように世界中から
参加するスポーツの国際大会を
世界中の人々が楽しんでいる。

輸出
特定の場所や特殊な気候条件で
しか育たない作物が今では世界
中で手に入れられる。

文化
技術が進歩し観光旅行が容易
になって、世界中の音楽、映画、
伝統などを知る機会が増えた。

移民労働者
より良い仕事の機会や賃金を求
めて有能な技術者が移住する。
彼らは自分たちの文化や生活習
慣を携えて行くことが多い。

グローバリゼーションへの要因

場所と場所をつなぐような新しい技術の開発によってグローバリゼーションは加速されている。ある国の法律が変わって外国資本の受け入れを認めたことでグローバリゼーションにつながることもある。

交通手段の進歩
海外への渡航が増えて、以前には行かれなかった土地へ観光にもビジネスにも行けるようになった。

科学技術の進歩
インターネットがアイデアや画像をすばやく世界に伝え、より速いコミュニケーションが可能になっている。

情報通信の進歩
人工衛星の技術によって「ライブ」情報の伝達が可能になり、遠隔の地が繋がるようになった。

国内の法律の整備
多くの国で多国籍企業が投資できるように国内法を変更し、グローバルなビジネスが促進されている。

グローバリゼーションの利点

グローバリゼーションは個人にも世界の経済にも多くの良い影響がある。広がり続けるネットワークとコミュニケーションの増加によって品物やサービス、情報が自由に行き来するようになり、国と国との結びつきを強めている。

仕事の増加
ある国の有能な技術者が別の国で仕事や増収の機会を見つけることが可能になった。

品物の種類の増加
高速輸送や安い生産コストによって世界中で手に入る品物の種類が増えた。

生産コストの削減
多国籍企業は賃金の安いところで生産して生産コストを低く抑えることができる。

観光目的地の拡大
メディアの宣伝によって、新しい、あまり知られていなかった場所にも観光関連の収入がもたらされるようになった。

文化交流の増加
他の人々の文化をよく知り、認めることで国家間の理解が進む。

貿易の増加
多国籍企業による原材料の購入と製品の販売は貿易を促進し富をもたらした。

グローバリゼーションの引き起こす問題

グローバルなコミュニティになることによる利点はたくさんあるが、不都合な点もある。力のある高所得な国は世界の貿易を主導し、小さな、力のない低所得の国に圧力をかけるかもしれない。その過程で小さな国は自分たちの価値や伝統を失うこともある。

外部調達と失業
多国籍企業が製造を労働力の安価な低所得国に移すと、高所得国では技能のない労働者の失業が増える。

地域や国の独自性の喪失
地域の伝統や価値観、言語などが、裕福な国の有力な文化の下で脅威にさらされる。

高所得国での製造業
産業が費用の安い低所得国に移ることで、高所得国での製造の仕事は衰退し始める。

都市の住宅

都市の住宅事情はそこで暮らす人々の社会的、文化的、経済的な特徴を反映している。

都市のたくさんの機能の中には、人々が暮らす場所を提供することもある。都市の住宅地域には、社会的、あるいは経済的な背景の異なる人々がさまざまな住居に暮らしている。

住宅の所有

住宅は、個人、不動産会社、あるいは地方の公共機関などが所有している。私有されている住宅は、ふつうは所有者が住むか別の人に貸し出されている。不動産会社も所有物件を貸し出すが、賃貸料は高いかもしれない。公営住宅、あるいはソーシャルハウジングといわれる住宅は条件の合う人に貸し出される。

私的所有
ある人が自分で住むために住宅やアパートを所有したり、あるいは家主として別の人に貸したりすることが私的所有である。

ソーシャルハウジング
地域の公共機関や協会が所有して、家賃の余裕のない低所得の家族に貸し出す住宅をソーシャルハウジングという。

民間賃貸事業
個人や不動産会社の所有する住宅を営利のために貸し出す。

再開発

都市の中で荒廃したり放棄されたりした区域を刷新したり修繕したりすることを再開発という。不動産は取り壊されて新しい建物ができたり、倉庫や工場のような建物がアパートなどになったりして工場地帯であったところが居住地域に変化する。そこは都心に近くて仕事にもサービスにもとても便利である。

再開発前

荒れ果てた倉庫
もう使われなくなった工場が修理もされず無人になり放棄される。

再開発後

アパートに改造された倉庫
倉庫をアパートに改造することは多く、都心に近くて仕事にもサービスにも非常に便利である。

郊外化

都市が大きくなると住宅の需要が増え、都市の周囲に新しい住宅地ができる。その辺りは地価が安く、庭や共有スペースのある大きな一戸建ての集まりになることが多い。この地区が郊外と呼ばれ、都心からは少し距離があって人々は都心へ通勤することになる。

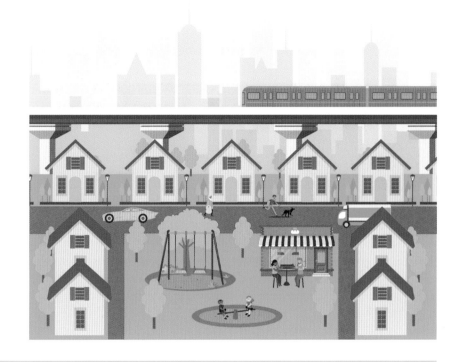

▶逆都市化への動き

高所得国では生活の質を高めたいと、都心から離れて郊外へ向かう傾向がある。これを逆都市化という。

高級住宅化

インナーシティでは、低所得層の人々が住んでいた近隣の住宅地の改造は高級住宅化といわれている。裕福な人々が増えるにつれて、良質の住宅の需要が増え、古い住居の改修や転換と直面することになった。高級住宅化によって家賃や住宅価格が上昇し、低所得層を追い出すことになる可能性もある。

放棄された建物
低所得層によって使用されていたこの建物は放棄され、壊れるままになっていた。

人気のカフェ
買うにも借りるにも安価な古い住宅は地域で新しく商売を始めたいという人に引き継がれるかもしれない。

改造したショップ
この地域の人気が出てきたので、資産の価値も上がってビジネスもうまくいっている。

高級ブランドショップ
その地域はさらに裕福な人々を引きつけるところとなり、新しい富裕層の需要に応じるために高級なショップが移ってくる。

人間の影響

過去2世紀以上にわたって人間の活動が環境に対して重大な影響を与えることになった。

人口の増加と科学技術の発展によって、人間はこの惑星に影響を与え続けてきた。人間の活動によって土地も海も変化し、気候までも変わりつつある。

プラスティック汚染

プラスティックは人間が発明した驚異的な物質で、使いみちも多い。しかしプラスティック汚染が重大な問題になっている。プラスティックごみの一部はリサイクルされているが、ほとんどは埋め立て処分場か、悪ければ海へ行き、分解するまでに何世紀もかかる。海の生き物が漁網にからんだり、食べ物と間違えたりしている。それで死ぬこともあるというのに。プラスティックは人間にも危険をおよぼしている。壊れてマイクロプラスティックとなり、食物網に取り込まれ、ついには人の体内に取り込まれる。環境保護活動団体は、この問題に取り組み始めるべきだと政府や企業に積極的に働きかけている。

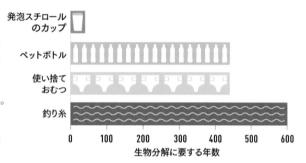

農業の影響

人間には食料が必要である。したがって人は何らかの農業を続けなければならない。人類は最初に農耕のために森を切り開いたとき以来、環境に影響を与え続けてきた。時代とともに農業は集約的になり、さらに土地を切り開き、植物や昆虫を滅ぼした。

森林破壊
森の木を切れば、農地を増やすことができる。しかし、生態系を破壊し、温室効果ガスである二酸化炭素を吸収していた樹木がなくなって気候変動の原因になる。

灌漑
過度の灌漑で水源を枯渇させ、湖や川、地下水が干上がったり、もはや生態系を維持できないところまで水が減ってしまったりする。

汚染
農薬や肥料は増産に役立つが、それらに含まれる化学物質が農地から水路にあふれ出すと、農薬汚染を引き起こす。

遺伝子の組み換え(GM)
作物の収量を増やしたり、病害虫に抵抗できるようにしたりするために遺伝子を組み換えることができる。しかし、そこには野生の植物への汚染を含む多くの危険が潜んでいる。

土の劣化
集約的な農耕や不適切な農業のやり方で土の質が悪くなったり、侵食されたりする。最悪になると土地は砂漠化し生物は育たない。

メタンの排出
家畜、特に牛は大量のメタンを排出する。この温室効果ガスは大気中に熱を貯え、地球温暖化の原因になっている。

気候変動

天然の二酸化炭素やメタンなどの大気中の温室効果ガスは、この惑星の生命を維持するために最適な温度に保つ毛布のような役割をしている。しかし、過去100年以上にわたる温室効果ガスの排出の増加によってこのガスの層の働きが強化されてしまった。地球の大気が熱を保ち続けると大気は暖まり、気温は上がり続ける。

熱の一部は大気に吸収されるが、大部分は宇宙へ逃げて行く

太陽光は大気を透過して地表を暖める

温室効果ガスが増えると、さらに熱が逃げにくくなる

産業活動や発電によって温室効果ガスの排出が増えた

▶化石燃料を燃やすと
産業化によって大気中の温室効果ガスの濃度は大きく上がり、多くの熱を貯えるようになって地表の気温を上げている。

魚の乱獲

世界の人口の増加によって、ここ数十年、魚の需要が急激に増えている。この需要に応えようとすると、魚が繁殖するよりも速く獲るという乱獲を招くことになる。多くの魚種が絶滅の危機に、あるいはすでに絶滅に追いやられている。現在食べている魚には、囲いの中で人工飼料を使って育てられた養殖魚の割合が増えている。

▼漁獲高
1990年以来、世界中の天然魚の漁獲高は資源の限界に近づいて横ばいになっている。魚の養殖は急成長が続いている。

凡例
- 養殖魚
- 天然魚

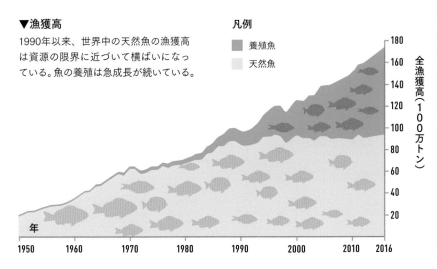

全漁獲高（100万トン）

放射性物質の降下

核爆発によって放射能の雲が発生し、環境が破壊され命が脅かされる。最初の原子爆弾の実験は1945年7月16日、アメリカ合衆国ニューメキシコ州でアメリカ軍によって実施された。地質学者は、これとこれに続く1940年代と50年代の核兵器の実験によってそれ以前の地質とは明らかに異なる堆積物が作られたと言っている。これが新しい地質年代「人新世」の夜明けである。

汚染

水や空気、土地に含まれる有害な物質による環境の損傷が汚染である。

大気汚染、土壌汚染、水質汚染が3つの主な汚染である。汚染の原因は多く、影響は計り知れず、しかも長く続く。

発電
35%

産業
40%

運輸
11%

建物
7%

燃料供給
7%

大気汚染

危険なガスや粒子が大気中に放出されると空気が汚染される。汚染物質の濃度が高いと健康に害をおよぼし、特に呼吸器や心臓に問題が起こる。大気汚染の原因には発電所での化石燃料の燃焼や自動車の排気ガスも含まれる。

▶**二酸化硫黄**

主要な汚染物質である二酸化硫黄は酸性雨の原因になる。二酸化硫黄排出の75%は産業と発電のための化石燃料の燃焼による。

産業プラントや発電所では石炭が燃やされ、二酸化硫黄や酸化窒素などの酸性の気体が大気中に放出される

風に運ばれた汚染ガスは雲に溶け込み、酸性雨になる。これは建造物や樹木に害を与え、川や湖の生物を傷めつける

土壌汚染

過剰な化学薬品の使用、不適当な資源採掘の方法、ごみの投棄などはすべて土壌汚染を引き起こす。埋め立て処分場に埋められた大量のごみが分解すれば強力な温室効果ガスであるメタンが発生する。

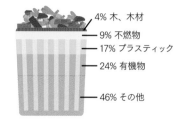

4% 木、木材
9% 不燃物
17% プラスチック
24% 有機物
46% その他

**アメリカ合衆国ニューヨーク州(HIC)
一人一日当たり　1.3kg**

5% 木、木材
16% 不燃物
（燃えない物質）
13% プラスチック
48% 有機物
18% その他

**ナイジェリア、ラゴス(LIC)
一人一日当たり　0.6kg**

◀**ごみの種別**

高所得国の人々は低所得国の人々よりもゴミをたくさん出し、しかもリサイクルも生物分解もできないものがずっと多い。

特定汚染源

汚染物質の排出場所を特定できる場合に特定汚染源という。たとえば工場や汚水処理場の排水管などが水の特定汚染源であることが多い。多くの農場からの農業排水のように1か所に特定できない場合には非特定汚染源という。

水質汚染

水質汚染には帯水層、河川、海洋の水が含まれる。収穫を増やすために農場で使われる肥料は雨で水路に流出する（農業排水）。鉛やヒ素のような毒物が、特に繊維産業や鉱業の産業廃棄物として違法に放出されることもある。処理されていない汚水も、そのまま使用すれば健康被害が生ずるような水質汚染源となる。

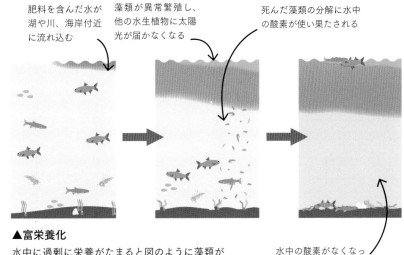

肥料を含んだ水が湖や川、海岸付近に流れ込む

藻類が異常繁殖し、他の水生植物に太陽光が届かなくなる

死んだ藻類の分解に水中の酸素が使い果たされる

水中の酸素がなくなって魚が死んでしまう

▲富栄養化
水中に過剰に栄養がたまると図のように藻類が異常に繁殖する。その主な原因は農業排水である。

▼汚染
汚染には多くの原因がある。原因から遠く離れたところで汚染が発生することもあり、国内の環境にダメージを与えるだけではすまない場合もある。

自動車は温室効果ガスや危険な黒色炭素（PM2.5の一種）を放出している

光害
夜空の人工の灯りは町や都市の光害の原因である。それは人間を含むあらゆる生物の行動様式を乱す

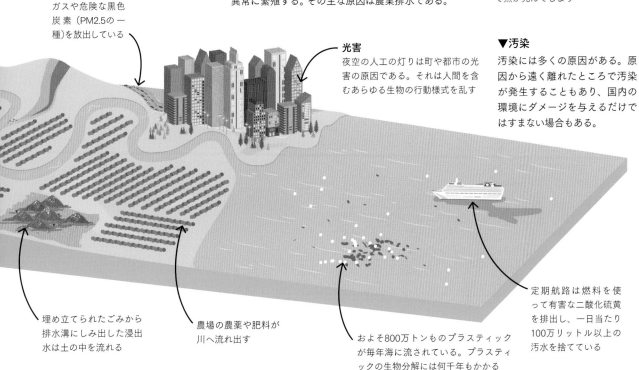

埋め立てられたごみから排水溝にしみ出した浸出水は土の中を流れる

農場の農薬や肥料が川へ流れ出す

およそ800万トンものプラスティックが毎年海に流されている。プラスティックの生物分解には何千年もかかる

定期航路は燃料を使って有害な二酸化硫黄を排出し、一日当たり100万リットル以上の汚水を捨てている

景観の変化

景観は絶えず変化し、進化している。

景観は自然に変化するが、人類の活動の結果として変化することもある。人間が何らかの形で手を加えていないところは世界中にほとんどない。

自然による変化

ふつうの景観の変化は非常に長い時間をかけてゆっくりと起こる。川が形を変えたり、氷河が後退したりするようなゆっくりした過程は、風や水による侵食で進行する。しかし景観は、たとえば、地滑りや、地震や火山活動のようなプレートの活動によって突然、壊滅的に変わることもある。

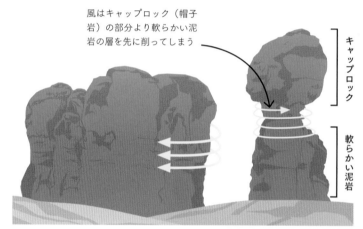

風はキャップロック（帽子岩）の部分より軟らかい泥岩の層を先に削ってしまう

キャップロック

軟らかい泥岩

▶風による侵食

風によって運ばれてきた粒子が岩の表面を削る。岩は削られて新しい、時には奇妙な形になる。風は乾燥した砂漠地帯で景観を刻む偉大な芸術家である。

人間による変更

人間による景観の変更は大がかりで、自然によるものよりも広範囲であることもある。1800年代以降、人間による地球の変化が加速されてきた。景観を変えるような人間の活動には、都市化、森林破壊、そして農業がある。

▼採石場と森林破壊

この森の下には重要な資源がある。人間はその資源を取り出すために木を切って景観に大きな影響を与えている。

重機によって騒音や粉じんによる汚染を引き起こす

景観はすっかり変わってしまう

採石作業は野生生物の生息地を破壊し、生物多様性を損なうことになる

気候変動

景観の変化は、自然のものであろうと、人間の活動の結果であろうと、どちらも地球規模の気候の変化を加速する。温室効果ガスの放出による温暖化は地球全体の氷の減少を加速している。乾燥地域はさらに乾燥し、海水は暖かくなって、あらゆる海の生物に影響を与えている。もし気温がほんの2、3℃でも上がれば、場所によっては住めなくなってしまうだろう。そのような変化は人間を含む動植物の分布にも影響する。

1980年以降、極端な気象現象は**3倍に増加**した。

1890年代
工場の増加によって大気中に放出される温室効果ガスの量が増えた。

現在
地球全体の氷が融け始めて海水面が上昇している。すなわち低い地域では浸水の危険性がある。

2050年
現在より気温が3℃暖かくなり、氷冠が融けて広範囲に洪水が起きるかもしれない。

砂漠化

砂漠化とは、長い間に土の質が悪くなって土地がゆっくりと砂漠に変わる現象である。森林の破壊や家畜の過剰な放牧、過耕作などの人間の活動で、土が露出して侵食と同じような状況が増加することが原因である。気候の変化によって事態はさらに悪化し、砂漠地帯はもっと暑くなって乾燥し、土は風に簡単に吹き飛ばされてしまう。

青々とした植生
植物があるので土は健全で土地は青々としている。しかし雨が少なく、植物にちょうど足りるほどの水しかない。

植生の消失
農業、過度の放牧、木の伐採で土をとどめておくだけの植生がなくなると、土は露出して簡単に侵食されてしまう。

砂漠化の進行
さらなる土地の酷使で草は枯れ、低木に代わる。土地には栄養分が少なくなり、土はますます減ってしまう。

この地域は砂漠になる
地面にはほとんど植物はなく、雨はたちまち蒸発する。風が残っていた表土を運び去り、不毛の荒地だけが残る。

森林破壊

森林破壊によって樹木は永遠に失われ、土地は他の目的にしか使えなく
なる。

何千年もの間、人類は森や林のごく一部を切り開いて家を建て、作物を
育ててきた。しかし現在、森林破壊の速度が増し、壊滅的な結果をとも
なっている。

大切な森林

森林は分布している地域の緯度によって、熱帯、温帯、亜寒帯
の3つに大きく分類される。森林は光合成によって水の循環に
重要な役割を果たし、気候変動に対する自然の要塞になってい
る。したがって地球の健全さのために森林は欠かせない。

水の供給
樹木は光合成の間に水分を放出
し、それはやがて雨雲になる

炭素貯蔵
光合成の間に樹木は大気から
二酸化炭素を吸収し、糖とし
て貯えて温室効果ガスの削減
に役立っている

▲熱帯雨林の生活
さまざまな動植物の生息地である雨林に
は命があふれている。そこには森を破壊
せずに人々が収入を得る方法も存在する。

エコツーリズム
美しい自然林の地域は観光客を引き
つける。持続可能なエコツーリズム
によって地元では収入を得られる

生物多様性
世界の陸上種の約70%は森で生
きている。動植物が生息地を失
うと絶滅につながりかねない

熱帯雨林の開拓

熱帯雨林は赤道周辺の一部、多くは開発途上国、あるいは低所得の国々に育つ。人口の増加によって住宅や農地、鉱業のためにかなりの部分が開拓され、伐採されている。これらの産業は仕事や収入を提供するが、森の開拓によって生物多様性が打撃を受け、環境が損なわれている。

1800年：人口は9億人
産業革命の間、人口の増加にともなって森林破壊も急速に増えた

1960年：人口は30億人
赤道地帯の人口が爆発的に増加し、雨林の開発が急に増えた

2010年：人口は69億人

森林破壊（10億ha）

2.0
1.8
1.6
1.4
1.2
1.0
0.8

1800 1820 1840 1860 1880 1900 1920 1940 1960 1980 2000
年

凡例
森林破壊
— 世界の人口

▲森林破壊と世界の人口
森林破壊は、世界の人口の増加とともに着実に進んでいる。人が増えれば、土地と資源への需要も増える。

▼森林破壊の原因
森林破壊の理由はたくさんあるが主要なものは消失で、大半は人によるが、自然に発生した火災が原因になることもある。

牧畜
森林のかなりの部分が牧畜のために開拓されている。南アメリカの雨林で破壊された森林のおよそ80%は牛の牧場になっている

作物の栽培
大豆やヤシ油は大きな収入になるが、農地はほんの数年しか使えない

仕事
伐採や農業による仕事によって増え続ける人口も養える

森林火災
落雷などで自然に発生するものもあるが、森林火災の多くは人が起こしたものであり、森林を徹底的に破壊することがある

土壌の衰退
いったん木を切ると、森林の地面の大部分は乾燥してしまう。土の栄養分は雨で流され、表土は乾燥し、土はやせて何も育たなくなる

木材の切り出し
森林は木材や製紙のために切り倒されている。しかし世界中で行われている切り出しの多く、特に熱帯雨林での伐採は違法である

森林破壊の速さ

人口の増加に森林開拓の技術の向上が加わって世界の森林破壊の速度が増している。
2016年には森林の減少率は2015年よりも51％も増加した。20世紀半ば以降、森林
破壊の速さは熱帯雨林で最大になっている。

荒廃林は、人間の活動によって
生物多様性とそれにともなう生
産性が失われた森林である

未開拓林は、人によっ
てあまり損なわれてい
ない健全で広大な森林
生態系である

凡例

18,000 年前の
未開拓林

荒廃林

現在の未開拓林

◀**地球上の森林はど
のように失われたか**
森林率の減少の様子は
長い間に変化してきて
いる。過去18,000年間
に地球上の未開拓林の
かなりの部分が開拓さ
れた。

土の流出

森林が伐採されると、降雨をさえぎる林冠や土をとどめる根がほとんどなくな
る。そして土は栄養分ともども簡単に流される。ついには表土が乾燥して風に
よって吹き飛ばされ、侵食されてしまう。

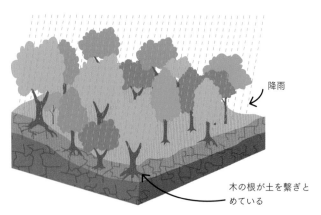

降雨

木の根が土を繋ぎと
めている

▲樹木が土を守る
林冠は降雨をいったんさえぎる、つまり地面を打つ雨の力が弱
まって侵食が抑えられる。木の根も土を繋ぎとめて侵食から守る。

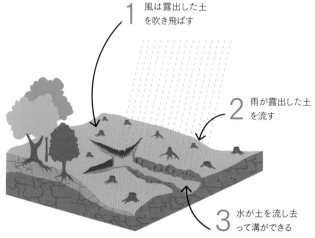

1 風は露出した土
を吹き飛ばす

2 雨が露出した土
を流す

3 水が土を流し去
って溝ができる

▲樹木がなくなると
木があれば根は土をとどめる。しかし伐採されてしま
うと土が露出し、水や風による侵食に対して弱くなる。

気候変動

変化することは正常であり、自然なことである。「気候変動」というのは、人間による異常に速い変化を意味する言葉である。

地球の平均気温は何千年もの周期で変化している。これは気候の自然な変化である。しかし、この数十年間、人間の活動の結果として急激な変化が起こりつつあることがわかっている。

自然な原因による気候の変動

何百万年もの間、地球の気候は寒冷な期間と温暖な期間をくり返してきた。長い期間の気候の変動は、火山の活動や、太陽の放射の熱量の変動、ミランコヴィッチサイクルという地球の公転軌道の周期的な変化などいくつかの自然の原因で起こる。

▶太陽の黒点
太陽の黒点数の変化は太陽の放射熱量の変化の結果で、放射が増えれば地球表面の温度が上がる。

▲火山の活動
火山の噴火によって温室効果ガスが噴出し、地球全体の温暖化をもたらす。大きな、あるいは長期間にわたる噴火活動は気候に深刻な影響を与える。

▶ミランコヴィッチサイクル
地軸の傾きと方向および地球の公転軌道の変化はミランコヴィッチサイクルと呼ばれ、地球の気候に影響を与える。離心率、黄道傾斜、歳差の3つにそれぞれの周期がある。

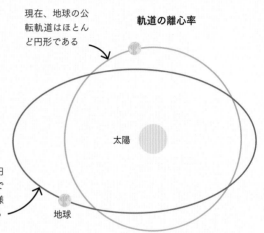

軌道の離心率

現在、地球の公転軌道はほとんど円形である

太陽

地球

地球の公転軌道の楕円の程度が10万年周期で変化し、季節変化の様子に影響を与えている

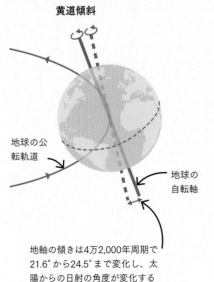

黄道傾斜

地球の公転軌道

地球の自転軸

地軸の傾きは4万2,000年周期で21.6°から24.5°まで変化し、太陽からの日射の角度が変化する

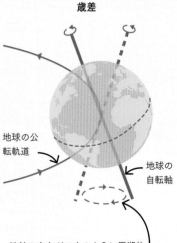

歳差

地球の公転軌道

地球の自転軸

地軸の方向がこまのように周期的に変化し、2万6,000年の周期で季節の変わり方が変化する

人間活動による気候変動

過去150年以上、さまざまな人間の活動が気候変動の主な原因になってきた。化石燃料を燃やし続けたことによる温室効果ガスの放出が地球を暖めている。「気候変動に関する政府間パネル」（IPCC）によれば、地球の温度は今世紀の終わりまでに0.3–4.6℃上昇すると予測されている。

▼温室効果の加速

温室効果ガスは地球上の生命の生存のためにちょうどいい量の熱を保つ毛布の役割をしている。しかし、大気中の余分なCO_2がこの毛布を厚くする働きをして地球の周囲に熱を貯め込んでいる。

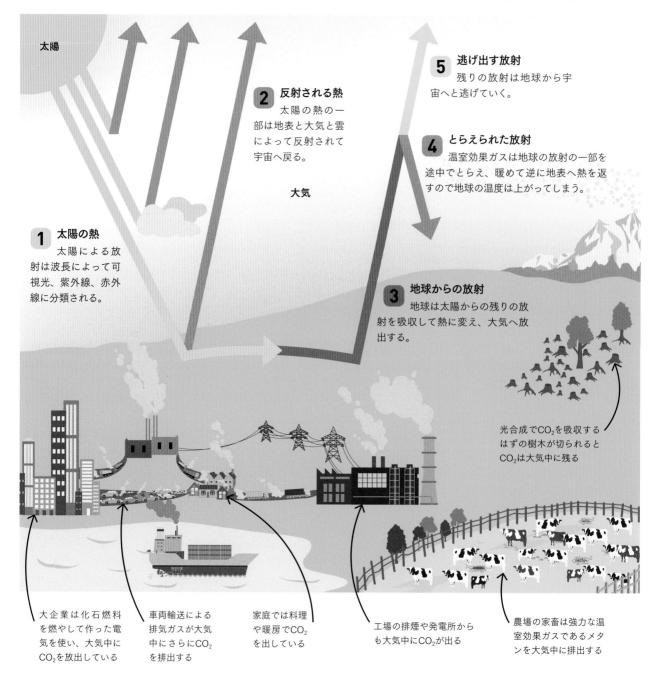

太陽

2 反射される熱
太陽の熱の一部は地表と大気と雲によって反射されて宇宙へ戻る。

5 逃げ出す放射
残りの放射は地球から宇宙へと逃げていく。

4 とらえられた放射
温室効果ガスは地球の放射の一部を途中でとらえ、暖めて逆に地表へ熱を返すので地球の温度は上がってしまう。

大気

1 太陽の熱
太陽による放射は波長によって可視光、紫外線、赤外線に分類される。

3 地球からの放射
地球は太陽からの残りの放射を吸収して熱に変え、大気へ放出する。

光合成でCO_2を吸収するはずの樹木が切られるとCO_2は大気中に残る

大企業は化石燃料を燃やして作った電気を使い、大気中にCO_2を放出している

車両輸送による排気ガスが大気中にさらにCO_2を排出する

家庭では料理や暖房でCO_2を出している

工場の排煙や発電所からも大気中にCO_2が出る

農場の家畜は強力な温室効果ガスであるメタンを大気中に排出する

環境への影響

地球の温度の上昇は地球全体に不都合をもたらす。二酸化炭素による海の水の酸性化、海水面の上昇、気候パターンの変化、氷床や生息環境がなくなることなどである。地球が暖かくなればなるほど、環境への影響は厳しいものになるだろう。

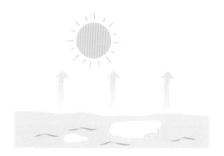

▲海水温の上昇
気温が上がれば海水温も上がる。水の蒸発が増え、海の生物や生態系に影響を与える。

▲熱帯暴風
蒸発が増えれば雲も増える。すると熱帯では熱帯暴風の発生頻度と強度が上がることになる。

▲生息地の減少
水温が上がれば海の氷が融け、海水面が上昇し、ホッキョクグマなど北極の野生動物の生息地がなくなってしまう。

人間生活への影響

気候変動は「私たちの世代の課題」といわれてきた。それは世界中の生活、住むところや事業に深刻な脅威となる。開発の遅れた地域や貧しい人々は、気候変動にも弱く、もっとも影響を受けるであろう。

水面の上昇と洪水
海水面が上がると、低い海岸地域は水没し、人々は家を追われて環境難民とならざるを得ない。

季節変化の異常
季節変化が異常になると植物の成長や作物の収量に影響が現れ、病気を仲介する昆虫が長期間繁殖し広がることも起こりうる。

食料供給量の減少
気候パターンが変化すると世界各地で作物の収量が減って食料の価格が上昇し、食料に関する不安が増大する。

漁業への損害
海水温が上がるとサンゴ礁に損傷が発生し、海の生息域が脅かされて魚の数が減ってしまう。漁業には大きな痛手となる。

水の供給量の減少
高温と雨不足で、川や貯水池の水が枯渇し、水不足に陥る。

森林火災の増加
気温が上がって雨が少なくなると、土地の広い範囲が乾燥し自然の森林火災が増加して、生命や住居、インフラストラクチュア(社会基盤)が破壊されることになる。

保存と保全

野生生物と自然生息地を保護するには、人間の要求と戦い続けなければならない。

保存と保全は環境保護に関するよく似た2つの考え方であり、入れ換え可能なように使われることが多いが、この2つには微妙な違いがある。

保存

保存というのは、これまで人間によって手を加えられなかった地域は現在のまま維持する、つまり「保存する」べきであるという考え方である。そのような地域の人類の活動を最小限に制限し、景観はそのまま残される。

▶**グレートベアレインフォレスト**
カナダのこの広大な雨林は3万2,000km²もあって、カナダ政府は2016年2月、森林の85%では商用の樹木切りだしを禁止するという同意書に署名した。

「元の場所に」対「別の場所で」

「元の場所に」保存、と「別の場所で」保存、は絶滅の危機にある野生生物を保護する方法である。元の場所というのは「それがいるところで」保存するという意味で動物たちはその自然な生息地の中で保護される。別の場所というのは「その自然な生息地から外へ」連れ出され、たとえば動物園や別の自然の中で保護されるという意味である。

植物種も危機にある。**シードバンク（たねの銀行）**はその**保存を支援する。**

▲**元の場所に**
アラスカのマクニール川自然保護区では魚を獲るアラスカヒグマが見られる。そこではクマを撃つことは禁じられており見学者の数も制限されている。

▲**別の場所で**
中国の成都ジャイアントパンダ繁殖研究基地では自然な生息地を再現して繁殖を促進している。

保全

保全というのは、景観やその生態系を保護する必要性と人間の活動の要求を認めることとの間でバランスを取るような管理の形態である。それは「干渉をしない」保存の方法とは違って、国立公園のような訪問者のための管理された環境を提供する。

四輪駆動車専用道路やハイキング道路を使うと訪問者は公園のさまざまな場所を探検できる

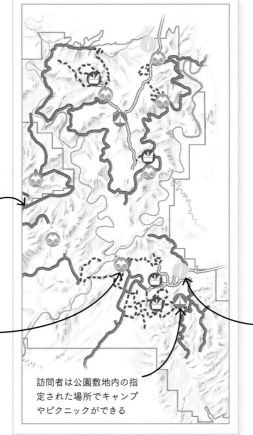

凡例

🏕️ キャンプサイト

👀 展望台

🧺 ピクニックサイト

ℹ️ インフォメーションセンター

▬▬▬ 高速道路

▭▭▭ 四輪駆動車専用道路

•••• ハイキング道路

━━━ 公園外周

訪問者は高いところの展望台から野生生物を観察できる

訪問者は公園敷地内の指定された場所でキャンプやピクニックができる

観察しよう
ネパールのトラ

2009年にはネパールには野生のトラは135頭しかいなかった。その後、政府が国立公園を広げたり、パトロールを増やしたりした結果、5つの国立公園に235頭が生息している。

インフォーメーションセンターでは公園に関するあらゆる情報を訪問者に提供している

◀キャニオンランズ国立公園

2016年、アメリカ合衆国のこの国立公園に75万人が訪れた。この地域は観光客が訪れやすいように開発されてきたが、それでもなおミュールジカやコヨーテが生息している。

課題

保全と保存に関して、その土地を守りたい人と、資源を求めてその土地を使いたい人との間で争いが起こることがあり、人口が増えるとこのような争いも増える。人間のためのエネルギー資源や土地の需要の急速な増加はもっとも深刻な課題である。

▲石油採掘

世界的に石油の需要は増えているが、供給量には限界がある。海底や地下に新しい油田が発見されると、急いで採掘坑を掘ることになる。

▲密猟

密猟は毛皮や角、象牙などを目的に野生動物を撃つ違法な狩猟である。生息地を守らなければならず、保護活動家たちを困らせる課題になっている。

▲観光

観光客が殺到すると生態系にも野生生物にも負担をかける。サンゴ礁などの繊細な生息環境は観光客が触っただけでも壊れてしまう。

自然災害への備え

自然災害に備えることは、それによって引き起こされる被害と生命の喪失を小さくするための基本である。

人の命を危険にさらし、資産に損害を与え、経済活動を阻害するような自然現象は自然による危機といわれる。そのようなことがどのくらい起こるかは場所によって違う。

自然による危機の種類

自然による危機には気象によるものと地質構造によるものがある。天候によって気象の危機が起こり、地殻をなしているプレートの動きによって地質構造の危機が起こる。世界中に自然による危機が起こる可能性があるが、ある地域は別の地域に比べて多いということもある。森林破壊のような人間の活動が地滑りなどの自然による危機の発生を増やしている場合もある。

▶地球の不安
気象現象とプレート運動によって、自然によるさまざまな、極度に破壊的な危機が発生し得る。

プレート運動による危機

火山の噴火
プレートの動きで、地下深いところの熱い融けた岩石が地表に上昇し溶岩となって噴出する。

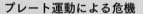

地震
プレートの端で突然圧力が解放されると地面が揺すられる。

津波
海底の地震で大量の海水が動き、大きな津波となる。

気象による危機

熱帯暴風
熱帯地域で暖かい海の水が蒸発し、低気圧ができて嵐が発達する。

洪水
海や川の水位が正常より上がると洪水になる。豪雨によっても洪水は起きる。

干ばつ
少雨、あるいはまったく雨が降らないと乾燥地域では極端な水不足になる。

竜巻
高速で回転する柱のような風は竜巻と呼ばれ、生命の危険や資産への損害をもたらす。

災害に対する弱さ

もし自然による危機が起こる可能性が高いところで災害被害が起きたら、自然災害に対して弱いといわれる。その社会の開発の水準もその弱さに影響している。つまり貧しい社会ほど自然による危機に備えるための余裕がなく影響を受けやすい。

洪水、地震、津波のような自然による危機

災害発生

貧しくて自然による危機に十分な備えのない弱者

◀災害の犠牲者
危機は、弱さと重なったときに災害となる。22万人以上が犠牲となった2004年12月のスマトラ沖地震にともなうインド洋沿岸の津波はそのような災害の例である。

建築と計画

耐震建築、洪水防御システム、雨水排水管などの防災、減災を目的とした建設は自然による危機の衝撃を減らし、社会の弱点を補うことができる。それらは十分に効果があるが、設置に費用がかかる。

ダンパーボールは望ましくない揺れを軽減するために高層ビルに設置される巨大なおもり

風や地震で塔が左に揺れるとダンパーボールは右に揺れる

鋼鉄のケーブルでボールを揺らす

ボールは振動を抑えるための油圧式制震器でビルに取り付けられている

塔が右に揺れるとダンパーボールは当然左に揺れる

▶制震建築
世界の超高層建築のひとつである台湾の台北101は非常に深い基礎、鋼鉄のフレーム、そして地震の振動を抑える巨大なダンパーボールを備えている。

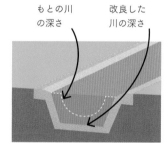

もとの川の深さ　改良した川の深さ

◀川の水路の改善
川を深くすることでより多くの水が流れるようになり、水路をまっすぐにすれば水は速く流れて、洪水の危険を減らすことができる。しかしこれによって下流で洪水が起きるかもしれない。

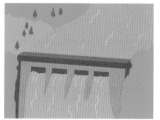

◀ダムと貯水池
川に作られたダムは水を貯水池にとどめ、計画的に放流して岸の決壊をふせぐ。

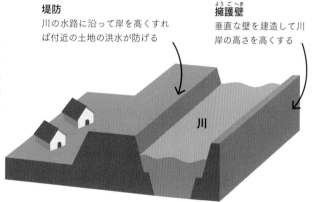

堤防
川の水路に沿って岸を高くすれば付近の土地の洪水が防げる

擁護壁
垂直な壁を建造して川岸の高さを高くする

川

▲洪水への備え
堤防や防潮堤のような建造物は地域を洪水から守る。堤防は海水による海岸地域の浸水も防ぐ。

備えあれば

自然災害に対する弱さを改善するよい方法はそれに対して備えることである。人々の備えをよくすることは、危機対策の建設などをしないソフトな管理といわれている。避難訓練や救急講習などの教育や活動を通して意識を高めることもその例である。

▲地震対策訓練
日本は地震が多いので、多くの小学校で地面が揺れたらどうするかを子供たちに教えながら訓練をしている。

▲堤防の補強
ドイツのトルガウではエルベ川の水位が上がると洪水対策としてボランティアの人々が土のうを積む。

エネルギー源

産業にも私たちの暖房や食事作りにもエネルギーが必要である。

太陽は主要なエネルギー源であるが、地球もエネルギーを作りだしている。それは地球内部の融けた核から得られる地熱エネルギーで人類はどちらのエネルギー源も必要に応じて利用している。

化石燃料

石炭、石油、天然ガスは化石燃料の3つの形で、植物が太陽のエネルギーを使って作った炭素を何百万年も貯えている。この炭素は世界中で主要な発電燃料として燃やされている。石炭だけで世界全体の電力の40%を発電している。燃焼後大気に戻る二酸化炭素は温室効果ガスなのでこの電力は持続可能ではない。

凡例

🔥 天然ガス

💧 石油

⛏ 石炭

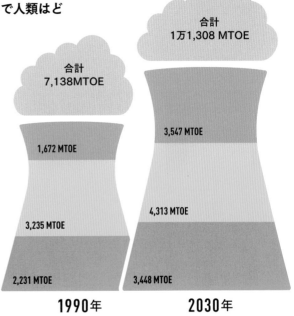

合計
1万1,308 MTOE

合計
7,138MTOE

3,547 MTOE

1,672 MTOE

4,313 MTOE

3,235 MTOE

2,231 MTOE

3,448 MTOE

1990年　　**2030年**

▶**増加するエネルギー需要**
化石燃料はエネルギー需要の増加に応じて使われている。大きなエネルギーの生産量を測る単位はMTOE（百万トン石油換算）である。2030年までには1万1,000 MTOEの化石燃料から発電することが必要になると予想されている。

エネルギー源として信頼できて安定したエネルギー供給が可能である

環境の二酸化炭素を増やさない

建設に費用がかかる

発電所が何らかの損傷を受けると危険である

長期間の管理が困難な放射性廃棄物が排出される

非常に破壊的な兵器のエネルギーとなり得る

核のエネルギー

原子力発電所では核分裂によって原子核から大量のエネルギーが放出されて発電に使われる。この反応に使われる燃料はウランかプルトニウムであって、埋蔵量には限りがあり、原子力も再生可能なエネルギー源ではない。

◀**破壊的なエネルギー源**
原子力には多くの利点があるが、1986年にかつてのソ連のチェルノブイリで大量の放射能が大気に放出されるという事故があり、このエネルギー源に関する論争が高まった。

一か所の原子力発電施設で風力タービン1,500基分の発電ができる。

再生可能なエネルギー源

太陽光や風力のように使ってもなくならない、資源に限りのないエネルギー源を再生可能なエネルギー源という。それらは、たとえば風力タービンのように直接に利用できて、電力のような使えるエネルギーに変えられる。風力のエネルギー、海の干満を利用する潮汐エネルギー、地下深くにある地熱エネルギーを除く再生可能なエネルギーの大部分は太陽から来ている。

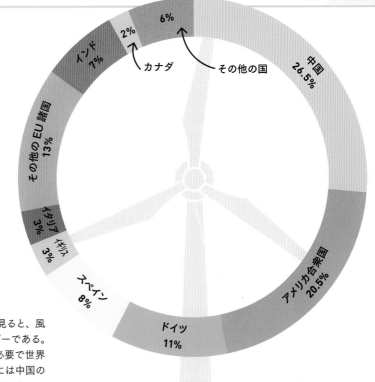

中国 26.5%

その他の国 6%

カナダ 2%

インド 7%

その他のEU諸国 13%

イタリア 3%

イギリス 3%

スペイン 8%

ドイツ 11%

アメリカ合衆国 20.5%

▶風力発電導入率
費用と環境への影響に対するエネルギー出力を見ると、風力エネルギーはもっともよい再生可能エネルギーである。しかし風力タービンの設置には政府の補助が必要で世界のどこでも利用できるわけではない。2015年には中国の導入率は世界の30%を超え、さらに増加を続けている。

主要な再生可能エネルギー

	バイオ発電	水力発電	風力発電	太陽光発電
概要	・生物資源を利用したバイオマスとバイオ燃料を、天然ガスや石炭の代わりに燃やす ・再生可能エネルギーの50%をまかなう	・川や水力発電ダムで流れる水を利用 ・再生可能エネルギーの31%をまかなう	・風力タービンの利用 ・再生可能エネルギーの9%をまかなう	・太陽の熱エネルギーと太陽光パネルによる発電を含む ・再生可能エネルギーの8%をまかなう
推進	・広く利用可能 ・費用が安い ・埋め立てゴミを減らせる	・クリーンエネルギー ・水流の調整で出力を増減できる ・確実である	・クリーンエネルギー ・いったん設置すれば運転コストは安い	・クリーンエネルギー ・運転コストが安い ・太陽光技術は常に進歩している
反対	・燃焼性なので炭素の排出は0ではない ・他の燃料よりも効率が悪い	・水力発電ダムの建設費は高い ・発電量は降雨量に左右される	・タービンの設置費用は高い ・天候に左右される	・天候に左右される ・出力電力は必ずしも建設コストを反映しない

持続可能性

私たちの現在の地球の資源の使い方が、将来の世代の生活を決めることになる。

将来の世代の需要に十分なだけを残せる、あるいは作りだせることを保証しつつ、食料やエネルギー、住居などを、責任を持って使うことを持続可能な生き方という。

持続可能な開発

持続可能性（サステナビリティ）の実現には環境、社会、そして経済の要求の間のバランスをとらなければならない。たとえば、環境の基準を下げて成長をはかった国は持続可能には見えない。同様に、環境規制を厳しくして社会におけるチャンスが平等でなくなればその国はやはり持続可能とは見られない。

▶持続可能な開発の柱
右の3本の柱が重なったときに持続可能な開発が実現する。

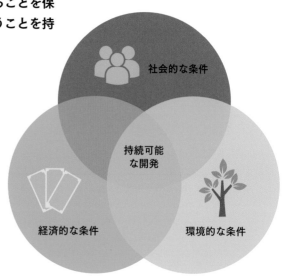

社会的な条件

持続可能な開発

経済的な条件

環境的な条件

国連の持続可能な開発目標

持続可能な開発目標（SDGs）というのは、社会と環境の活動を組み合わせて2030年までに実現すべき17の目標である。2015年に国連によって策定されたもので、世界中から飢餓をなくし、清潔な水をいきわたらせ、気候変動や世界規模での環境の保全に対して行動を起こすことなどを含んでいる。

▼世界の新しい目標
この17の持続可能な開発目標（SDGs）は国連総会に参加する193か国全部によって採択された。

気候変動に
対策を

つくる責任と
つかう責任

住み続けられる
まちづくり

飢餓をゼロに

教育をみんなに

貧困をなくそう

すべての人に
健康を

ジェンダーの
平等

安全な水と
トイレを

クリーンなエネル
ギーをみんなに

不平等を
なくそう

産業と技術革新
の基盤を

適切な仕事と
経済の成長

世界とパート
ナーシップを

平和と公正を
すべての人に

陸の豊かさを
守ろう

海の豊かさも
守ろう

カーボンフットプリント

個人、組織、社会、製品などによって直接、あるいは間接的に大気中に放出された二酸化炭素の量を「カーボンフットプリント」という。二酸化炭素の放出量が多いほどカーボンフットプリントは大きく、さらに言えば、より多く気候変動に加担しているということである。

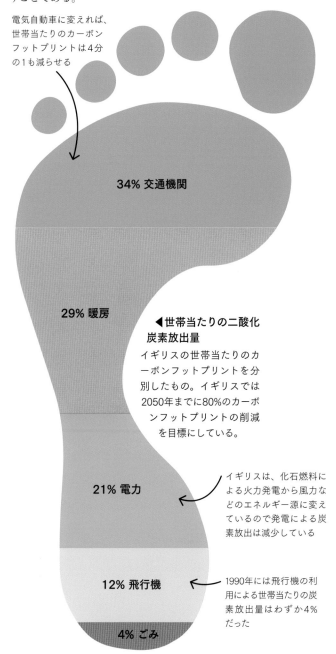

電気自動車に変えれば、世帯当たりのカーボンフットプリントは4分の1も減らせる

34% 交通機関

29% 暖房

◀世帯当たりの二酸化炭素放出量
イギリスの世帯当たりのカーボンフットプリントを分別したもの。イギリスでは2050年までに80%のカーボンフットプリントの削減を目標にしている。

21% 電力

イギリスは、化石燃料による火力発電から風力などのエネルギー源に変えているので発電による炭素放出は減少している

12% 飛行機

1990年には飛行機の利用による世帯当たりの炭素放出量はわずか4%だった

4% ごみ

持続可能な未来

科学技術の発展によって持続可能な開発の3つの柱がすべて重なった持続可能な未来が実現するかもしれない。私たちの行動を変えることでも実現は可能になる。すでに採用されている行動の例を下に示そう。

▲エコツーリズム
世界中の多くのエコロッジで自分たち用の発電や水のリサイクルをし、地元の環境保全に協力している。

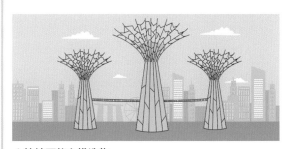

▲持続可能な構造物
シンガポールの公園には鋼鉄製の「スーパーツリー」がそびえていて、200種以上の植物が育られている。公園では電力を自給し、雨水を集めて利用している。

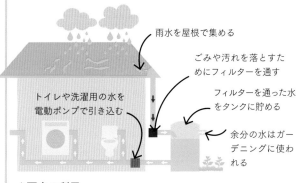

雨水を屋根で集める

ごみや汚れを落とすためにフィルターを通す

フィルターを通った水をタンクに貯める

トイレや洗濯用の水を電動ポンプで引き込む

余分の水はガーデニングに使われる

▲雨水の利用
家庭でトイレの洗浄やガーデニングのために雨水を利用すれば水の使用量を抑えられる。

プラスティック汚染

化石燃料から作られたプラスティックは生物分解しないので環境問題に
なっている。

**プラスティックは私たちの身のまわりのあらゆるところにある。大部分
のプラスティックは分解するのにとても長い時間がかかり、プラスティ
ック汚染となって環境に関する大きな課題になっている。**

プラスティックの始まり

プラスティックは1907年に化石燃料を用いて初めて
合成された。それは革命的な発明で、「1,000の用途
がある材料」ともてはやされた。第二次世界大戦中、
兵器のために安くて丈夫なプラスティックの生産が急
激に増加した。戦後、生産者は消費材を作ることに転
換し、プラスティックはまたたくまに人気を得た。

▼地球を汚すプラスティック
多くの国がプラスティックごみを海に投棄している。
それは環流と呼ばれる海流に運ばれて大きなゴミベ
ルトとなって浮かんでいる。最大のものは太平洋ゴミ
ベルトでフランスの3倍もの面積がある。

世界のプラスティック生産量

毎年、3億トンのプラスティックが生産され、5,000億枚のポリ袋
が使われている。アメリカ合衆国だけでも1,000億個のペットボト
ルが売られている。中国のような新興経済国でも今は大量にプラス
ティックが生産され、世界全体の生産量の25%以上になっている。

**83億トンの
プラスティック**
=
**8000万頭の
シロナガスクジラ**

◀世界中のプラスティック
プラスティックが1907年
に人工的に合成されて以
来、83億トンが作られた。
これは8,000万頭のシロ
ナガスクジラに等しい。

凡例

 寒流

 暖流

🔆 環流

海洋投棄ワースト
5か国（年間100
万トン、2010年推
計）

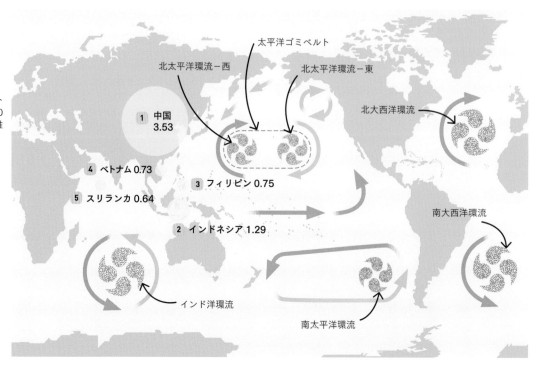

太平洋ゴミベルト

北太平洋環流－西

北太平洋環流－東

北大西洋環流

1 中国 3.53

4 ベトナム 0.73

3 フィリピン 0.75

5 スリランカ 0.64

2 インドネシア 1.29

南大西洋環流

インド洋環流

南太平洋環流

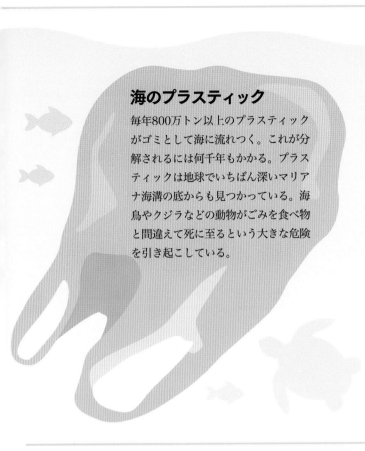

海のプラスティック

毎年800万トン以上のプラスティックがゴミとして海に流れつく。これが分解されるには何千年もかかる。プラスティックは地球でいちばん深いマリアナ海溝の底からも見つかっている。海鳥やクジラなどの動物がごみを食べ物と間違えて死に至るという大きな危険を引き起こしている。

ポリプロピレンは広く用いられている密閉剤でティーバッグの形が崩れないように保つ

チューインガムにはポリエチレンやポリ酢酸ビニルなどの合成ゴムが入っている

アルミニウム缶の内側の塗料にはプラスティックを含む化学物質のBPA（ビスフェノールA）が入っている

プラスティック汚染の影響

プラスティック汚染の衝撃には見えるものと見えないものがある。長い間にプラスティックは分解してマイクロプラスティックとして知られている小さなかけらになる。それらは簡単に体内に取り込まれ、やがて人間の食べ物を含む食物網の各段階に入ってしまう。これによる健康被害は深刻かもしれないが、本当にはわかっていない。日常の生活用品でプラスティックが含まれているものは驚くほど多い。

私たちに何ができるか

プラスティックが地球におよぼしている危害について知られるようになってきた。しかしその利用は余りに広範囲なので避けることは難しい。プラスティック汚染の解決には「エコバッグ」を使うなどといった個人の行動が求められているが、プラスティックの使用量とごみを減らすように政府が規制をすることがさらに重要である。

▼プラスティックを減らすために
プラスティックごみを減らすために個人ができることはいろいろある。

ペットボトルの飲料を買う代わりにくり返し使える飲み物ボトルを使おう

プラスティックのスプーン、フォークの利用を止めて自分のものを持って歩こう

金属か紙のストローに替えよう

ラップなどを使うのを止めてくり返し使える弁当箱のような容器を使おう

コーヒーや紅茶のために内側にプラスティックコーティングのある紙コップを使うのを止めてくり返し使えるマグカップを持って行こう

レジ袋のようなプラスティック製の袋を使うのを止めて布バッグを持ち歩こう

地理に関係した
たくさんの問題

世界は、緊急に対策をしなければならない地理に関係したたくさんの問題に直面している。

地理学では、場所と、人とその周りとの関係を扱う。世界が直面している課題の多くで、地理学は重要な鍵である。

かたよった開発

高所得の国々は、低所得の国々よりも住宅、交通機関、公的サービスなどの多くのインフラストラクチュアを提供する余裕がある。同じ国の中でも裕福な地域はさらに投資を集めやすいので開発のかたよりが起こり得る。

▶大きな違い
開発のかたよりは、人々が医療、教育、そして水道や排水設備などの重要なサービスを受けられるかどうかに影響する。

移住

経済的な開発のかたよりや、それによって引き起こされる収入や機会の明白な不平等がきっかけとなって、人々は国内や国外への移住を考える。人が移住することは昔からあったし、ふつうは個人的な都合であるが、近年の移動の規模には問題がある。

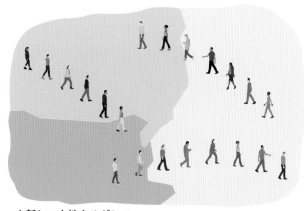

▲新しい土地をめざして
人々がある地域を離れようと決心するには押し出される理由があり、新しく住むところを選ぶには引き寄せられる理由がある。その理由は経済的なものであったり、政治的なものであったりする。

気候の変化

地球の気候は、人類の活動による温室効果ガスの排出によって急速に変化しつつある。気候の変化は、今の地球がかかえる最大の課題のひとつであって、人や動物、植物の生活、そして生態系と天候にも影響を与えている。

▲自然災害
気候変動によって熱帯暴風、その他の極端な気象現象が頻繁になり、世界中の氷が融け、海水面が上がり、洪水を引き起こすだろうと考えられている。

人新世という時代

人類が地球に与えた影響は大変深刻なので、私たちが生きているのは新しい地質時代である人類の時代、つまり人新世であると、地理学者も科学者も考えている。この時代、人類は環境に何よりも大きな影響をおよぼすようになっている。

◀人類が地球におよぼす影響
人新世の始まりを示す科学的に明確な根拠は、プラスティック汚染、森林破壊、そして核兵器の使用である。

グローバリゼーション

世界中が貿易や科学技術、文化の交換によって相互に関係を持つようになったことをグローバリゼーションと呼んでいる。人や便りや品物が今や世界中に簡単に速く往来するようになったので、場所と人との距離は縮小しつつある。

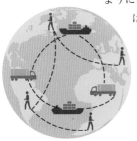

◀国境を越えて
ビジネスも消費者ももはや自分たちの地元だけに依存してはいない。今では品物やサービスの売買は国境を越えて行われている。

国家主義と国際主義

他の国の規則や影響から独立していたいという国の願いは国家主義で、国際主義とはヨーロッパ連合（EU）のように国家間で政治、経済、文化を通して協調できるという信念である。

◀国境
国境というのは国家間の境界を示す仮想的な線である。政治、あるいは戦争によって決められている。

水紛争

地球上のすべての生物にとって重要な水は必ずしも地上に公平に分布しているわけではない。つまり水を手に入れるということは重大な政治課題である。水の豊富な地域は、水が不足しがちなところと比べてそれだけでも優位にある。そのために水に関連した争いが起こり得るし、その争いは気候変動によって大きくなることが多い。

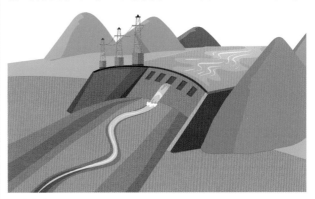

▲共有資源
川は政治的な国境を横切って流れることも多く、ある地域でのダムのようなインフラストラクチュアが別の地域での水の供給に支障をきたして争いになることがある。

持続可能性

食べ物や水、住むところのような資源に関して、未来の世代の人々の需要を犠牲にせずに、今の世代の人々の需要に応えられることを持続可能であるという。2050年までには世界の人口は20億人以上増えると予想されているので、持続可能な行動がより一層重要になる。

▲肉を食べない生活
肉を食べないことは、地球に与える影響を減らす最良の方法である。肉や酪農製品は農場の83%を使用し、農業による温室効果ガス排出の60%を産出しているからである。

広域相互依存と
地域の相互依存

人々は、仕事でも品物でも文化的な関心についても世界中の人々に依存している。

相互依存というのは人々（あるいはそのグループ）が互いに信頼し依存し合うことである。この相互依存は全地球的な規模と同じようにごく小さな集団にも存在する。小さな地域の経済であっても広域経済システムの一部なのである。

参照ページ	
‹142-143	経済活動
‹144-145	食料と農業
‹162-163	グローバリゼーション
‹184-185	持続可能性

グローバリゼーションは、世界がますます**相互依存状態**になるということを意味している。

地域の相互依存

孤立した村落のような小さなコミュニティに住む人は、自分たちの日常生活の最重要な多くの場面で互いに頼り合っている。たとえば必要な食料やサービスを地元の商店から購入すれば、商店は利益を得る。最近では、地域経済は広域経済の重要な部分になっている。

地域の商店は、商品の納入を農家に依頼し、その品物を地域住民に買ってもらう

地域の商店

▶地域の経済
地域での関係は双方向的である。農業者は生産物を地域の商店に販売し、商店からは対価が支払われる。

地域の人々は農場で働くか、企業に勤めて、地域で作られた商品を買う

地域の生産者

地域の住民

小さくなる世界

過去200年間の科学技術の進歩によって、情報、人、荷物の移動速度が急激に上がった。つまり世界は小さくなったと実感される。それによって地球規模での相互依存が発展し、世界中の人々は何も苦労なく通信ができるようになった。

✉ **1800**
3か月
19世紀の初めにはイギリスからオーストラリアへの手紙は帆船で送られ数か月を要した。

✉ **1850**
1か月
19世紀半ばには蒸気船によって時間が短縮されオーストラリアへの手紙は1か月で届いた。

グローバルな相互依存

国はそれぞれの事情で互いに依存し合っている。輸入と輸出はグローバルな相互依存関係を構築する鍵である。開発の遅れた国々は進んだ国々に産業製品や援助、観光収入などを依存するのがふつうである。裕福な国々はその一方でコーヒーやココア、鉄などの一次産品を貧しい国々に依存している。

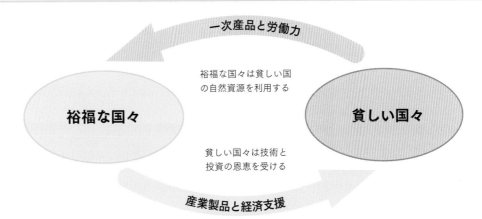

一次産品と労働力

裕福な国々

裕福な国々は貧しい国の自然資源を利用する

貧しい国々

貧しい国々は技術と投資の恩恵を受ける

産業製品と経済支援

銀行業

銀行業は広い範囲で相互に依存をする業務の例である。世界のどこからでもインターネットにアクセスできる誰かによって直ちに送金されたり、株が取り引きされたりする。人々、組織、あるいは国の間でこのような複雑なつながりが構築された。しかしこの相互依存は、金融危機も直ちに世界中に伝わるという意味でもある。

▶2008年の危機
2008年、アメリカ合衆国の大きな銀行が破たんした。これが引き金になって1930年代以降で最悪の金融危機が始まり、この破たんの影響は世界中におよんだ（リーマンショック）。

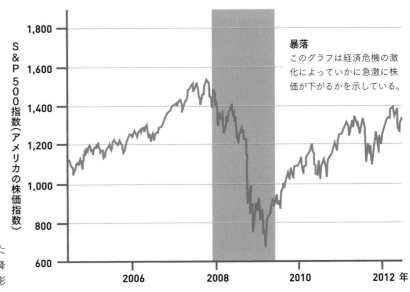

暴落
このグラフは経済危機の激化によっていかに急激に株価が下がるかを示している。

S&P 500指数（アメリカの株価指数）

1,800 / 1,600 / 1,400 / 1,200 / 1,000 / 800 / 600

2006　2008　2010　2012 年

1940
4日
飛行機の登場で、地球の裏側への手紙が数日で届くようになった。

1960
1日
ジェットエンジンのおかげで飛行はもっと速くなり、郵便も品物も人も1日で世界のどこへでも行ける。

1995
数秒以内
インターネットは地球上の通信に革命を起こし、メッセージはほとんど瞬時に届く。

食料の安全保障

ある国がその国民に食べさせる能力はどの国にとっても大切な
問題である。

参照ページ	
‹140-141	健康
‹144-145	食料と農業
‹184-185	持続可能性
水の安全保障	194-195›

ある地域の食料の安全保障とは、栄養のある食べ物を十分に用
意でき、うまく分配できるということである。その地域の食料
資源が十分でなければ食料は保障されない。

世界の食料消費

人口が急激に増加し、世界の多くの地域が裕福にな
り、そして農業の機械化で収穫量が増えて食料生産
の費用が下がったことで、20世紀には世界におけ
る食料の生産も消費も大幅に増えた。しかし世界の
食料の分布はまだとてもかたよっている。

凡例
一人当たりの一日の食料エネルギー摂取量(kcal)

- 3,270–3,770
- 2,850–3,270
- 2,390–2,850
- 1,890–2,390
- 1,890 未満
- データなし

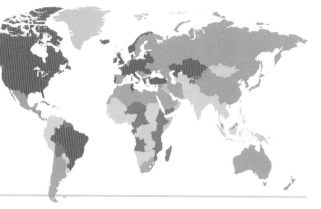

▶世界の食料エネルギー摂取量
一人一日当たりの食料消費の（捨てたものも含む）量
の平均は富める国の方が、よい食べ物を手に入れら
れない人々もいるような貧しい国よりもはるかに多い。

世界全体の需要の増加

国連（UN）は2050年には世界の食料需要は、
人口の増加と富の増加によって70% 増加す
るだろうと予測している。高所得国の人々は
肉や酪農品などのより贅沢な食料を、より多
く求める傾向がある。

6.6%
アメリカ合衆国
（高所得国）

39.5%
ナイジェリア
（低所得国）

◀世帯当たりの食料の費用
低所得国の人々は高所得国に比べて、他
の品物やサービスに使うことを抑えて、収
入の多くを食料に支出している。
凡例
- 世帯当たりの収入
  のうち食料費用
- 世帯当たりの収入の
  うち食料以外の費用

▼穀物生産の増加
科学技術の進歩によって小麦やトウモロ
コシなどの穀物が、増えつつある世界の
人口にも十分に供給されるようになった。

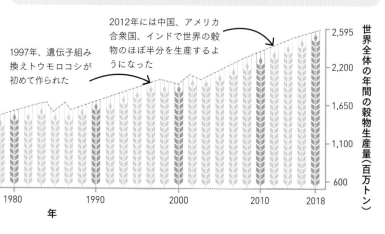

2012年には中国、アメリカ
合衆国、インドで世界の穀
物のほぼ半分を生産するよ
うになった

1997年、遺伝子組み
換えトウモロコシが
初めて作られた

1950年代、60年代の緑の革
命で世界中の作物収穫量は急
速に増加した

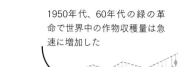

世界全体の年間の穀物生産量（百万トン）

2,595
2,200
1,650
1,100
600

1950　1960　1970　1980　1990　2000　2010　2018
年

食料供給量に影響する要素

食料の供給量は、作物を育てたり家畜を飼ったりする場所により、また時代によっても違う。たとえば、ある地域が肥沃であるときには多くの収穫があったとしてもやがて土地はやせてしまうかもしれない。食料供給量には多くの自然の条件、あるいは人為的な要素が良くも悪くも働いている。

自然の条件

気候
ある地域の長期間にわたる平均的な天候状態で気候が決まっているが、逆に気候によって気温や降水量が決まるので、栽培に適する作物も決まってしまう。

水の供給
農業には作物と家畜のために水が必要である。水が十分になければ作物も家畜も育たず、食料の供給量は減ってしまう。

病害虫
病気や害虫に襲われると作物は全滅してしまうこともある。たとえば、ジャガイモの伝染病が引き起こした1845年のアイルランドの飢饉では100万人が死亡したとされている。

人為的な要因

紛争
戦争によって農地を破壊したり、家畜が死んだり、土地の世話をする人が減ったりして食料供給量が減ることがある。食料の不足はさらなる紛争の原因にもなる。

貧困
国連は世界の食料の保障に対して貧困もその鍵のひとつであると認めている。貧しい人々は収入の大半を食料に費やさねばならないし、食料の価格が高くなると大きな影響を受ける。

科学技術
食料増産のために、何年も技術の改良に努めてきた。農業の効率が良くなると、食料生産のコストが下がり、結果として収入が増える。

食料の保障を改善する方法

世界における飢餓は現実に国際問題であり、食料の保障を改善しなければならない。「飢餓をなくそう」は国連の17項目の持続可能な開発目標にも上がっていて、その実現のためには世界の農業生産量を50%増やさなければならないと考えられている。

◀機械化農業
農業の機械化は土地当たりの収穫を増やし、作物価格の変動から農家を守る。

◀ 遺伝子を組み換えた(GM)作物の生産
作物が病害虫に強いものや水不足などの厳しい条件でも育つものになれば、これまで適当ではなかった土地でも生産が可能になる。

◀肉の摂取を減らす
食肉の生産には大量の水が必要なので作物の栽培が厳しくなる。肉の消費を減らせば水を農業に使うことができる。

◀灌漑方法の改善
小規模で入手しやすく持続可能な灌漑方法があれば水不足の対策にもなり、食料生産量も増やせる。

◀食品を捨てることをやめる
高所得国では大量の食品が捨てられている。食品を捨てないようにすればより多くの人に食料を配ることができる。

水の安全保障

清潔な水が安心して手に入るということは世界中の人にとって絶対に必要である。

植物も動物も生きるために水は欠かせない。人間は飲んだり洗ったりするための清潔な水とともに農業や工業のための水も必要としている。

限られた淡水

地球の水の循環は閉じていて、水は有限な資源である。つまり水は作ることも壊すこともできなくてリサイクルされ続けている。地球表面の70%は水でおおわれているにもかかわらず、人間が手にすることのできる淡水はそのうちのごくわずかで残りは塩水である。

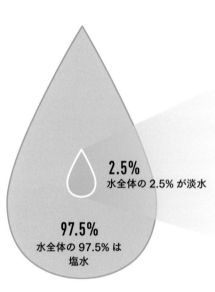

2.5%
水全体の 2.5% が淡水

97.5%
水全体の 97.5% は
塩水

▶地球の資源
地球の水の大部分は塩水で、脱塩しなければ飲むことはできない。

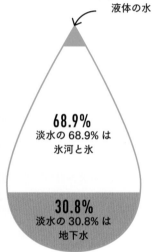

0.3%
淡水の 0.3% が
液体の水

68.9%
淡水の 68.9% は
氷河と氷

30.8%
淡水の 30.8% は
地下水

水の利用

世界の水の分布はかたよっている。容易に淡水を利用できるところと、そうでないところがある。降水量の多いところや河川系が集中しているところでは利用しやすい。帯水層と呼ばれる地下水は水の少ないところで掘削して利用される。

▶2040年に予想
される水事情
水の利用が自然の供給を上回っているところでは緊迫した水事情に直面するであろう。

中東の国々の水事情は大いに緊迫していて将来急に水が足りなくなるかもしれない

ロシアのように十分な水のある大きな国は水の緊迫状態を避けるために水をある場所から別の場所に回すこともできる

凡例
利用可能な水のうちで使用されている割合

- 80% 以上——非常に高い
- 40% − 80%——高い
- 20% − 40%——中くらいから高い
- 10% − 20%——低いから中くらい
- 10% 以下——低い

サハラ砂漠以南のアフリカの水の事情は中東よりは持続可能であるが、これらの国にも水の不安はある

水の利用可能性に影響する要因

水の利用の可能性には、自然の条件、および人為的な要因が影響している。気候や地質は自然の条件であるが、人為的な要因も重要である。人間の活動は自然の回復能力を超えて資源を使い果たすこともある。

自然の条件

気候
ある地域の気温や降水量は水の資源量に影響する。降雨が多く気温の低いところには十分な水がある。

地質
基岩が水を浸透するところでは帯水層に水が貯えられるが、水を浸透しないところでは地面に溜まった水は蒸発してしまう。

人為的な要因

人口の増加
急激な人口の増加で水の需要が増え、供給可能量を超えれば水源は枯渇してしまう。

汚染
人間の活動によって水が使えなくなることがある。水源のそばに鉱山業や繊維産業があると特に汚染されやすい。

インフラストラクチュア
ダムや水路橋の建設はその地区の水の供給を改善するが、同時に別のところでは減ってしまう。

貧困
貧しい国は、水をくみ上げたり、輸送したり、迂回したり、貯えたり、清潔な淡水を配ったりするためのインフラストラクチュアが十分ではない。

水の不安の影響

その地域の人口と環境に見合った適切な質と量の信頼できる水源がないことを水の不安という。技術によって解決することのできない貧しい国々は水の不安に直面することがある。ある地域で水の不安が続くと、社会的にも、政治的、環境的にも深刻な結果を招く。

▶汚れた水
他に代わるものがないときには人々は汚れた水を飲むかもしれない。50万人もの人々が毎年、汚れた水のせいで死亡している。

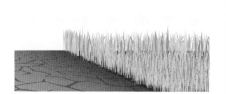

▲限られた食料生産
十分な水がなければ作物も育たない。それによってその地域の食料は不安定になり栄養失調や、時には飢饉ともなる。

▲ダム建設による紛争
ダムはそれを作った国にとっては水の安定につながるが、下流の国々では水の供給量や質に影響を受けて議論になることもある。

▲工業生産の衰退
水はたいていの産業に必要である。特に食品や化学製品、製紙などで、もし水が足りなければ減産となって経済に影響する。

紛争と解決

国と国や人の集団どうしが互いに同意できないとき、争いとなり場合に
よっては戦争になる。

紛争というのは、地域でも国内でも、世界規模でも起こり得るし、その
程度もちょっとした口論から大きな戦争まである。紛争の原因は水や土
地の権利、資源の取り合い、あるいは国境など。争いは深刻で長期間続
く場合もある。

紛争の原因

歴史においていつも紛争はあった。いろいろと複雑な原因があった
が、多くは宗教や文化、土地争いに関するものであった。紛争の解
決のためにはその原因を正しく理解しなければならない。

経済摩擦
石油や高価な鉱物、水などの重
要な経済資源の扱いは紛争のた
ねになりやすい。

政治紛争
貿易や、領土、領海の支配
などに関する意見の違いか
ら紛争になる。

文化の対立
人の集団ごとの民族性、文
化、宗教の違いが紛争の原
因になることもある。

国境紛争
国と国の間で境界に関する
同意が得られなくて紛争に
なることがある。

イデオロギーの対立
政治や宗教に関する考え方
や理想とするものが異なる
集団の間では紛争が起こり
やすい。

紛争を減らし、解決するためには

毎年、世界中で何百万人もの
人々が紛争の影響を受けている。
国連は、世界の貧困をなくすと
いう「持続可能な開発目標」を
達成する際の最大の障害の一つ
が紛争であると認識している。
紛争を解決しようとする組織は
さまざまな方法を使っている。

法と規制
紛争を解決する効果的な方法はど
ちら側もしたがわなければならな
いような法である。これは政府か
国際的な組織によって実施される。

調停と和解
紛争の当事者たちは互いの立場を
完全には理解していないかもしれ
ない。中立な立場の組織や個人が
これについて助力できることがある。

国際的な組織の関与
国連やNATOのような組織は兵士
や監視者を紛争地域に派遣するこ
とができる。彼らは紛争後も平和
を維持するために滞在することが
ある。

停戦
紛争の当事者による、一時的ある
いは永久に争いを止めるという合
意が停戦である。それは通常、国
際的な組織の仲介や関与にしたが
って行われる。

紛争の影響

紛争の起こった地域では多くの問題が発生する。人々が死傷したり、住居や工場、インフラストラクチュアなどが破壊されたりする。紛争はさらに他の地域や人々にも影響を与えることもある。

生命の喪失
紛争では多くの兵士の戦死があり、直接紛争に参加していない人々の故意や偶発的な事故による死亡もある。

人々の移動
紛争で住居を奪われた人々は避難しなければならない。また、特定の民族や宗教に属するという理由で去らねばならないこともある。

生活環境の破壊
橋、学校、道路などが破壊されると、紛争が終結しても国の復興の力に深刻な影響を与える。

紛争の広がり
紛争が拡大すると、さらに多くの人々が巻き込まれる。紛争地から多くの人々が逃れてくると新しいところで緊張状態が生まれる。

安全な生活を求めて
紛争によって難民となった人々は安全な生活の場所を求めるが、国によっては適切に受け入れることが難しいこともある。

制裁
紛争に責任のある国や個人は国際社会から処罰される。制裁によってある国が特定の商品の売買を禁止されることもある。

協力

1945年、第二次世界大戦の終結時に国際社会は将来このような戦争が起こらないようにする道を探ることになった。これが国際連合（UN）の創設につながり、その目的は人権を守り、世界の平和を維持し、国際協力を推進することである。

国際連合の構造

総会
（勧告機関）
193の参加国
（2019年）

安全保障理事会
（意思決定機関）
5つの常任理事国と10の非常任理事国。

事務局
（実施機関）
事務総長に率いられて、国連の政策や計画の実施の責任を持つ。

経済社会理事会
経済、社会、環境問題について議決や勧告を行う。

国際司法裁判所
国連加盟国や他の国連機関によって提出された法律上の論争や疑義を調整する責任を持つ。

国際刑事裁判所
国連と協力して、国際社会に関係する罪を問われた個人について裁判を開く。

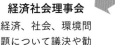

国連機関および
専門機関
国連難民高等弁務官事務所（UNHCR）、国際連合児童基金（UNICEF）、世界保健機関（WHO）、国連教育科学文化機関（UNESCO）などが含まれる。

実用地理学

実用地理学とは何か

地理学者は、周りの世界を理解するために、世界を記録し、測定し、説明する。

世界は地理学者が実験室の中で実験をして調べるには大き過ぎるしあまりにも変化に富んでいる。そこで地理学の研究には、位置を知り、地図を読み、データを集めるといった実用的な技術を持って現実の世界へ出て行かねばならない。

位置と場所

古代から、地理学者は知っている世界を地図にしようと試みてきた。特に15世紀の探検の時代以降、次第に距離を正確に測ることができるようになった。地理学の基礎は緯度や経度のような尺度を使って築き上げられた。地理学者たちは、いろいろな場所が、陸と海、国や地域に分けられた大きなスケールの地球のどこにどのように当てはまるかを理解している。

経度

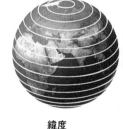
緯度

▲経線
地球上の場所の東西は経度によって正確にわかる。

午前　　　　　　　正午　　　　　　　午後

アラスカ（USA）-9　　-5　　　　　　　　+7　　+9　+10 +11 +12

国際日付変更線（180°）　-7　　-4　ロンドン（イギリス）+0　+3　+5

-6　　　-5　　　　　　　　　　　アフガニスタン +4.5 +8　日本 +9

・テキサス（USA）-6　　　　　　　　0　+2　スーダン +2　・バングラデシュ +6

本初子午線　+1

-4　　　　　　　　　　　　　　　　国際日付変更線（180°）

ブラジル -3　　　　　　　+1　　　　　+8 +9.5 +10

-3

🕐 1:00　🕒 3:00　🕕 6:00　🕘 9:00　🕛 12:00　🕑 14:00　🕟 16:30　🕕 18:00　🕘 21:00　🕛 24:00

「国際日付変更線」を西から東へ横切ると日付は1日（24時間）戻り、東から西へ越えた際には1日加えることになる

-11 -10 -9 -8 -7 -6 -5 -4 -3 -2 -1 0 +1 +2 +3 +4 +5 +6 +7 +8 +9 +10 +11 +12

▲標準時間帯
地図に盛り込まれるいろいろな情報の中には時差もある。
地球は自転しているので日の出の時刻は場所によって違う。

地図の技術

地図は、何がどこにあるか、あるいはある場所から別の場所へどう行けばよいか、を示すだけではなく、データを表示する効果的な方法でもある。さまざまな情報を表示するためにいろいろなタイプの地図がある。地図を集めた本が地図帳である。地図を読めるということは（さらに自分用の地図を作れるということは）、地図やコンパスを使うことと同じように地理学に必須の技術である。

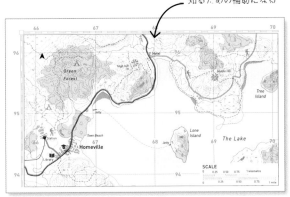

方位磁針は
北磁極を指
し示す

方眼線は正確な位置を
知るための補助になる

▲**コンパス（方位磁針）を使う**
コンパスの針は北磁極を指し、地
図上での方角を知ることができる。

▲**地図を使う**
地図には、道路、川、交通網、地形などの情報が
描かれている。地図上の記号は凡例に示される。

データの収集

地理学者は、周りの世界を観察し、その説明と理解のためにデータを集める。それにはある場所へ直接出向いて人々とその環境、あるいは自然などについてのデータを集める「野外調査」によることが多い。データには定性的なもの（画像やことば）、定量的なもの（数値や統計）、あるいはそれらを組み合わせたものがある。

野外での活動には、
周りの世界の注意
深い観察や記録が
含まれる

▶**野外調査**
野外調査では観察、測定し、記録を
とる。正確な結果を得るために十分
に注意深くしなければならない。

大陸と海洋

地球の表面は7つの大陸と5つの海洋に分けられる。

7つの大陸を合わせて陸地は約1億4,800万km² であるが、海洋を全部
合わせるとその2倍を優に超えて約3億6,100万km² である。

参照ページ	
‹24-25	プレートとプレート境界の運動
‹26-27	動く大陸
‹38-39	世界の自然地図
‹112-113	世界の海洋

地球の大陸と海洋

7つの大陸は世界の地政学的に重要な領域である。また、大陸は重い地殻の上
に載った古い大陸の岩石でできているので地質学的にも重要である。大陸の海
岸から離れた島は大陸に含まれると考えることが多いので、イギリスはヨーロ
ッパであるし、インドネシアはアジアである。

海洋の一番深いところはマ
リアナ海溝でその深さはお
よそ11kmである。

▲アジア
47の国のある最大の
大陸で、世界の人口
のおよそ3分の2が住
んでいる。

▲アフリカ
2番目に大き
な大陸で54の
国がある。

▲北アメリカ
カナダとアメリ
カ合衆国が大部
分を占めるが23
の国がある。

▲南アメリカ
14か国があり、
西側には一続き
の山脈がある。

▲南極
この大陸には
国はなく、ほ
とんどすべて
が氷でおおわ
れている。

▲ヨーロッパ
ロシアやトルコ
など何か国かは
アジアとヨーロ
ッパにまたがっ
ている。

▲オーストラレイシア
もっとも小さい
大陸でオースト
ラリアとニュー
ジーランドがあ
る。

亜大陸

亜大陸というのは大陸よりは小さいが、グ
リーンランドのようなかなり大きな陸塊か、
インド亜大陸のように大きな大陸の一部で
あるかのどちらかである。大陸にくっつい
たとしても、その特有の野生生物や気候を
保っていることがある。

▶インド亜大陸

インド亜大陸には8つの国があり、北と
西はそれぞれヒマラヤとヒンズークシ
の山脈が境界になっている。5,500万年
前までは完全に離れた大陸であった。

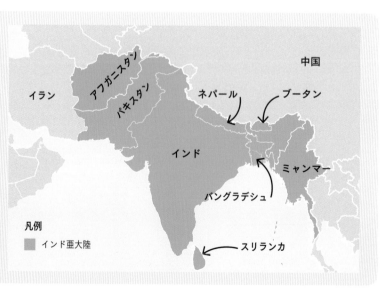

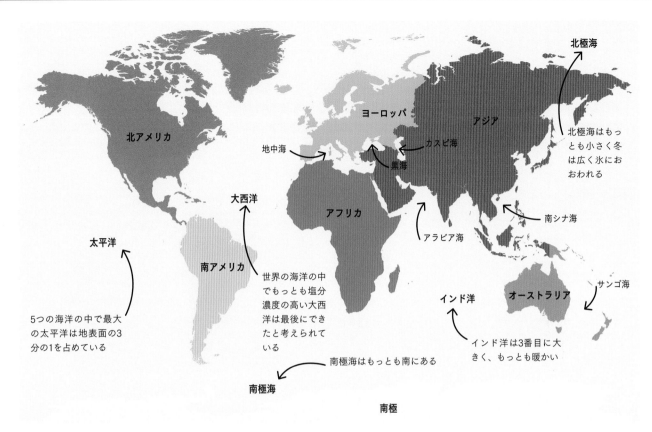

北極海

北極海はもっとも小さく冬は広く氷におおわれる

ヨーロッパ

アジア

地中海

カスピ海

黒海

大西洋

アフリカ

北アメリカ

アラビア海

南シナ海

太平洋

南アメリカ

世界の海洋の中でもっとも塩分濃度の高い大西洋は最後にできたと考えられている

インド洋

オーストラリア

サンゴ海

5つの海洋の中で最大の太平洋は地表面の3分の1を占めている

インド洋は3番目に大きく、もっとも暖かい

南極海はもっとも南にある

南極海

南極

▲大陸と海洋の位置

アフリカ、ヨーロッパ、アジアは合わせてアフロ・ユーラシアという地球上最大の陸塊である。すべての海洋はひとつに繋がった世界の海洋である。

海洋

地球には5つの大きな海洋があって塩水が満ちている。太平洋、大西洋、インド洋はそれぞれ、地球の両端にある2つの海、南極海と北極海に繋がっている。太平洋は圧倒的に大きくて、大西洋のおよそ2倍あり、インド洋は大西洋よりも少し小さい。

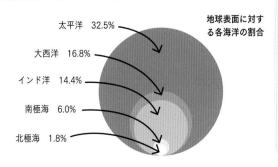

地球表面に対する各海洋の割合

太平洋　32.5%

大西洋　16.8%

インド洋　14.4%

南極海　6.0%

北極海　1.8%

大陸の端

海岸のある国では大陸棚のすべてが自分の国の領有でないとしても、とかく多くのことを主張しがちである。海岸から370km以内の排他的経済水域ではその国が漁業や石油採掘の権利をもっているが、船の航行を阻止することはできない。海岸から22kmまでの領海はその国が完全に領有する。

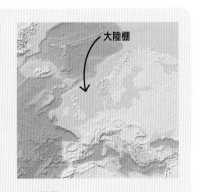

大陸棚

▲大陸棚

地質学的には大陸は陸地の端で終わるわけではない。大陸棚は海岸周辺の浅い海で大陸の一部である。

国と国民

世界はいろいろな大きさの国に分割されている。

参照ページ	
‹196-197	紛争と解決
首都と大都市	208-209›
地政学	216-217›

英語のcountryもnationも日本語では「国」という意味であるが、前者は国境で囲まれ、独自の法律をもつ陸の区域を意味し、後者は文化や言語を共有する人々をいう。区別なく使われることも多い。

国とは何か

国（英語のcountryあるいはstate）とは国際法によって承認された領土（陸上の決まった区域）である。自分たちの国を自分たちで統治する権利は公的に認められていて、他の国が国境を越えて干渉することは違法である。どの国も自分たちの政府と法律を備えている。国と国の境界が国境であり、それを越えるにはパスポートが必要になる。

1914年には独立国は57しかなかった。今日の国々の多くはその当時は大きな帝国の一部であった。

国の4つの主要な要素

領土
どの国にもきちんと規定された国境のある陸上の領土がある。領土は国のもっとも明確でわかりやすい姿である。

住民
国には国民が必要で、人口は国によってずいぶん違う。

統治権
国が外側から干渉されることなく自らを統治する権利は統治権と呼ばれる。国連に加盟しているすべての国には統治権がある。

政府
すべての国はその国の政府に管理されている。政府は国際法にしたがう法律を作って運用している。

国の数

いくつかの国の統治権は現在も論争中で、世界の国の数については、実は国際的な同意はとれていない。世界最大の国際機関である国際連合（UN）には193か国が参加しているが、さらに13か国については部分的に承認されている。国際的なスポーツの連盟などの組織は、いくつかの非独立国がその競技の国際大会に参加することを認めている。

193
国連加盟国
（2019年現在）

206
国連加盟国＋国連が部分的に
承認している国

206
オリンピック参加国

211
国際サッカー連盟
加盟国

民族とは何か

民族とは、文化や歴史、習慣、そしてふつうは言語が同じ
人々の集団である。国の人口の大部分が同じ民族に属する
ときに「民族国家」と呼ぶことがある。しかし、国の人口
全体がすべて同じ民族であることは少ないので、大部分の
国は多かれ少なかれ「多民族、多文化」である。またすべ
ての民族が彼ら自身の統治権を持っているわけではないこ
とを認識するのは大事なことである。

国境の変化

時には国が2つ以上に分割されることがある。多くは戦争の
結果であって再び統一されることを模索する。また、時には
民族国家の中の小さな民族集団がその国の政府に統治されて
いることを好まずに、彼ら自身の権利で独立した民族国家に
なりたいと希望することもある。

ドイツの分裂は首都
ベルリンにもおよび、
壁によって東ベルリ
ンと西ベルリンに分
割されていた

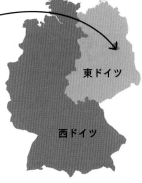

東ドイツ

西ドイツ

1990

ユーゴスラビア

1991

スロベニア

クロアチア

ボスニア・
ヘルツェゴビナ

セルビア

モンテネグロ　コソボ
（係争中）

北マケドニア

現在

セルビアはユーゴスラビア
の主導国だった。セルビア
人の権力が集中して、他の
ユーゴスラブ国家との紛争
拡大を招いた

ドイツ

現在

▲ユーゴスラビアの分裂
ユーゴスラビアは第一次世界大戦後に、複数の
国家をまとめて作られた。1990年代に始まった
一連の紛争の後、分裂して現在のようになった。

▲ドイツ統一
1949年から1990年の間、ドイツは、資本主
義と共産主義という政治思想によって2つの
国に分裂していた。2つの国は東ヨーロッパ
の共産主義の衰退のあと統一された。

グリーンランド

アイスランド
レイキャビク

アラスカ

カ　ナ　ダ

ヨーロッ

北　ア　メ　リ　カ

大　西　洋

アメリカ合衆国

オタワ

ハイチ

西サハラ
（領有権をめぐる紛争地域）

ワシントンD.C.

ポルトープランス

サントドミンゴ

ドミニカ共和国

ナッソー

セントクリストファー・ネービス

モロッコ

ラバト

ベリーズ

バハマ
キューバ

アンティグア・バーブーダ

モーリタニア

チュニジア

アルジェ

太　平　洋

メキシコ

ハバナ
ジャマイカ

ドミニカ

セントルシア

ヌアクショット
ダカール

セネガル

ア

メキシコシティ

ベルモパン

キングストン

セントビンセント及び
グレナディーン諸島

カーボ
ベルデ

ガンビア
ギニア

マリ

ホンジュラス

グアテマラ

グアテマラシティ

バルバドス

プライア

バマコ

サンサルバドル
ニカラグア

エルサルバドル

テグシガルパ
マナグア

グレナダ

バンジュール

ビサウ

コナクリ
フリータウン

アクラ

ワガドゥ
アブジ

コスタリカ

サンホセ

パナマシティ

トリニダード・トバゴ

ギニアビサウ

モンロビア

ロメ

パナマ

カラカス
ベネズエラ

ボゴタ
コロンビア

ガイアナ

スリナム

ジョージタウン

シエラレオネ

リベリア

コートジボワール

トー

ガーナ

ヤムスクロ

キト
エクアドル

パラマリボ

ポルトノボ

南　ア　メ　リ　カ

ブラジル

サントメ・プリンシペ

サントメ

コトヌー

マラボ

ペルー

リマ

ボリビア
ラパス
スクレ

ブラジリア

赤道ギニア

ガボン

コンゴ共和

カビンダ（アンゴラ）

ウィントフッ

世界の
政治地図

世界には190を超える国があり、ふつう
はそれぞれに首都が置かれている。

この地図には193の国際連合加盟国およ
びいくつかの非加盟国とそれぞれの首都を
示している。首都機能を複数の都市に分散
している国ではそれらの都市も示した。

パラグアイ
アスンシオン

大　西　洋

ブルームフォンテー

サンティアゴ

ウルグアイ
モンテビデオ

ブエノスアイレス

北 極 海

ロ シ ア 連 邦

太 平 洋

インド 洋

オーストラリア

オーストラレイシア

アジア

ジョージア
アルメニア
トビリシ
エレバン
アゼルバイジャン
バクー
ウズベキスタン
アシガバット
トルクメニスタン
イラク
バグダッド
ヨルダン
シリア
クウェート
アンマン
ダマスカス
アブダビ
カタール
マスカット
アラブ首長国連邦
オマーン
サウジアラビア
イエメン
サヌア
ジブチ
ジブチ
エリトリア
アディスアベバ
ソマリア
南スーダン
ウガンダ
モガディシュ
カンパラ
キガリ
ナイロビ
ケニア
ルワンダ
ブジュンブラ
ビクトリア
セーシェル
ドドマ
タンザニア
コモロ
モロニ
ブルンジ
マラウイ
ハラレ
マダガスカル
ジンバブエ
アンタナナリボ
ポートルイス
モーリシャス
モザンビーク
プレトリア
マプト
ロバンバ
エスワティニ
マセル
レソト

カザフスタン
ヌルスルタン
モンゴル
ウランバートル
キルギス
ビシュケク
タジキスタン
ドゥシャンベ
カブール
イスラマバード
テヘラン
イラン
アフガニスタン
デリー
ネパール
ブータン
ティンプー
カトマンズ
ミャンマー
パキスタン
バーレーン
マナーマ
ドーハ
インド
ネーピードー
ハノイ
タイペイ
台湾
ラオス
ビエンチャン
ベトナム
タイ
バンコク
マニラ
フィリピン
カンボジア
プノンペン
ダッカ
バングラデシュ
ブルネイ
パラオ
ンゲルルムッド
ミクロネシア
コロンボ
スリランカ
マレ
モルディブ
クアラルンプール
プトラジャヤ
マレーシア
シンガポール
シンガポール
スリジャヤワルダナプラコッテ
ジャカルタ
東ティモール
ディリ

中華人民共和国
北京
朝鮮民主主義
人民共和国
ピョンヤン
ソウル
大韓民国
セジョン
日本
東京

マーシャル諸島
バリキール
マジェロ環礁
タラワ環礁
ナウル
キリバス
ツバル
フナフティ環礁
サモア
アピア
パプアニューギニア
バヌアツ
ポートビラ
スバ
トンガ
フィジー
ヌクアロファ
ソロモン諸島
ホニアラ
ポートモレスビー
キャンベラ
ニュージーランド
ウェリントン

縮尺

0   1,000   2,000   km
0   1,000   2,000   マイル

首都と大都市

国の政府が設置された都市を首都という。

通常、首都はフランスのパリ、日本の東京のようにその国最大の都市であるが、そうではないこともある。ワシントンDCはアメリカ合衆国の首都であるが、アメリカ最大の都市はニューヨークである。

首都になる理由

一国の首都に選ばれる理由はいくつかある。大部分の首都は交通の便がよいし、政府や経済的な中心などの国の重要な施設がある場合もある。

◀交通の要所
国の主要な交通網が集まっているところやロンドンのようにかつて貿易の中心となる港であったところもある。

◀安全な場所
アテネのような古代の首都は、国の統治が常に機能するように防衛のしやすい丘の上に建設された。

◀中心
スペインのマドリード、ポーランドのワルシャワ、ベルギーのブリュッセルのように、首都は多くの場合、その国の地理的な中心、あるいは経済的な中心にある。

新しい首都

時には政府は政治的な理由で、別の都市を首都にしたり、何もないところに新しい首都を建設したりする。新しい首都は新しいスタートを象徴し、国の別のところが取り残されたように感じないために中立的に建設をする必要がある。

国	首都
ナイジェリア	**アブジャ** 1991年、ナイジェリアは政治的に中立な位置という理由で首都を海岸のラゴスから内陸のアブジャに移した。
ブラジル	**ブラジリア** 1960年、リオデジャネイロが過密都市になってしまったことと国の他の地域から遠いことから、ブラジリアに新しい首都を建設した。
オーストラリア	**キャンベラ** 1913年、どこを首都にするかという論争は新しい首都キャンベラの建設で解決した。
パキスタン	**イスラマバード** 1960年代、中心にあるということと、カラチよりも攻撃に強いということでイスラマバードに首都が建設された。
インド	**デリー** 1931年、インドは旧首都カルカッタの政情不安にともなって首都をデリーに移した。
アメリカ合衆国	**ワシントンDC** 1790年の政治協定によってワシントンDCはアメリカ合衆国の首都となった。

世界都市

ニューヨーク、ロンドン、東京のような都市は世界に対して重大な経済的な影響力があり、グローバルシティ、あるいは世界都市と呼ばれている。これは人口1,000万人以上の都市であるメガシティとは異なる。グローバルシティは、世界をつなぐインフラストラクチュアや機能とともに、世界都市どうし、あるいは他の地域との強い結びつきがある。

交通の要所

貿易の要所

アルファシティ

世界の都市を比較、研究してランクを決めている機関がある。ある機関では都市を経済活動と、世界との結びつきに基づいてアルファ、ベータ、ガンマに分けている。

広範囲のメディアの拠点

主要な劇場やコンサートホール

アルファ＋＋	ロンドンとニューヨークの2都市だけが世界と最大の結びつきをもっていると評価されている
アルファ＋	ホンコン、北京、シンガポール、上海、シドニー、ドバイ、パリ、および東京がこのランクの8都市である。
アルファ	フランクフルト、ムンバイ、メキシコシティ、マドリード、およびイスタンブールを含む23都市である。
ベータ	アルファシティは主要な地域を結んでいるが、ソウルのようなベータシティは小さな国や地域を世界経済に結びつけている。
ガンマ	メルボルンのようなガンマシティは、郡や州などの狭い地域を世界経済に結びつけている。

グローバル企業の本社

大学や研究所

▶**共通の特徴**
グローバルシティ間の結びつきが拡大するということは、それらには共通の特徴がたくさんあるという意味である。これらの特徴の多くを備えてさえいれば都市はグローバルシティと見なされる。

サービスの拠点

国際的な政治の連携

高機能な病院

改革拠点

第一の都市

これらの都市はその国の中の他のどの都市よりも人口、経済力、影響力の面で飛びぬけて大きい。下の図は都市とその周辺に集まった人口を示す（国連の集めたデータによる）。

凡例

第一の都市

第二の都市

ブエノスアイレス、アルゼンチン
アルゼンチン第一の都市、ブエノスアイレスは人口がほぼ1,400万人で、第二の都市、ラマタンサの約6倍である。
↱ ラマタンサ

バンコク、タイ
タイ最大の都市バンコクは約880万以上の人口があり、第二の都市ナコンラッチャシマの約3.5倍以上である。
↱ ナコンラッチャシマ

ロンドン、イギリス
イギリス最大の都市ロンドンの人口は約900万人で第二の都市バーミンガムには約270万人が住んでいる。
↱ バーミンガム

メキシコシティ、メキシコ
最大都市メキシコシティには約2,000万人が住み、第二の都市グアダラハラには約500万人が住んでいる。
↱ グアダラハラ

カイロ、エジプト
世界でも最大の都市のひとつカイロには約2,000万人が住み、第二の都市アレクサンドリアには500万人ほどが住んでいる。
↱ アレクサンドリア

ジャカルタ、インドネシア
約1,050万人が住むジャカルタの人口は第二の都市スラバヤの3.6倍ほどである。
↱ スラバヤ

南北半球と緯度

赤道から南北へどれだけ離れているかを0°から90°までの緯度で測る。

地球は仮想の線である赤道で北半球と南半球の2つに分けられる。赤道は両極からちょうど同じ距離にあり、地球の一番太いところである。

熱帯と極圏

地球は5つの帯状の地域に分割される。赤道から南北の回帰線までが熱帯、北極と南極の周囲がそれぞれ北極圏と南極圏である。

▶地球の区分

図に示した線は、日中の太陽が真上に見えるところや、真夜中に太陽が見えるところの限界の位置を示している。

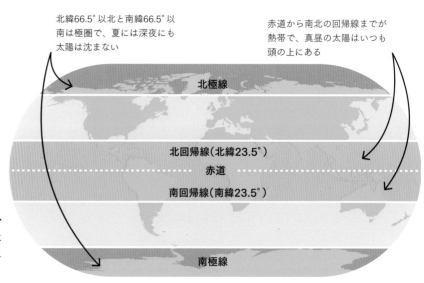

北緯66.5°以北と南緯66.5°以南は極圏で、夏には深夜にも太陽は沈まない

赤道から南北の回帰線までが熱帯で、真昼の太陽はいつも頭の上にある

北極線

北回帰線（北緯23.5°）
赤道
南回帰線（南緯23.5°）

南極線

北半球と南半球

地球の北半球には陸地の3分の2以上があり、南半球には3分の1以下しかない。西半球、東半球に分けることもできる。

▶地球の南北

陸地は北半球の方に多いので、人口の90%程度が北半球に住んでいて、南半球には約10%ほどである。

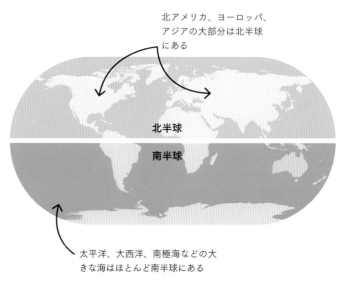

北アメリカ、ヨーロッパ、アジアの大部分は北半球にある

北半球

南半球

太平洋、大西洋、南極海などの大きな海はほとんど南半球にある

緯度

緯線は赤道と平行に地球の表面に仮想的に描いた円である。赤道の緯度は0°、北極が北緯90°、南極が南緯90°である。北回帰線は北緯23.5°、南回帰線は南緯23.5°である。

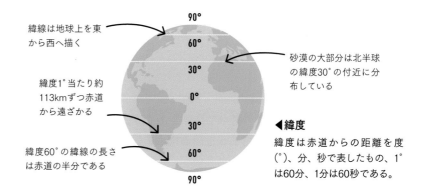

緯線は地球上を東から西へ描く

砂漠の大部分は北半球の緯度30°の付近に分布している

緯度1°当たり約113kmずつ赤道から遠ざかる

緯度60°の緯線の長さは赤道の半分である

◀緯度
緯度は赤道からの距離を度（°）、分、秒で表したもの、1°は60分、1分は60秒である。

北半球での太陽の見え方

太陽が天空を通る道筋は緯度によって違い、熱帯では高くのぼり、極圏では低い。太陽の道筋は冬至から6か月間は南から北の方へ移動し、夏至で折り返して次の6か月間は南へ移る。そのため昼の時間の一番長い夏至、一番短い冬至がある。春分、秋分は至点の中間で昼と夜の長さがどちらも12時間である。南半球では同じ日に逆のことが起こる。

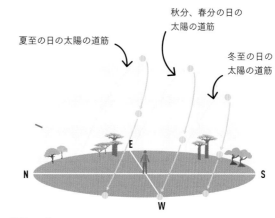

夏至の日の太陽の道筋

秋分、春分の日の太陽の道筋

冬至の日の太陽の道筋

北緯23.5°
北回帰線上では、夏至の正午には太陽は真上にある。冬至には正午の太陽の位置は低く、昼の時間も短い。

太陽の見かけの道筋は夏至に一番長く、冬至に一番短い。

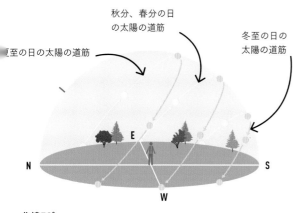

秋分、春分の日の太陽の道筋

夏至の日の太陽の道筋

冬至の日の太陽の道筋

北緯50°
北緯50°では、太陽は空の低いところを通る。

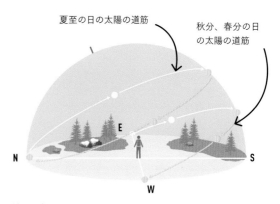

夏至の日の太陽の道筋

秋分、春分の日の太陽の道筋

北緯66.5°
北極線（北緯66.5°）上では、太陽はいつも低い。夏至には真夜中でもちょうど地平線上に太陽が見える（白夜）が、冬の間は太陽は見えない。

経度、標準時間帯、座標

地球の表面に北から南へ描かれた仮想の線は経線で、赤道と直角に交わる。

経線は東、あるいは西へどれだけ離れているかを示す。地球を時間帯で分け、緯度とあわせて利用するとある地点の座標になる。

経度

北極と南極の間を結んだ経線で世界をすいかのように割ると、赤道付近は幅が広く、極では狭くなる。経度0°を本初子午線といい、イギリスのグリニッジを通る。経度は本初子午線から西か東へどれだけ離れているかを示している。

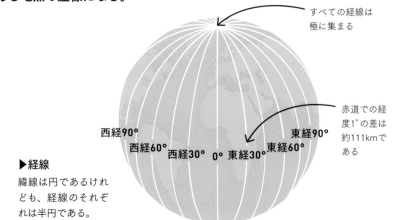

すべての経線は極に集まる

赤道での経度1°の差は約111kmである

西経90°　西経60°　西経30°　0°　東経30°　東経60°　東経90°

▶経線
緯線は円であるけれども、経線のそれぞれは半円である。

クロノメーターと経度

人工衛星が使われる前は、航海士は経度の測定にクロノメーターと呼ばれる高精度の時計を使っていた。海上での位置は決まったところで合わせたクロノメーターの時刻と、船の現在地付近の時刻、つまり太陽の角度を測ってわかる時刻とを比較して決めていた。

現在地の時刻は太陽の角度で決める

▶時刻と位置
クロノメーターを使えば、ある地点での太陽の角度と本初子午線における太陽の角度の差を調べて経度を計算できる。

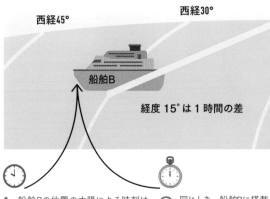

西経45°　　西経30°　　西経15°　　グリニッジ　0°

船舶B　　　　　　　　　　　　　　　　　船舶A

経度15°は1時間の差

凡例

🕐 現在地の時刻

⏱ 船上のクロノメーターの時刻

4 船舶Bの位置の太陽による時刻は午前10時でクロノメーターより2時間遅れている。したがって船舶Bは本初子午線よりも30°西にいることになる

3 同じとき、船舶Bに搭載したクロノメーターもグリニッジの時刻に合わせてあるので正午を示す

2 船舶Aのクロノメーターは固定点であるグリニッジの時刻、すなわち正午に合っている

1 船舶Aは経度0°にいる。太陽はこの経線上では頭上にあり、グリニッジでは正午である

標準時間帯

地球が西から東へ自転しているので、世界中で時刻が違う。北アメリカで夜明けのとき、ヨーロッパは真昼、中国は夕暮れである。経度が15°違えば時刻は1時間違う。

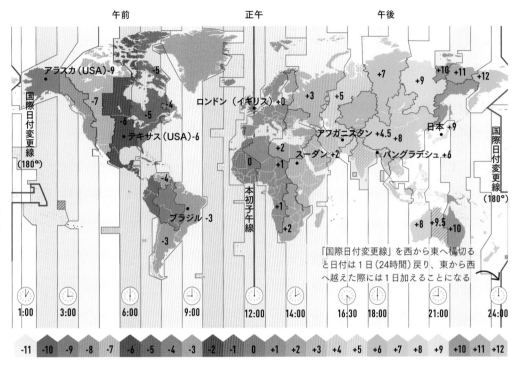

国際日付変更線で世界を西半球と東半球に分けている

▶標準時間帯

経度が15°違えば1時間違うので、本初子午線から測って対応した時間帯が決まる。実際には時間帯の境界は国境に合わせてジグザグになっている。

座標による位置の指定

地球上の地点の位置は、グラフのx, y座標と同じように、緯度と経度による座標を使えば決定できる。この場合の原点は本初子午線と赤道の交点である。

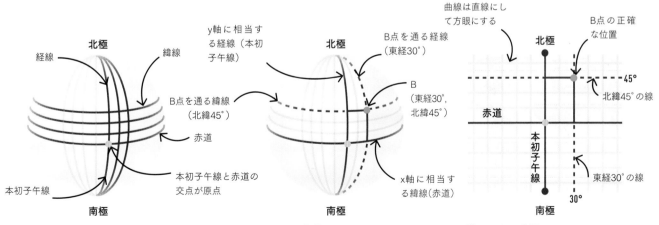

▲座標の決め方

地球上のどの地点も、直交する緯線と経線を使って正確に指定できる。

▲位置を示す数値

場所の座標はグラフのx, y座標と同じように、北緯あるいは南緯、東経あるいは西経の度数で決められる。

▲地図の上の座標

平面地図の多くでは緯線と経線は四角形の方眼状になっている。ある場所の位置はこの方眼を使って指定できる。

どれだけ離れているか

2つの地点の間がどれだけ離れているかを地理学では「距離」という。

2つの地点の間の距離の測り方はいろいろある。km、歩、ブロックなどの単位の違い以外に、地理学者は別の距離を考えることもある。

絶対距離

もっとも基本的な距離、すなわち2点が物理的にどれだけ離れているかを絶対距離という。これは地図の上で測れる長さであり、2点を直線で結んだ距離は最短であるが、ルートによって距離は違う。

▶絶対距離の測り方
地図の上ではA点とB点の間の直線（ルート1）がもっとも測りやすい。道路に沿った距離（ルート2）や川に沿った距離（ルート3）は長いし、測りにくい。

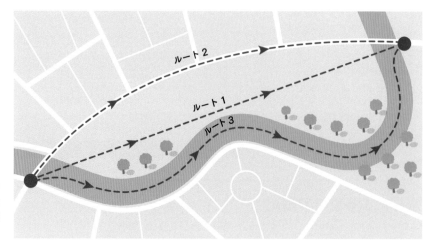

相対的な距離

地理学で相対的な距離というのは絶対距離とは違って、社会的に見て、あるいは文化的、経済的に見て2つの地点がどのくらい離れているかをいい、長さの単位では測れない。徒歩でしか行かれない貧しい隣町どうしに比べて、ずっと離れた2つの裕福な町の中心が高速交通で結ばれていればいろいろな意味で互いに近いといえる。相対的な距離には、時間的な距離や便利さの距離、社会的な距離、あるいは経済的な距離などもある。

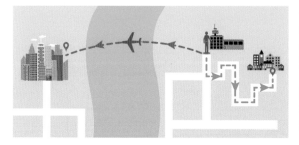

◀時間的な距離
2つの地点間の移動にかかる時間が時間的な距離である。空港の近くに住んでいれば、近隣の町よりも外国の都市の方が時間的な距離は近いかもしれない。

◀便利さの距離
時間のかかる障害があるかどうかによる距離である。物理的に近道でも沼地や森を抜けなければならない場合は便利なルートとはいえない。

離れていることの影響

離れていることが影響するようなことはたくさんある。移動の際には、物理的な距離と同じように、時間や労力、快適かどうかなどもすべて考慮しなければならない。到達しやすいところが近いとは限らず、障害の少ない便利なルートであるだけかもしれない。「移動可能性」という言葉は2点間の移動の容易さ、あるいは費用も考慮に入れて使う。

通信網

インターネットビデオのような遠隔通信は地球の裏側までの時間的な距離をほとんどないところまで短縮できる。移動電話やメッセージのサービスは手紙と置き換わって、相対的な時間的な距離を劇的に削減した。

ホンコン

ニューヨーク市

離れることによる減衰

物理的な距離は相互の連携の程度に大いに影響する。人も事業も地元どうしでは互いに密に連携するが、少し離れた町との連携は弱くなり、遠く離れたところと連携することはほとんどない。

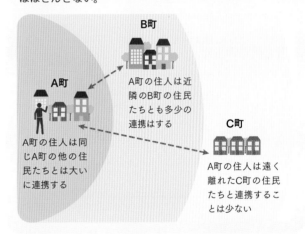

B町

A町

A町の住人は近隣のB町の住民たちとも多少の連携はする

A町の住人は同じA町の他の住民たちとは大いに連携する

C町

A町の住人は遠く離れたC町の住民たちと連携することは少ない

距離の障害

隔たりを埋めるには、時間、エネルギー、労力、そして資源がいる。隔たりが大きければ、埋めるために必要なものも増える。これを距離の障害という。ビジネスでは距離の障害を最小にするように工夫が必要である。

▲長いが障害の少ない隔たり
物理的に長い道のりでも障害は少ないかもしれない。道が長くて曲がっていても障害がなければ楽に行ける。

▲短いが障害の多い隔たり
物理的に短くても障害が多いこともある。山や川があって越えにくければ行程は困難をともなう。

▲ほどほどの隔たりと障害
長さも障害もほどほどである行程の評価は難しい。移動して得られるものに対する労力や費用を見積もってみることが大切である。

地政学

国際関係に影響をおよぼす地理学的な要因を調べる研究を地政学という。

地政学は、世界が国や地域にどのように分けられているか、と同じように貿易関係、経済的な関係、政治的な結びつきや軍事同盟のようなさまざまなグループ分けにも焦点を当てる。

世界の鍵となるところ

地政学は、地域性、政治、経済、宗教などに基づいて世界193か国をいろいろなグループに分けている。最大のグループ分けは地政学領域によるもので、それはさらに地政学的地域に分けられる。

▶地政学的なユニット
今日、世界はおよそ13の地政学的な領域に分割され、それぞれの領域はさらに多くの地域を含む。

政治的同盟関係

近接する国々は互いに金融面や共通の危機に対して支援をし合うために同盟関係を結ぶことがある。同盟関係はいっしょに行動することに同意する形や、複雑な機構や合同の政府を作る形もあり得る。

ヨーロッパ連合(EU)
ヨーロッパの27か国の政治および経済の連合組織であるEUはすべての加盟国の代表による合同の議会と合同の法律を備えている。

オーストリア	エストニア	イタリア	ポルトガル
ベルギー	フィンランド	ラトビア	ルーマニア
ブルガリア	フランス	リトアニア	スロバキア
クロアチア	ドイツ	ルクセンブルグ	スロベニア
キプロス	ギリシア	マルタ	スペイン
チェコ共和国	ハンガリー	オランダ	スウェーデン
デンマーク	アイルランド	ポーランド	

＊2021年時点

▲国際連合(UN)安全保障理事会
国連加盟の193か国のうち15か国が、国際平和と安全を維持するために安全保障理事会に参加している。理事会のうちの5か国は常任理事国である。

凡例
■ 常任理事国
■ 非常任理事国(任期)

軍事同盟

国家間の軍事協力に関する同意を軍事同盟といい、紛争の際に合同で戦うことのみならず、戦争の開始を妨げるように協力することも意味している。攻撃的な国による軍事同盟は他の国々を脅かすこともある。

◀北大西洋条約機構（NATO）
NATOは北アメリカとヨーロッパの30か国の軍事同盟で、攻撃に対して互いを守ることに同意している。

NATO加盟国

アルバニア	ギリシア	ポーランド
ベルギー	ハンガリー	ポルトガル
ブルガリア	アイスランド	ルーマニア
カナダ	イタリア	スロバキア
クロアチア	ラトビア	スロベニア
チェコ共和国	リトアニア	スペイン
デンマーク	ルクセンブルグ	トルコ
エストニア	モンテネグロ	イギリス
フランス	オランダ	アメリカ合衆国
ドイツ	ノルウェイ	北マケドニア

経済同盟

国境を越える品物の売買を容易にするために国家間で経済的な同盟を結ぶことがある。交易国（互いに貿易をする国のグループ）は相互の関税（国境を越える品物に対する追加の税金）を引き下げて交易を楽にする。経済同盟は貿易の規制や基準の共有に同意している。

▲北アメリカ自由貿易協定（NAFTA）
アメリカ合衆国、カナダ、メキシコの間の北アメリカ自由貿易協定は1994年に発効し、相互の貿易における関税の大部分を撤廃した。

▲東南アジア諸国連合（ASEAN）
10か国の加盟する東南アジア諸国連合は経済同盟だけではなく地域の政治的な組織にもなっている。

▲先進7か国首脳会議（G7）
先進7か国首脳会議にはカナダ、フランス、ドイツ、イタリア、日本、イギリス、アメリカ合衆国が参加している。

▲世界貿易機関（WTO）
世界貿易機関のメンバー国による貿易は世界貿易の98%に相当し、WTOは国家間の貿易のルールを取り扱っている。

▲金融・世界経済に関する首脳会合（G20）
19か国とEUおよびその中央銀行の総裁の会議で、世界の金融に関する責任を負っている。

▲経済協力開発機構（OECD）
経済協力開発機構には主にヨーロッパと北アメリカの先進38か国が参加している。

かつての世界

世界の地政学上の地図は政府の存亡とともに絶えず変化し、古い連携が壊れて新しいパートナーシップが作られる。たとえば、マケドニアは2019年1月に北マケドニアになり、2020年にNATOに参加し、EU加盟を交渉中である。イギリスは2020年1月にEUから離脱した。

◀アフリカの植民地
19世紀末、エチオピアとリベリア（地図の中の黄色）以外のアフリカの国はすべてヨーロッパの植民地だった。現在ではその大部分は独立している。

▲ソビエト連邦
ソビエト社会主義共和国連邦（USSR）、つまりソ連は多くの国の集まりであったけれども、1922年から1991年までは1つの政治圏としてソ連共産党に統治されていた。

▲イギリス連邦
女王エリザベスII世は現在、53の独立国からなる緩やかに結束するイギリス連邦を率いている。これらの大部分は過去の大英帝国の植民地であった。

地図のいろいろ

地図は地球の一部を平らな面に表現して、景観の特徴を説明する。

一般図は一枚の地図にさまざまな情報を盛り込んでいる。しかし他の多くの地図は、人口密度や空港の位置と鉄道網などの限定した情報を知らせる主題図である。

よく使われる主題図

さまざまな種類の情報を示す目的でいろいろな主題図が作られる。もっとも一般的なものは政治地図と自然地図である。政治地図は国の位置とその国境を示していて役に立つ。自然地図には山や谷などの地形が描かれる。

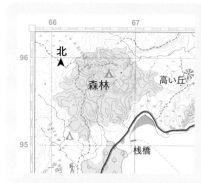

地形図

地形図はハイキングやウォーキングに便利で、丘の形や高さなど地形の姿が特に詳細に示された一般図である。

▲政治地図

政治地図は国や州の輪郭、首都の位置などを示す。上の地図にはアメリカ合衆国の州と北アメリカ、中央アメリカの国々が描かれている。

海抜

2,000–4,000 m	250–500 m
1,000–2,000 m	100–250 m
500–1,000 m	0–100 m

▲自然地図

自然地図には陸地の自然の姿が描かれている。上の地図は北アメリカの山、谷、川、湖、および陸地の海抜を示す。

その他の主題図

統計などの特殊なデータを示すための主題図もある。統計地図は人口や資源など
の分布を示すために特に便利で、政治地図や自然地図をもとにすることが多い。

▲コロプレス地図
目的とするデータの値を表示するために異なる色や濃さ
が使われる。上の地図はアメリカ合衆国からメキシコに
かけての地域で一人当たりの収入を比較している。

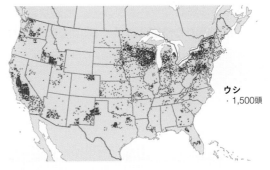

▲ドットマップ（点描図）
人口その他のデータの分布を示すためにドット
を使う地図で、点1つである数値を示す。上の
地図では点1つがウシ1,500頭である。

▲気温分布図
場所によって違う気候を見るための地図もある。上の気温分布
図では同じ大陸での場所による寒暖の様子を色で示している。

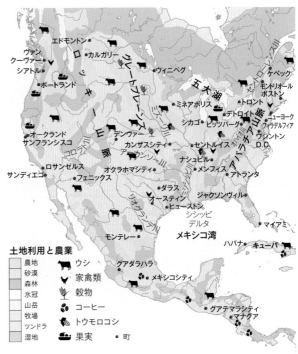

▲土地利用図
場所による土地利用の様子を示し、用
途の違いを色や記号で表現している。

地図の機能

地図とは、特徴を示すための記号を使って地球の景観を平面に示す図面である。

地図は地理学者の重要なツールである。地図は場所に関する情報を伝達し、さまざまな目的で使用されている。地図の製作者は何を表示し、何を省くかを選択しなければならない。

地図の表すもの

地図は目的によって変化するが、たいていは縮尺を使って長さと方向を示している。地下鉄路線図などでは路線と駅だけを示すこともある。

方位

地図の上では方位は重要で、実際の方位を示す図のような記号を、地図の上の本当の北を示す方向に向けて書き込むことが多い。地図とコンパスがあれば、オリエンテーリングで進路を探すときなど特に役に立つ。

縮尺

地図の上の長さと、実際の長さの比が縮尺である。小さな縮尺の地図では大きな地域が小さな地図になり、大きな縮尺の地図では小さな地域が大きな地図になる。

▼地図を読む

小さな縮尺の地図ならばオーストラリアの大陸全体のような大きな面積を表示できるので地図を読めば大陸の中の場所の配置が一目でわかる。

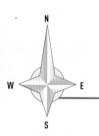

距離尺
地図上での実際の長さを示すものさし。この図ではkmとマイルで表示されている。

0 km 100 200
0 miles 100 200

縮尺の説明
地図上の長さが実際はどれだけかを説明する。

地図上の1mmは実世界では1kmである

縮尺分数
地図の縮尺を分数(比)で表現する。

1：1,000,000の地図の上では実世界の1,000,000分の1である

方眼

大部分の地図は縦横の方眼を重ねてある。それぞれのマス目は文字と数字を与えられていて、地図を読む人が場所をすばやく正確に把握できるようになっている。

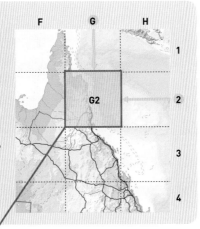

凡例

たいていの地図はさまざまな記号を使って都市や空港、山などを示している。地図には凡例があってそれぞれの記号の意味が説明されている。

———　州境

———　主要道路

———　鉄道

———　河川

-----　季節河川

◉　首都

▣　州都

◉　主要都市

○　その他の都市

✈　空港

　　　湖

いろいろな縮尺

地図を使う人にとって縮尺は重要である。小さな縮尺では広範囲を眺め渡せるけれども詳細はほとんどわからない。地域計画の際などには詳細の分かる大きな縮尺の地図が必要になることもある。

◀広範囲

この小さな縮尺の地図ではイギリス諸島が全部見えているが、国名と大きな都市の名前がわかるだけで詳細は見えない。
縮尺　1:42,000,000

◀主要な道路網

少し大きな縮尺になるとイギリスの南東部の主要な道路が見える。多くの都市の名前があり、町の大きさの違いなどがわかる。
縮尺　1:11,000,000

◀地域の幹線道路

さらに大きな縮尺では、ロンドンから出ていく主要道路と周辺の地名、名所などの名前がわかる。
縮尺　1:1,800,000

◀市内地図

ロンドン市内を案内するためには通りの一本一本の名前や主要な建物がわかる地図が必要になる。
縮尺　1:25,000

地球儀

地球の表面を描くには、丸い地球儀か平らな地図を使う。

地球は丸いので、地球儀ならば正しく表現できる。平面の地図にするためにはどこかをゆがめなければならないので難しい。

地球儀とは

地球儀には軸があって、回して見ることができるようになっている。地球儀の軸は南北の極を通っていて実際の地球と同じように23.5°傾けてある。

▶人工衛星による画像
人工衛星で撮影した写真は気象システムと合わせた地球儀として利用されている。

▶地球儀
大陸や川、山脈などの地球表面のおおよその様子がわかる。国や都市や航路が描かれることもある。

地球儀を作る

たいていの地球儀は12枚かそれ以上の枚数のゴア（経度帯）と呼ばれる盾のような形の紙に印刷したもので作られている。これらのパーツを注意深く、正確につながるように球の上に貼る。山や谷の起伏がわかるように凹凸をつけて作られた地球儀もある。

▶ゴアを使って
球の表面にうまく貼り合わせられるように、ゴアは赤道部分で幅が一番広く極に向かって狭くなっている。

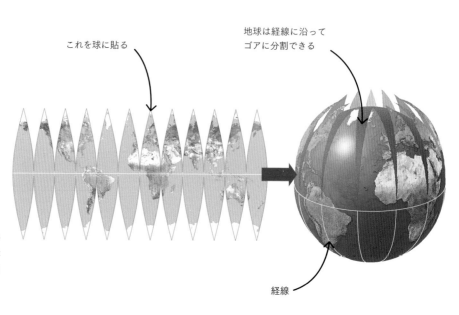

これを球に貼る

地球は経線に沿ってゴアに分割できる

経線

緯度

緯線は、赤道に平行に地球の周りに描かれた仮想的な線である。ある地点が赤道から北や南にどれだけ離れているかを角度で表している。赤道が0°、北極が北緯90°、南極が南緯90°である。

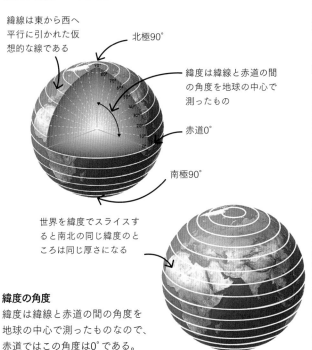

緯線は東から西へ平行に引かれた仮想的な線である

北極90°

緯度は緯線と赤道の間の角度を地球の中心で測ったもの

赤道0°

南極90°

世界を緯度でスライスすると南北の同じ緯度のところは同じ厚さになる

緯度の角度
緯度は緯線と赤道の間の角度を地球の中心で測ったものなので、赤道ではこの角度は0°である。

経度

経線あるいは子午線は地球の周りに北極と南極を結んで引いた仮想的な線である。グリニッジを通る経線を経度0°の本初子午線といい、経度は地球上のある地点が本初子午線から西あるいは東へどれだけ離れているかを角度で表す。

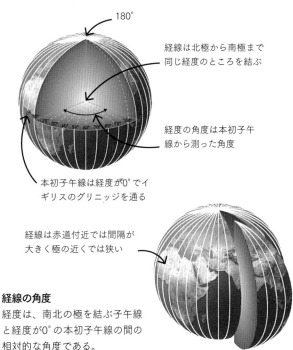

180°

経線は北極から南極まで同じ経度のところを結ぶ

経度の角度は本初子午線から測った角度

本初子午線は経度が0°でイギリスのグリニッジを通る

経線は赤道付近では間隔が大きく極の近くでは狭い

経線の角度
経度は、南北の極を結ぶ子午線と経度が0°の本初子午線の間の相対的な角度である。

距離の計測

かつては、航海士は羅針盤を使って「航程線」上に船を進めた。羅針盤は一定の方向に設定されたコンパスで航程線はメルカトル法の地図では直線になる。地球表面は曲面なので、地図の上で直線でも2点間の最短の長さとは限らない。最短の長さは「大圏」である。大圏とは地球の中心を通る平面が地球の表面と交わる円で地図の上でもふつうは曲線である。

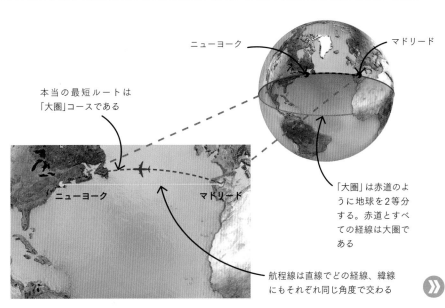

ニューヨーク

マドリード

本当の最短ルートは「大圏」コースである

ニューヨーク

マドリード

「大圏」は赤道のように地球を2等分する。赤道とすべての経線は大圏である

航程線は直線でどの経線、緯線にもそれぞれ同じ角度で交わる

▶最短の航路
まっすぐな航程線は2点間の最短の長さに見えるが、本当に最短なのは大圏コースである。

地図投影

地球表面の曲面を平らな地図に変換することは簡単ではない。方法はいくつかあるが、どの方法で世界を表現しても（「投影」しても）いくらかのひずみが残る。長さを正しく表現する方法、大陸の面積を正しく表す方法、また大陸の位置関係をうまく表現する方法などもある。

円筒図法

地球の表面を円筒上に移す方法を円筒図法という。この筒を広げれば平らな地図になる。この地図は世界中を眺めるにはとても便利だが、極付近の国の大きさはかなりひずんでしまう。

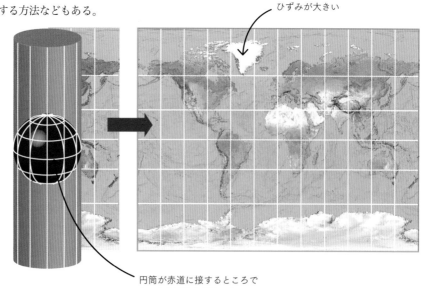

赤道から遠いところほどひずみが大きい

▶円筒図法
地球儀の周りに紙を巻き、数式を使って紙の上に各地点を投影すれば地図ができる。

円筒が赤道に接するところでもっとも正確な縮尺になる

円錐図法

地球の半分を円錐に投影して地図を作る。形の正確さは円筒図法と同じ程度、面積はそれよりずっと正しく、地球儀の一部分や国の地図などに使われる。

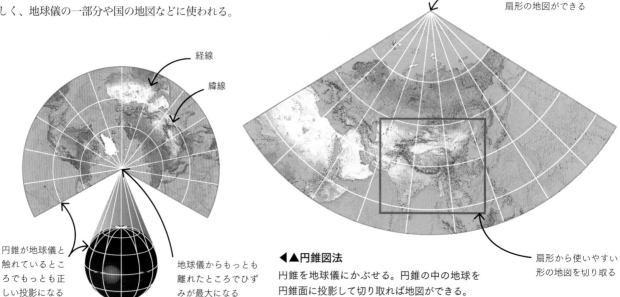

経線

緯線

円錐を頂点から底まで図のように切り開けば扇形の地図ができる

円錐が地球儀と触れているところでもっとも正しい投影になる

地球儀からもっとも離れたところでひずみが最大になる

◀▲円錐図法
円錐を地球儀にかぶせる。円錐の中の地球を円錐面に投影して切り取れば地図ができる。

扇形から使いやすい形の地図を切り取る

方位図法

地球儀の下に置いた平らな円形の紙に投影して地図にするが、ふつうは長方形に切り取る。極地方の地図によく使われるが、個々の大陸を表示するときに使われることもある。

他の図法ではひずんでしまうことの多い極地方が正しく表示される

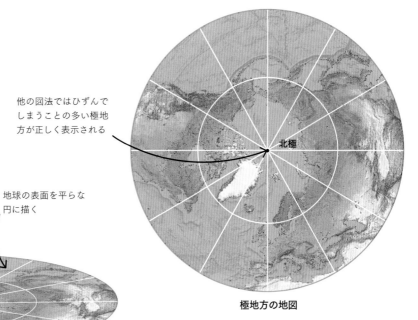

北極

極地方の地図

▼中心からの距離

方位図法で作られた地図ではどの地点も中心からの距離は正しい比率で表示される。

地球の表面を平らな円に描く

縮尺は地球儀と紙の接している中心の部分でもっとも正しい

メルカトル図法とピーターズ図法

1569年、フランドル人のゲラルドゥス・メルカトルが発案したメルカトル図法では緯線と経線が互いに直角に交わっていて、地図上のどの方向へも直線ルートを描くことができる。1967年にアルノ・ピーターズが考案したピーターズ図法は面積を正しく表示する等積図法である。使用目的に合わせて地図を選べばよい。

緯線に沿って移動する場合にはこの地図で長さを測ることはできない

陸塊の大きさはメルカトル図法よりも正確で、公平に比較できる

グリーンランド

アフリカ

グリーンランドの大きさはかなりひずんでいてアフリカよりも大きく見える

▲メルカトル図法
メルカトル図法の大きな欠点は極に近い国が実際よりもかなり大きくなることである。

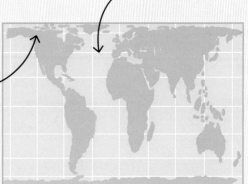

▲ピーターズ図法
ピーターズ図法では赤道に近い大陸は引き伸ばされて見えるが、国の相対的な大きさはメルカトル図法によるものよりもずっと正確である。

地形図

地球の表面の詳細、特に地形と高度を正確に表示する地図が地形図である。

地形とは、地球の物理的な形である。地形図では狭い地域を大きな縮尺で見るのでハイキングのときなどに役に立つ。

地形図を読む

地形図は記号を使ってその土地の物理的な特徴を表現している。その記号の意味は凡例で説明される。地形図の読み方を学べば、野外の探検やよく知らない土地を歩くときに役立つ。熟練すれば、森林地帯の木の種類などの土地の特徴を詳細に読み取れるようになる。

地形図の特徴

地形図には道路や鉄道、建物、森林地帯や湿地の植物の種類、丘陵の高度なども描かれている。地図記号は国によってかなり違うため、地図ごとに凡例や記号表を表示するのがふつうである。

凡例

道路と通路

― 幹線道路
― 補助道路
----- 歩行者用通路

鉄道

― 複線鉄道
●― 鉄道の駅

娯楽施設

⛺ キャンプサイト　　❋ 展望台
🐦 自然保護地区　　🚶 遊歩道

一般的な目印

建物
📖 図書館
🎓 学校
---- フェリー航路

植生

広葉樹林
針葉樹林
低木地
湿地

土地の特徴

～60～50～40 等高線
～ 川
水
砂
泥

歩行者用地図

▲地形図の使い方
地形図を見て土地を理解するには練習が必要。熟練すればこの地図の道路が海岸に沿っていて谷を通っていることが読み取れる。

北を探す

地図に北の方向が2つある場合がある。真北というのは北極の方向、北磁極は方位磁針が指す方向である。

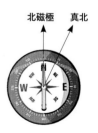

方眼による地点表示

地図上で場所を正確に指定するために、方眼という格子に番号をつけたものを使う。経線（縦線）と緯線（横線）は直交しており、東経は西から東へ、北緯は南から北へ番号をつけるのがふつうである。これを使えば場所を指定することができる。

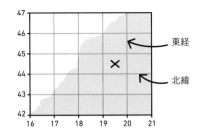

◀場所の指定

たとえば6桁の方眼表示で195445の場合、最初の2文字が東経、4番目と5番目が北緯を表す。3番目と6番目の数字で四角形の中をもう少し詳しく表示している。

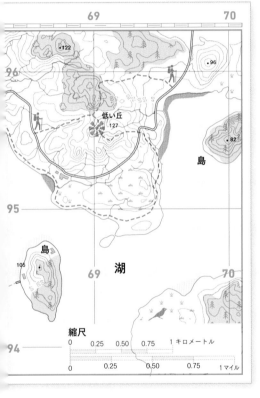

等高線

等高線とは海抜の同じ地点を結んだ線である。土地がどのような傾斜になっているかを示し、崖にぶつからない限り常に閉じた曲線になる。線の間隔がつまって数値が増えていくところには山があり、数値が減っているところにはくぼ地や谷がある。等高線の数値の間隔は隣り合う等高線の海抜の差である。地図の縮尺が大きくなれば間隔は小さくなる。

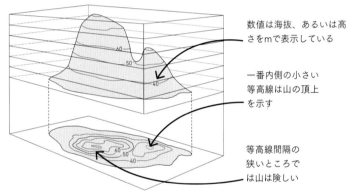

数値は海抜、あるいは高さをmで表示している

一番内側の小さい等高線は山の頂上を示す

等高線間隔の狭いところでは山は険しい

▲等高線の働き

山や谷を水平方向の層に分けて順に積み上げると、それぞれの層の輪郭が等高線になる。

長さの測定

最短の、あるいは直接に到達できるルートを見つけるためには、地図上で長さを測らねばならない。たとえば縮尺が1:25,000の地図の上で4cmであれば実際は1kmである。ひもと定規で測ってみよう。

1 ひもか糸はんだを使って
地図の上の長さを測る部分の始点にひもの端を置く。そして終点までルートに沿って注意深くなぞっていく。

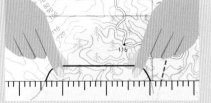

2 定規を使って
ルートの始点と終点の間のひもの長さを定規で測る。縮尺を使って実際の長さに換算する。

地図帳

地図を集めて本のようにした地図帳は、人々の想像力をかきたてるものであった。

地図帳の中の地図は、世界全体の自然や国情を網羅したものであったり、小さい領域についてのものであったりする。古来、地図帳は紙に印刷されていたが、現代では電子版も多く存在する。

昔の地図

最古の地図として知られているものはバビロンから出土した約2,600年前の粘土板である。しかし、ヨーロッパの航海士たちが世界探検を始めて、詳しい世界地図が初めて作られたのは1400年代のことだった。最初の世界地図帳は地図製作者のアブラハム・オルテリウスによって1570年に作られた。

フォークランド諸島には多くの怪物が描かれている

レイスは1492年にコロンブスが西インド諸島に航海し上陸した様子を記述している

レイスは新しく発見された南アメリカ大陸には奇妙な動物がいると想像した

地図には32の方位と風向を示す方位記号がついている。コンパス上の東西の線は北回帰線で止まっている

▶探検地図
この地図は1513年にこれを描いたトルコの提督の名にちなんでピリ・レイスの地図と呼ばれている。船乗りたちの発見をもとに描かれた最初のもののひとつであるが多くのずれや間違いがある。

地図帳のいろいろ

現在ではさまざまな地図帳が使われている。簡単な地図を集めたポケット版の小さいものもある。大きくて詳細な地図を集めた大型の本もある。使用目的もいろいろで、万能なものもあれば道路地図だけのものもある。

▲世界地図帳
世界地図帳には山などの自然地形から道路などの人文的な内容まで含まれている。

▲道路地図帳
これまでは運転者は道路地図帳を使ってルートを計画したが、最近では衛星データによる経路案内が使われている。

▲星図
星空の地図も作られている。星図集には夜空の星や星座が描かれている。

地図の目的

地図帳の地図がすべて同じ縮尺で描かれていることは少ない。最初に小さな縮尺で世界や国の全体を示す地図があり、他の地図は地域ごとにやや大きな縮尺で詳細を示している。さまざまな政治地図や自然地図も含まれるかもしれない。

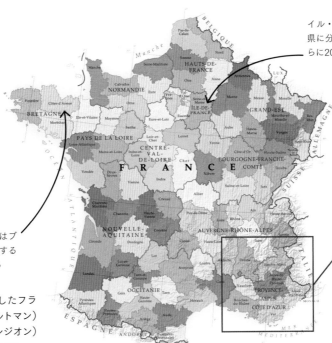

イル・ド・フランス地域圏は8つの県に分かれ、首府はパリ。パリはさらに20の行政区に分かれている

コート・ダルモール県はブルターニュ地域圏に属する4つの県のひとつである

▶**フランスの行政区**
これは世界地図帳から抜き出したフランス行政区分図で、県（デパルトマン）ごとに色分けし、同じ地域圏（レジョン）に属する県は同系色で示されている。

プロヴァンス・アルプ・コート ダジュール地域圏
大きな縮尺による挿入図によってこの南部の地域の詳細がわかりやすい

人工衛星の利用

宇宙空間に打ち上げられた人工衛星は地図の作り方や使い方を変えてしまった。これまでの地図は地上での測定や調査をもとにしていた。今では地球を常に周回している人工衛星による測定と画像を使って、地図の迅速な作成と更新が可能になっている。

将来の地図データの最大のユーザーはモバイルであろう。

ブライアン・マクレンドン、グーグルマップ技術部門副社長
2012年6月6日

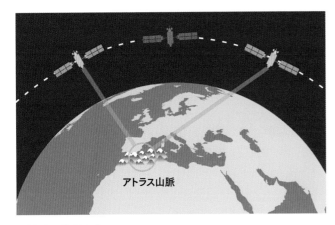

▲**地球の地図を作る**
レーダーサット1号やテラサーエックスのような人工衛星による連携観測で地表の山岳の位置や高度の地図データが得られる。

▲**宇宙から見たオーストラリアのメルボルン**
人工衛星の画像と航空写真、GIS（地理情報システム）のデータを組み合わせると地球の3D画像を作ることができる。

地理情報システム（GIS）

GISとは人工衛星の位置を利用して地理情報を電子的に記録し、蓄積し、表示するものである。

GISではすべてのデータビットは地球上の正確な位置と電子的に結びついている。つまりあらゆる場所の完全な図形データがコンピュータ上に蓄積されているということである。そのデータはさまざまに利用できる。

GPSの働き

全地球測位システム（GPS）は地球を周回する約30個の人工衛星のネットワークを利用している。携帯電話などのデバイスに搭載されたGPS機器には通常、3、4台の人工衛星から電波が届く。人工衛星は常に位置と時刻を知らせる電波を送り続けているので、その電波を受信した機器が衛星からどれだけ離れているかがわかり、機器の正確な位置がわかる。

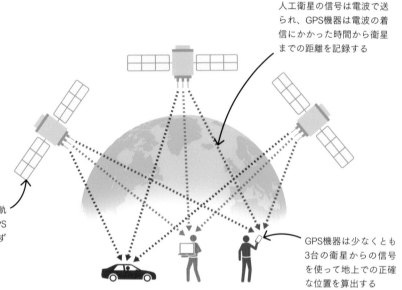

人工衛星の信号は電波で送られ、GPS機器は電波の着信にかかった時間から衛星までの距離を記録する

人工衛星は地球の静止軌道を周回している。GPS機器の受信範囲には必ず数台の人工衛星がある

GPS機器は少なくとも3台の衛星からの信号を使って地上での正確な位置を算出する

ユーザーは機器とやりとりができる

機器は目的地までの行き方を示してくれる

周辺の道路地図が表示される

画面上の情報には目的地までの距離も示される

地図にはユーザーの移動経路を表示しながら正確な現在位置を表示する

衛星ナビゲーションシステム

GPS衛星からの信号を受信し、現在位置を常に更新し続けるために自動車などに搭載された小型コンピュータを衛星ナビゲーションシステムという。このシステムはユーザー、この場合は自動車の運転者に、機器に備わった地図をもとに進むべきルートを指示してくれる。

データを重ねる

GISを利用すればコンピュータの地図レイヤーに違う種類のデータを同じところに重ねて表示させることができる。

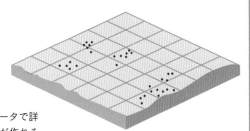

▶人口
国勢調査のデータで詳細な人口地図が作れる。過去の国勢調査のデータのレイヤーがあれば、時代とともに人々がどのように移動したかがわかる。

学校

排水路

▶建物と道路
ふつうの地図に建物や道路を記入することは簡単であるが、GISは排水路や電力網などの設備のルートも表示できる。

▶植生
GISを使えば非常に詳細な植生の地図を作ることができる。さらに別のデータ、たとえば土壌や水はけなどの地図もできる。

▶積層データ
別々に作ったデータのレイヤーを同じコンピュータプログラムで処理すればすべてを重ねることができる。

関係を発見する

GISを利用すると、別のレイヤーを重ねることで違った種類のデータの間の関係を発見することができる。データの積層は、ある種の植物が湿地帯に多い、というような予想される結果を確認するだけのこともあるが、予想外の情報が明らかになることもある。

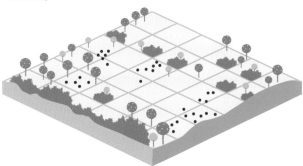

▲レイヤーの重ね合わせ
GISならば地域間の関係をすばやく容易に確認できる。たとえば、植生と人口のレイヤーから人々は森から離れたところに住むことが多い、ということが直ちにわかる。

この地域は空き地が広く、住宅地にも近接しているので公園を作る場所として適当である

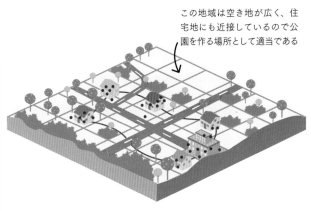

▲適正な設置計画
インフラストラクチュアの設置計画の際など考えるべき要素が多ければGISの支援が有効である。たとえば、公園を計画するときにGISを使えば住宅に近くて空いた場所の情報が得られる。

GISは複数のデータの地理学的な分布や相違点を明らかにするのに有効な技術である。

野外調査

現実の世界を直接に観察する活動が野外調査である。

野外調査ではデータを収集しなければならないことが多い。降雨や土壌の様子などを測定し、景観をスケッチし、写真を撮り、あるいは人々に聞き取り調査をすることもある。

野外調査の方法

野外調査によっては単に外へ出かけて観察をすればよい、という場合もある。これは発見的な野外調査と呼ばれる。しかしたいていは計画を立て、はっきりとした目標を決めて開始し、次のような手順で進める。系統的な野外調査は地理学研究の要である。

1 目的
何をしたいかをはっきりさせて計画を現実的に進めることが重要である。あなたが山のでき方について新しい理論を発見することは難しいかもしれないけれど、ある地域の山の岩石が特徴的な形をしている理由なら見つけ出せるかもしれない。

2 仮説
研究計画を作るためには、何かがどのように、あるいはなぜ起こったのかについての考察から始めることが多い。そしてその考えを支持する証拠か、あるいは否定するような証拠を探す。これを仮説の検証という。

3 一次データと二次データ
データには2種類ある。一次データは測定したり、撮影したりして自分で集めたデータ、二次データは自分以外の人が収集して提供を受けたデータである。

4 計画と危険の想定
野外調査では、可能な限り詳細まで前もって計画を立てるべきである。急流のそばでデータをとるような危険なことを避けるために、危険性の想定をしておくことも非常に重要である。

野外調査とは何か

人文地理学と自然地理学では野外調査に違いがある。人文地理学では現象を見るために数えたり観察したりすることが多い。自然地理学では試料を採集したり、測定したりする。

野外にて
野外調査でははっきりとした結果を得られるように対象をしぼることが多いので、図に示したような技術のうちのひとつしか使わないこともある。

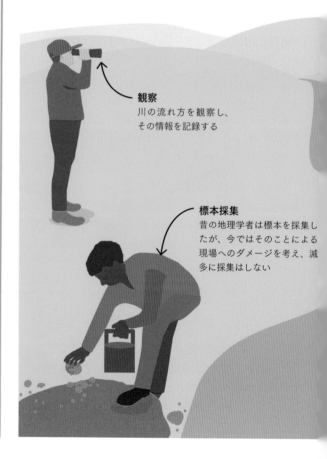

観察
川の流れ方を観察し、その情報を記録する

標本採集
昔の地理学者は標本を採集したが、今ではそのことによる現場へのダメージを考え、滅多に採集はしない

一次データはあなたが自分で集めたもの、二次データは他の研究者が収集したものである。

測定
集めた雨水の量に斜面の傾きを考慮して測定する。これによって定量的なデータが得られる

測量と地図化
地形の特徴を知るにはこの方法が最良である

標本調査
コドラートと呼ばれる正方形の格子を使って枠内の標本数や分布を数える

野外調査のツール

どのような調査現場にも必須の用具がある。また調査内容によって必要になる特殊な道具類もある。岩石採集ならばハンマーやのみ、試料をきれいにするための歯ブラシなどである。

GPS機能を搭載したスマートフォンなど

現代ではスマートフォンが、カメラや紙の地図などの多くの道具類と交代した。GPS機能があれば人工衛星の信号を受信し、現在地を確認したり移動経路を記録したりできる。

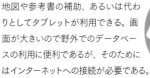

タブレット

地図や参考書の補助、あるいは代わりとしてタブレットが利用できる。画面が大きいので野外でのデータベースの利用に便利であるが、そのためにはインターネットへの接続が必要である。

ノートと筆記用具

スマートフォンやタブレットと違ってノートと鉛筆には電源がいらない。野外でメモをとったり、計算をしたり、景観やその特徴を歩きながらスケッチしたりできる。

リュックサック

大型でしっかりしたリュックサックがあれば手を使わずにものを運べるので、地図を見たり、メモをとったりすることができる。現場から研究室へ試料を運ぶこともできる。

よい靴

野外では泥や水、植物などから足を守る実用的な靴が必要である。天候が荒れる可能性もあるのでレインコートや日焼け止め、防寒具もあったほうがよい。

地図とコンパス

かつて、地図とコンパスは野外を歩く際の必需品だったが、今では電子機器に置き換えられていることが多い。それでも紙の地図はしるしをつけたり書き込んだりできて便利である。

定量的なデータ

「数量は？」とか「どのくらいの頻度で？」といった質問に答えるための数値が定量的なデータである。

地理学では、どのくらい雨が降るか、とか、何人ぐらいの人が毎日その列車を使っているか、などを知りたい。定量的なデータは数値なので、数学を使って解析して統計として扱われる。

2種類の量

定量的なデータには、数える、あるいは測定する、という2通りの集め方がある。数えたデータにはある村の住人の数とか、ある自然保護地区に住んでいる動物の数などがある。クラスの生徒の身長、今週降った雨量などは測定データとして記録される。

▶数えることと測ること
赤い髪、茶色の髪の人数は数えるが、重さ、温度、長さは測る。

重さ
5kg

温度
32℃

長さ
25cm

人数
赤い髪 3人　茶色の髪 3人

標本抽出（サンプリング）

降って来る雨滴の数や海岸の砂粒を数えることはとてもできないので、地理学では標本と呼ばれる少量の試料を集める。つまり標本は大きな絵の一部を切り取ったものである。公平な標本の選び方には3通りある。すなわち、無作為抽出、系統抽出、層化抽出である。

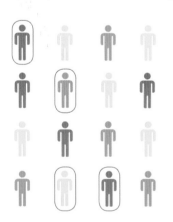

▲無作為抽出
たとえばインタビューをする相手を選ぶ際などに、まったくでたらめに選ぶ方法である。もっとも簡単な抽出方法でもある。

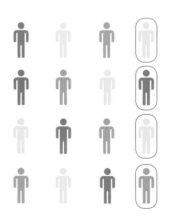

▲系統抽出
たとえば4人目ごとに1人とか、2mごとに1個の石、のように候補をきちんと並べて選ぶ。

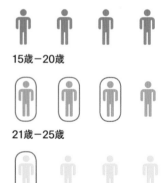

15歳－20歳

21歳－25歳

26歳－30歳

▲層化抽出
たとえば年齢などで対象をグループに分け、それぞれからある数だけ抽出する。

データの型

地理学者はさまざまなデータを扱う。動物の種類などの名義データによって事物はグループ分けできる。高さなどの順序データでは事物が順番に並べられる。温度などの間隔データは事物の差に注目する。比率データでは数量を比較する。

名義データ

データは名詞であることが多いので種類ごとに分類できる。この種のデータを扱うにはそれぞれのグループにラベルあるいはカテゴリを与えなければならない。

5匹のウサギ

3羽のアヒル

1匹のキツネ

種類
動物を種類で分けることによって名義データとなるので、種類ごとに数えれば定量的なデータとなる。

順序データ

順序データを扱うときにはデータの並べ方がもっとも重要な情報である。個々の大きさは問題にならない。

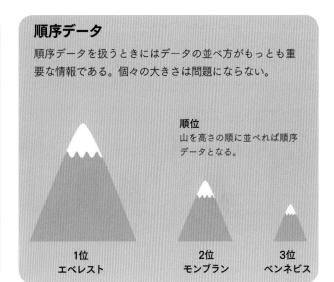

順位
山を高さの順に並べれば順序データとなる。

1位
エベレスト

2位
モンブラン

3位
ベンネビス

間隔データ

この種のデータは順に並んでいて、個々のデータの違いも記録される。たとえば、気温は毎日記録され、一週間にわたって変化を調べることができる。

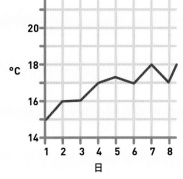

測定
データは温度計で測定される。

グラフ
間隔データはグラフに表示すると効果的である。縦横の軸によって間隔に関する情報が伝わる。

比率データ

比率データは、たとえば交通量のうちのバスの台数に対する自動車の台数の比、というように2組の数値の間の関係を表す。比率データは順序と間隔の両方を示すことができてもっとも完璧といえる。

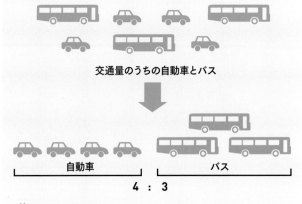

交通量のうちの自動車とバス

自動車

バス

4 : 3

比
この例では、交通量はバスと自動車に分けられ、比は自動車4に対してバス3である。

定性的なデータ

定性的なデータというのは数値ではなく、観察、言葉、画像などで得られる。

あるものがどんなものであるかを記述したり、その性質を要約したりして、記録したものが定性的データである。「サハラは大きくて暑い砂漠である」というのは定性的なデータである。サハラ砂漠の平均気温や雨量は定量的なデータである。どちらも地理学の役に立つ。

定性的なデータの形

定性的なデータにはさまざまな形がある。山の姿などの地形を記述したもの、写真、スケッチ、あるいは野外で制作した地図などもある。地理学では人々が場所や土地について考えていることにも興味があるので、人々に習慣や意見について質問する場合もある。

> ……についてどうお考えですか?

> 私はそれって完璧だと思います

> 素晴らしい、気に入ったよ!

> 私はそれには我慢ができません!

> 混雑し過ぎだ

> みっともない!

アンケート調査

アンケート調査をすれば、人々の考えや性格、行動などが明らかになる。質問には「学校について、どう思いますか」などという自由な意見を求める質問や、「学校では安全だと思いますか?」という「はい」か「いいえ」で答える質問がある。選択肢を与えれば、それぞれの答えを選んだ人を数えることによって定性的なデータを定量的なデータに変換することができる。

▶回答

回答者は自分の意見がどのくらい強いかを記すように要求されることがある。このような回答の尺度をリッカート尺度という。

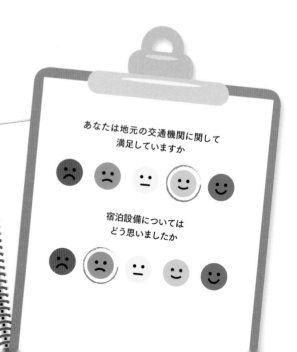

> ホテルの費用が高過ぎるという人が多いようですが、あなたはどう思いますか?
>
> ☐ 強くそう思う
> ☐ そう思う
> ☐ どちらともいえない
> ☑ そう思わない
> ☐ まったくそうは思わない

> あなたは地元の交通機関に関して満足していますか
>
> 宿泊設備についてはどう思いましたか

面接調査

アンケート調査は大きな人数に対して実施できるが、面接調査は少人数に対して行われることが多く、より深い回答を得ることができる。面接調査は慎重に準備をし、回答を正しく記録しなければならない。面接調査には、どの回答者も同じ質問を同じ順序で尋ねられるように準備されたもの（構造化面接）や、自然発生的な質問によるもの（非構造化面接）がある。

倫理

面接調査では、回答者に敬意を払い、調査の目的、データの収集方法、その利用方法などを説明しなければならない。匿名での回答を認めることや、個人情報の保護を約束することも必要であろう。

定性的な画像データ

地理学者はスケッチ、地図、写真、ビデオなどの視覚データも収集する。別の場所、別の時間の画像を比較して隠れた関係を明らかにしたり、ものごとがどう変わったかを明らかにしたりできる。

野外でのスケッチ

写真とフィルム

地図

観察

地理学者は、ある理論を証明することを目的としてデータを集めることがある。しかし、時にはまず観察をして、そのあとでその結果を解析することが重要なこともある。それで何か新しいことがわかるかもしれない。観察で気づいたことが新しい研究につながる場合もある。観察のデータは多くの場合、ノートやスケッチ、あるいは録音や録画で記録される。

自然的観察
もっとも単純な観察は、対象に何も関与することなく、単に見て記録することである。たとえば、通りで人々がどのように情報交換をしているかなどを観察することである。

参与的観察
たとえば旅行中に同行者のふるまいを観察するように、観察者が活動に参加して行う観察である。しかしこの場合は観察者自身が影響を与える可能性もある。

統制的観察
統制された活動の中では、参加者の行動は制限されるが、観察をしている間に彼らがその活動のためにどこかへ行ったり、時間がかかったりすることもある。

スケッチ

手描きのスケッチには、絵でも地図でも、3通りの働きがある。野外では地形やその他の情報を記録するのにてっとり早く有効な手段で、また他の人への情報伝達の際には視覚的な補助となって役立つ。さらにそこに注釈をつければその景観の重要な特徴がどのように関係しているかの有用なまとめになる。

野外のスケッチ

野外でのスケッチは、たとえば、海岸で入り江、砂浜、孤立岩、岬などの地勢の識別に役立つ。土地の利用や人間が作った環境におけるその他の特徴の記録にも使える。

▶スケッチを描く
簡単に修正できるように鉛筆を使おう。4つに折り畳んでから広げて使うと、折り目が場所を決める役に立つ。

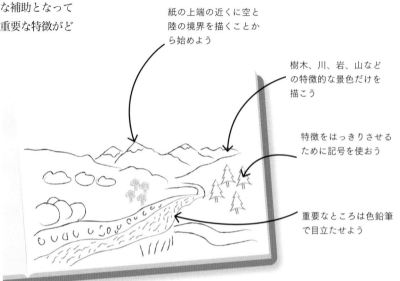

紙の上端の近くに空と陸の境界を描くことから始めよう

樹木、川、岩、山などの特徴的な景色だけを描こう

特徴をはっきりさせるために記号を使おう

重要なところは色鉛筆で目立たせよう

地図のスケッチ

手描きの地図を描く原則は眼下の風景を眺めている鳥の目になることである。したがって周囲を歩き回って実際の景観の特徴や関係をよく記憶しなければならない。たとえばキャンプサイトの周囲の風景の要点を説明できるように。

▶地形図
スケッチ地図は地形図と同じ特徴があるがそれほど詳しくはない。

特徴を描き込む
周囲と比べて特徴的なものが正しい位置にあるかどうかチェックする

単純に描く
特徴は簡単に描けばよい。芸術ではないのだから

方眼をつける
紙に方眼を描いておけばものを正しい場所に描き込む目安になる

グラフの作成

地図、図表、グラフを使った視覚的な情報伝達の
方法の一つがグラフ技術である。

**データは数値であることが多いが、これが地理学研究
の出発点である。データを理解するには数値を提示し
解析しなければならない。グラフはそのための効果的
な道具である。**

趣味	少年	少女
読書	10	15
スポーツ	25	20
コンピュータゲーム	20	10
音楽	10	9
コレクション	5	10

**◀棒グラフのため
のデータ**
データはまず表にさ
れ、各欄の数値がグ
ラフに使われる。

棒グラフとヒストグラム

データは高さの変えられる柱を使って、棒グラフやヒ
ストグラムに表示される。データの種類によって使用
するグラフを選ぶ。棒グラフは同じカテゴリのさまざ
まな量の違いを示す。ヒストグラムはデータをいくつ
かの階級に分けて、階級ごとの度数分布を示すことが
できる。

年齢 （歳）	一か月当たりの 平均ダウンロード数
10–15	12
16–18	15
19–25	28
26–29	12
30以上	0

**◀ヒストグラムのための
データ（度数分布表）**
このデータの年齢の幅は
等しくないので、年齢幅
に対する出現数を表示す
るにはヒストグラムが最
適である。

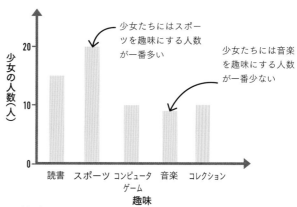

▲棒グラフ
棒グラフでは、柱は離れていて柱の高さが項目
の数値を示す。柱の順序は問わない。このグラ
フでは少女たちの趣味の分布数を示している。

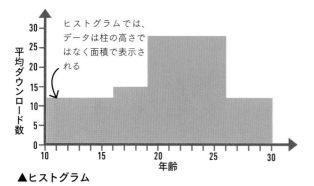

▲ヒストグラム
ヒストグラムでは柱はくっついている。ここでは柱の高
さは平均ダウンロード数の変化を示しているが、データ
の年齢幅が違うために柱の幅は同じではない。

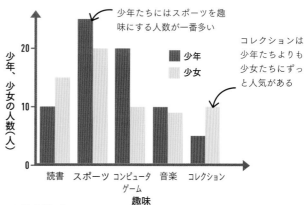

▲複合棒グラフ
複合棒グラフには、カテゴリごとに色の違う柱で
2つ以上のグラフが結合されている。この図には
少年、少女を趣味で分けた人数を示している。

折れ線グラフ線

折れ線グラフは、たとえばある一週間の日照時間のように日、月、あるいは年にわたる傾向を見るために使われることが多い。グラフには直角に交わる2つの軸がある。変化する量の大きさを示す高さの位置に点を打つ。それらの点を直線でつなぐと変化を示すグラフになる。

曜日	月	火	水	木	金	土	日
日照時間（時間）	12	9	10	4	5	8	11

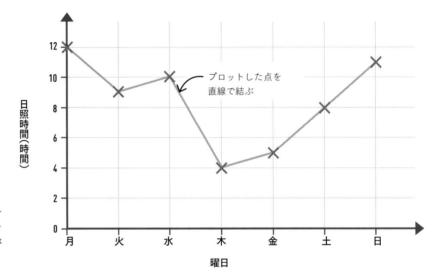

▶**データ点のプロット**
縦軸は日照時間を示し、横軸は一週間の曜日である。すべての点を直線で結んでその週の日照時間がどのように変化したかを示す。

散布グラフ

散布グラフは、身長と体重のような2つの変数の間の関係を示す。2つの量は必ずしも関連していないが、散布グラフを見るとこれらに関係があることがわかるだろう。このような関係を相関という。相関は必ずしも片方の変数が他方の数値を引き出しているわけではないことに注意することが重要である。正の相関では片方が増加すると他方も増加し、負の相関の場合は一方が増加すると他方は減少する。

身長(cm)	172	170	185	167	183	180	183	160
体重(kg)	69	68	76	65	80	72	73	55

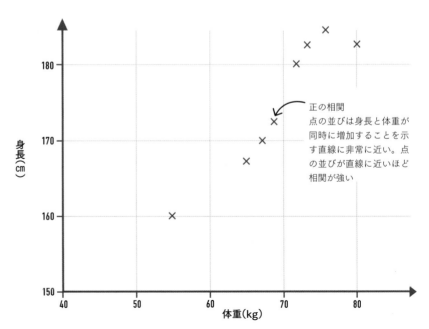

▶**身長と体重**
散布グラフは複数の人の身長と体重をプロットするときに使用できる。点は直線上にはないが、体重は身長とともに増加していることはグラフから明らかである。

円グラフ

円グラフ（パイチャート）では円をパイのように切り分ける。一切れの大きさがそれぞれのカテゴリの相対的な大きさを明確に示し、互いを容易に比較できる。円グラフには図のようにラベルをつけることができるし、色分けで示すこともできる。色分けなら何も書けないほど小さな一切れも識別できる。

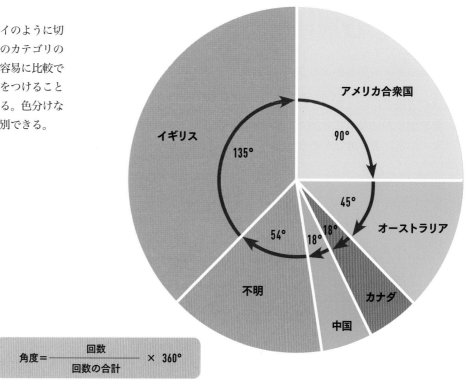

閲覧元の国	回数
イギリス	375
アメリカ合衆国	250
オーストラリア	125
カナダ	50
中国	50
不明	150
合計	1,000

$$角度 = \frac{回数}{回数の合計} \times 360°$$

1 データ
この表はウェブサイトのヒット数を閲覧元に分けて示している。

2 分割値
円グラフを分割するための角度を調べるには合計を求めてからこの式で計算する。

3 円グラフ
それぞれの角度を使って円を分割し、ラベルをつけ、必要なら色分けする。角度の合計は360°になるので全部のデータでぴったり埋まるはずである。

比例円の地図

比例円は地図上に置いた大きさの異なる円である。比例円は場所によって測定値の違うものを表示するよい方法である。場所による作物収穫量の違い、地域による降雨量の違い、町ごとの人口のような人為的な要素、などの表示に使われる。人口の多い町は大きな円で、村は小さな円で描かれる。

アメリカ合衆国の石油消費量
各州の一年当たりの消費量（バレル）

凡例
一年当たりの石油消費量（単位：バレル）

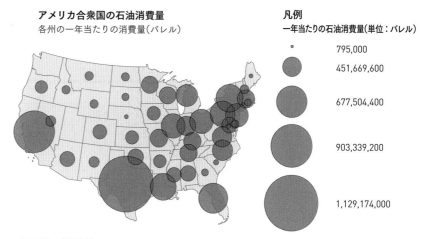

·	795,000
○	451,669,600
○	677,504,400
○	903,339,200
○	1,129,174,000

▲石油の消費量
この地図はアメリカ合衆国の州ごとの石油消費量を5段階の大きさの円で表示している。各円の数値は凡例に示されている。北東部、カリフォルニア、テキサスが石油の大消費地であることがわかる。

写真の利用

写真や電子的画像はデータを集め、記録する重要な手段である。

他の方法でははっきりしない、あるいは見えにくいパターンや構造が画像で明らかになることがよくある。時代を経た景観の変化や熱量のような人の目に見えないものなどもそうである。

写真の解釈

地理学者はいろいろな場面で写真を使う。たとえば、ある景観の特徴を見つけようと、それを違った場所から撮影してみたりする。火山の噴火のいろいろな段階や、川が流れる谷の形の写真を比較することもある。研究者たちは写真が誤った主張のために使われることがあることも知っている。撮影者が公表しない（あるいは切り落とす）ことにしたものは誤った解釈をされやすい。写真の解釈には注意が必要である。

◀**霧の姿**
交通機関による汚染で都市に霧がかかる。写真があれば研究者は他の都市の様子を直接見て比較することができる。

▶**頂上の姿**
氷河は山頂を鋭くとがらせる。地理学者は写真で形を確認し、斜面の角度を比較したりできる。

写真の比較

写真はある瞬間の記録なので、2つ以上の異なる写真を比べて、ものごとがどのように変化したかを調べることができる。古い時代の写真によって他の方法では気づかないかもしれない長時間を要する変化が明らかになることもある。地理学者が川の写真を見ればどのように流れが変わったかもわかるだろう。一年に何回か撮った写真があれば季節による変化もわかるし、一日のうちの変化も観測できる。定期的に撮影された写真を並べてみればきわめてゆっくりで目で見てもわからないような変化も明らかになる。

1939年の氷河

2008年の氷河
▲**縮小する氷河**
昔と今の写真があれば、世界の氷河の多くが主に気候変動のために、この半世紀ほどの間に小さくなっていることの確かな証拠になるだろう。

日中のタイムズスクエア

夜のタイムズスクエア
▲**都市の変貌**
ある場所で時間を決めて撮影をすれば、その空間が一日のうちにどのように使われているかなども明らかにできる。

データとしての写真

航空写真や衛星による写真は、地球表面の広い範囲のある瞬間をとらえられるのでとても重要になっている。今では、地球の映像は写真だけではなくさまざまな方法で作られている。音波や電気信号でも作られるし、人間の目には見えない電波を使って記録することもできる。

▲航空写真

航空写真ならば非常に広い範囲が撮影できるが、ふつうは平面の写真しかできない。人間の目の働きをまねてわずかに離れた視点から同時に2枚の写真を撮り、重ね合わせれば3次元の画像ができて地上の建物や地形の高さの違いがわかる。

この衛星画像は宇宙から見たイタリア本土、シチリア島、サルデーニャ島、コルシカ島である

▲人工衛星

地球を周回する人工衛星は広範囲な地表のある瞬間の画像を作れる。いろいろな人工衛星があるが、地理学でもっとも重要なのは気象衛星とランドサット（地球観測衛星）である。それらは一日に14回地球を回り、詳細に記録している。

この赤外線画像ではエトナ山の溶岩流を黒く表示している

これは太平洋の海底の一部である。青と緑の部分は深く、赤と黄色の部分は浅いところを示している

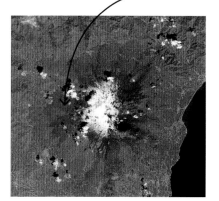

▲偽色彩法

ある種の光は人間の目には見えないが、特別な装置を使えば抽出できる。そのようにして撮った写真は「偽色彩」で見ることができる。そのような写真でよく知られているのは赤外線写真である。

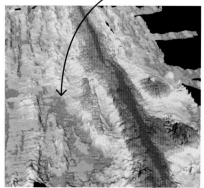

▲ソナー（水中超音波探知機）

ソナーでは画像の記録に超音波を使う。パルス信号を送信し、異なる地点で反射して戻ってきたパルスを記録する。この方法で海底の地図を作ることができる。

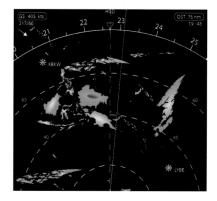

▲レーダー（電波探知機）

電波を送ってその反射を記録する方法である。船舶や航空機の追跡や、気象学者が降雨や雷雨、ハリケーンなどを観測するのに使われている。

地理学の調査

地理学の調査に取り組んで、積極的に理解を深めたり広げたりしよう。

地理学的な調査をすれば、人、場所、環境に関する情報を評価することができる。さまざまな問題や考え方の間の関係を発見して理解し、結論を出したり、公開したりすることができる。

情報を選択し、評価し、解析すること

情報はさまざまなところから得られる。注意深く選択し、批判的に解析し、解釈する前にその信頼性やかたよりの可能性を評価しなければならない。

選択

発見した情報をそのまま利用してはいけない。あるテーマについて有益なデータであり、最新で適切な信頼できる情報源を探そう。そのデータはいつ公表されたものかをチェックし、もっと最近の研究はないかどうかを調べなければならない。

評価

情報源を評価しよう。その精度は信用できるか。それは必要な情報かどうか。その情報源は特定の結果にかたよっていたりしないか。たとえば、国連のウェブサイトは個人のブロガーよりはずっと客観的である。

分析

そのデータから何がわかるかを、詳細かつ客観的に調べよう。審査を通過したものや、綿密な査察を受けたものを利用しよう。たとえば、世界に向けて公開されているようなデータならばふつうは信用できる。

データの扱い方と伝え方

データを編集し、表現する方法はさまざまある。編集の仕方や表現の方法が、そのデータが示す内容の明確さに大きく影響することがよくある。したがってどのような表現方法が最適であるかを決める前にデータを詳細に検討することが重要である。

趣味	少年	少女	合計
読書	10	15	25
スポーツ	25	20	45
ゲーム	20	10	30
音楽	10	9	19
コレクション	5	10	15

各行は趣味とそれを愛好する少年、少女の人数を示している。

▲表を作る
表は異なるカテゴリのものを数えた場合などの数値データを整理する簡単な方法である。

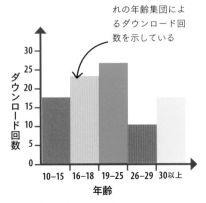

柱の高さはそれぞれの年齢集団によるダウンロード回数を示している

▲グラフや図を描く
グラフや図は数値データを視覚的に表現するとても効果的な方法で、データの意味が一目でわかる。

問題の解決

地理学の調査には、単に興味深い情報、というよりもずっと大きな意味がある場合がある。食料増産のための土地利用と、交通事情を改善し住宅を供給するための土地利用との両立などの現実の世界の問題を解決する方法にもなり得る。

1 質問する
疑問点を正しく取り扱っていることが確認できるように問題を明確にしよう。

2 収集する
問題を理解するために必要な地理学的なデータを探してすべて集めよう。

3 整理する
みんなが理解できるようにデータを整えよう。

4 分析する
かたよりのない結論を引き出すことができるように、集めたデータを注意深く調べよう。

5 行動する
分析結果に基づいて計画をたて、計画を行動に移そう。

▲重要なステップ
効果的な問題の解決のために系統的な調査が必要である。上のようなステップに沿って注意深く実施するとよい。

大局的に見ること

地理学の調査は、狭い範囲にしぼられていると簡単ではあるが、より大きな見方をすることも重要である。大局的に見る力があれば、さまざまな問題の間の関係をはっきりさせることができる。

▼大局的なつり合い
地理に関係する問題の多くは、人間の要求と、環境に必要なこととをどのようにつり合わせるかに焦点がある。

人間の問題
人間に関することには、増え続ける人口を支えるための苦労や貧困の問題が含まれるかもしれない。

自然環境の問題
環境問題には、気候変動、水資源の不足、地震や火山噴火も含まれるかもしれない。

大局的な結論
地理学者は、つり合いのとれた結論を得るために、人間と自然環境の両方の面から問題やデータを検討する。

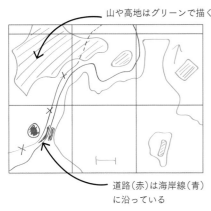

山や高地はグリーンで描く

道路（赤）は海岸線（青）に沿っている

▲地図を作る
地図を作れば、その土地の植生の様子や、輸送方法による経路の違いのような地理学的なパターンがわかる。

この断面図にはいろいろな岩石の層が見えている

▲断面図を描く
断面図というのは地図の中に等高線で描かれた斜面を垂直に見たもの、あるいは地下の岩床をスライスしてみたものともいえる。

その地域の樹木の種類を記号で示す

▲野外スケッチをする
景観の目立った特徴に着目したり、斜面の傾斜と農地利用のような関係を明らかにしたりできる。

用語集

あ

亜寒帯
北半球の温帯と寒帯の間。南半球のこの緯度付近には陸地が少ない。

アレート
氷河の侵食作用でできた2つのカール（圏谷(けんこく)）を分ける急峻な稜線。

移住
ある土地から別の土地への人々の移動。

移出
別の国に住むために母国を出ること。その人たちを移出者と呼ぶ。

一次データ
ある目的で新たに集めたデータ。

遺伝子組み換え
作物などの性質を変えるために、遺伝子に直接働きかけて遺伝子を変化させる科学的な方法。

緯度
地球上でどれだけ北、あるいは南であるかを示す尺度。

移入
永住のために外国からやって来ること。そのような人々を移入者という。

隕石
宇宙から地表に到達した岩石。

インフラストラクチュア（社会基盤設備）
社会が機能するための病院や道路、政府などのようなあらゆる設備や組織。

雨陰（ういん、あまかげ）
山の陰になってほとんど雨の降らないところ。砂漠になっていることもある。

雨林
主に熱帯や温帯の降水量の多いところにみられる常緑広葉樹の森。

永久凍土
土壌も堆積物も岩石も少なくとも2年間連続して凍っている地面。

栄養循環
環境からそこに住む生物へ栄養素が渡され、逆に生物から不要物や死骸が栄養素に変換されて環境に戻るという循環のこと。

エコツーリズム
自然や文化、歴史などを観光の対象としながら環境の保全と持続可能性を考えるという観光のあり方。観光客が地域にもたらした金銭は保護や環境に関する施策を支援する。

沿岸漂砂
沿岸における波や流れによる砂の移動で、侵食や海岸線の変化をともなうことが多い。

汚染
有害な物質を環境、すなわち大気、土壌、河川、海域などへ放出すること。

温室効果
二酸化炭素やメタンのような気体が地球表面で反射されたエネルギーを吸収し、宇宙への散逸を阻止すること。その結果地球は温暖になる。

温帯バイオーム
熱帯と極圏にはさまれた地域のバイオームで、温帯では季節によって気候が穏やかに変化する。

か

開発
国家が生活水準を改善しようとする過程のことで、さまざまな指標で測定される。

外部調達
別のところ、場合によっては外国から部品や労働力を調達すること。

海洋の層区分
海洋を深さで区分し、一番浅い部分から順に、有光層（200mまで）、弱光層（1,000mまで）、無光層（4,000mまで）、一番深いところは深海層である。

火山
マグマが地表に到達できるような地殻の中の出口。火山が噴火すると熱い溶岩や火山ガス、火山岩などを押し出す。

火成岩
溶けたマグマが固まってできた岩石で、地表で固まった噴出性の火山岩と地下で固まった深成岩がある。火山岩は小さくてほとんど目に見えない結晶になり、ゆっくり固まった深成岩は大きな結晶になる。

化石
堆積岩や琥珀の中に見つかる過去の生物の体や痕跡。

化石燃料
動物や植物の死骸が地中に堆積し、地熱や圧力によって石炭、石油、天然ガスなどになり、再生不可能な燃料として使われるもの。

仮説
研究によって証明され得る、あるいは否定され得るような考え。

カーボンフットプリント
個人や団体、あるいは企業の排出する二酸化炭素量を重量で表

したもの。

カール（圏谷）
氷河の侵食作用によってできた円形の険しいくぼ地。

がれ場
山や崖の下に見られる崩れた岩石の堆積した地形。

灌漑
土地、ふつうは農地に人工的に水をひいて制御すること。

間隔データ
それぞれの項目の差といっしょに記録される順序のあるデータ。たとえば、毎日気温を記録して、一週間にわたって変化を見たデータなど。0は任意で、負のデータもある。

岩石
1種類以上の鉱物でできた固体の塊。

干ばつ
長期にわたって雨がまったく降らないか、その地域の通常よりもはるかに降雨量が少ないこと。

岩脈
地殻の割れ目に鉛直方向に貫入して板状に固まった火成岩。

気候
ある地域での長い期間の平均的な気象状態。大きな地域あるいは地球全体の総合的な大気の状態をいう。

気候帯
地球上で平均気温や降水量などの特徴を共有する地域。

気候変動
平均気温や降水量などの地球の天候の変化。気候変動は温室効果に影響する人間の活動が原因である可能性がある。

気団
大気の広大な塊で、その中の水平方向には温度と湿度がほぼ一定である。

逆都市化
生活の質の改善を求めて、都心から離れて郊外へ移動する傾向のこと。

キャニオン（峡谷）
ゴルジュよりも幅の広い深い谷。

凝結
気体である水蒸気が冷却されて液体になること。

居住地域の高級化
低所得階層の住居だった地域の不動産価値が改善されること。

賃借料が上昇し、もとの住民が追い出されることが多い。

菌類
キノコ、かび、酵母などの真核生物。

グローバリゼーション
交易、工業、通信などの結果としての世界的な文化の広がり。

経度
地球上で、本初子午線といわれる位置からどれだけ東、あるいは西に離れているかを示す尺度。

懸谷
大きな氷河は景観を侵食し、大きなU字谷を残す。このような大きな氷河に小さな氷河支流が流れ込むところの地形を懸谷という。

原子力発電
原子核の分裂で発生するエネルギーを使用する発電。化石燃料に比べれば二酸化炭素の放出は少ないが、長期間にわたって危険な放射性廃棄物が発生する。

高気圧
周囲より気圧の高い区域で安定した天候をもたらす。

工業化
ある国や地域で、大きな規模で工業が発展し、工業中心の経済

社会へと変化すること。

光合成
植物が、太陽のエネルギーを化学エネルギーに変換して食物網に送り込む過程。この過程で植物は二酸化炭素を吸収し酸素を放出する。

高所得国
世界銀行が一人当たりの国民総所得が高いとみなした裕福な国。

降水
雲から地上に降る雨、雪、みぞれ、雹の総称。

降着
惑星誕生のときのように物質が重力によって徐々に降り積もって大きくなること。

鉱物
有機物ではない固体。鉱物は岩石や砂、土などを構成している。

広葉樹
植物を大きく二つに分類したときの一方で、平たい葉があってふつうは果実ができる。もう一方は針葉樹。

国際連合
2019年現在、世界の193か国が参加する国際的な組織で、国際平和や安全保障、国際協力を目

指していくつかの委員会が設置されている。

国内総生産（GDP）
ある国で一年間に生産される物品やサービスの価値の総額。国の富裕度を測るものとしての一人当たりのGDPはGDPを人口で割って求める。

国民総所得（GNI）
ある国の国内外での収入をもとに国の富裕度を測る。一人当たりのGNIはGNIを人口で割って求める。

コドラート
野外調査で使用する携帯用の正方形の枠。枠内の試料を採取して解析に使用する。

コリオリの力
地球の自転によって、地球上で運動するものが受ける力。この力で北半球でも南半球でも赤道に向かう風は西の方へ曲げられ、海流の循環の向きが決まる。

さ

最終氷期最寒冷期（LGM）
ある氷河時代の中の最後の氷期でもっとも気温の低かった期間。

再生可能エネルギー
太陽光や水力、風力のような枯渇することのないエネルギー源。再生可能エネルギーは化石燃料に比べて二酸化炭素の放出も少ないことが多い。

削磨
流れる水によって堆積物が削ら

れたり、剥ぎ取られたりすること。

砂嘴（さし）
沿岸漂砂で運ばれた砂や小石によって海岸や岬の先に細長く半島状に突き出た部分。

砂漠化
肥沃だった土地が砂漠になってしまうこと。無謀な農耕や森林伐採、あるいは気候変動の結果であることが多い。

砂漠バイオーム
限られた雨量（年間降雨量250mm以下）しかないことで特徴づけられるバイオーム。

山脚
川や谷に突き出た尾根状の陸地。

酸性雨
二酸化硫黄や窒素酸化物に汚染された雨で、降った地域の生息地を汚染したり破壊したりする。

ジェット気流
地球大気の最下層である対流圏で長い距離を吹く帯状の風。

沈み込み
海洋プレートは大陸プレートより重いので、プレート境界が狭まる場合には、海洋プレートが大陸プレートや他の海洋プレートの下に潜り込んでマントルに引き込まれる。これを沈み込みという。

持続可能性（サステナビリティ）
人類がある方法や資源を使い続けることができるかどうかを測る尺度。持続可能性は現在の人間

の需要と将来における資源利用の可能性とのバランスで決まる。持続可能な開発とは、将来の世代の需要の可能性を損なわずに、今の世代の需要を満たす方法を探ることである。

死亡率
人口1,000人に対して1年間に死亡した人数。

車輪の発明
車輪は、紀元前5,000年頃古代メソポタミア地方でシュメール人によって発明され、円形の板からやがてスポークのある形になって、荷物を運び、二輪戦車を動かした。人類の技術史の中で重要な発明で、他の古代文明では出現しなかった。

種
植物や動物の中での非常に近いグループで、その中では交配が可能である。

出生率
人口1,000人に対する1年間の出生児の数。

狩猟採集生活者
農耕や牧畜をせずに、狩猟や、果実、植物、木の実などの採集によって食べ物を入手する人々。

順序データ
順序づけることはできるがその間隔には意味のないデータ。

蒸散
植物が根から水分を吸い上げ、その一部が水蒸気として葉から蒸発すること。

常緑樹
一年中緑の葉（または針葉）を茂らせている樹木。

食物網
植物が草食動物に食べられ、草食動物が肉食動物に食べられるという、食べるものと食べられるものの網目のようなつながり。

支流
川や氷河の本流に流れ込む小さな川や氷河。

シル（岩床）
堆積岩の層の間で水平に貫入した板状の火成岩。

シルト（沈泥）
水、氷、風などによって運ばれる堆積物で砂よりも細かい粒子。

進化
生き残るのに有利な特性が何世代も受け継がれ、時間をかけて種が変化する過程。

新興経済国
低所得国であったが急速な経済成長を遂げて中所得国になり、高所得国になる可能性も持っている国々。

人口転換モデル
出生率も死亡率も高い状態から、工業化などの近代化にともなってまず死亡率が下がり、最終的に出生率も低い少産少死の状態に段階的に向かうという人口増減のメカニズムを示すモデル。

人口統計学
人口の統計、および人口が場所

と時代によってどのように変化しているか、などの人口現象を研究する学問分野。

人口ピラミッド
各年齢グループの人数を男女別に表した人口統計学で使われる視覚的表現。

侵食
土壌や岩石が、互いの摩擦や水の流れ、あるいは風によって削られたり、砕けたり、運ばれたりすること。

人新世
人間の活動が地球環境に大きな影響を与えるようになった時代。始まりについては諸説あるが、プラスチック汚染、森林破壊、原子核分裂実験の始まった時期と考える人が多い。

針葉樹
植物を大きく2つに分類したときの片方で、ロウ質の針のような葉があって種は円錐形の集合果の中にできる。もう一方は広葉樹。

侵略的な外来種
ある生態系に持ち込まれた外来の種で、本来生育している種に危害を及ぼすような生物。

森林破壊
農地化や工業化、あるいは建設のためにある地域から永久に樹木を取り去ること。

ステップ
東ヨーロッパからシベリアに広がる温帯草原のバイオーム。

生態系（エコシステム）
互いに作用し合う生物群集とその自然環境のこと。

生物岩
動植物やその排泄物の残骸が堆積して岩石になったもの。石灰岩やチャート、石炭、石油など。

生物多様性
ある環境に多くの異なる種の生物がいて複雑な生態系であること。

生物地理学
地球のある地域についての動植物の分布などバイオームを調べる研究。

赤道
地球の北極と南極のちょうど真ん中に当たる周囲を結んだ仮想的な曲線。

赤道無風帯
赤道周辺の海洋の一部で北東および南東の貿易風が出会うところ。

石油換算トン（MTOE）
100万トンの石油の燃焼によるエネルギーに換算したエネルギーの生産あるいは消費の尺度。

絶対湿度
体積$1m^3$の空気の中の水蒸気量をgの単位で表したもの。

前線
性質の異なる二つの気団の境界面、あるいは境界面と地面との交線。

洗脱
水によって岩石や土から栄養分が流されてなくなること。

総観天気図
同じ時刻に取られた多くの観測地点のデータに基づく天気図。

草原
草におおわれた広い地域で、熱帯、温帯に広がる。

相互依存
人、あるいは人の集団が何かを目的に互いに依存し合うこと。相互依存は小さな地域的な規模でも、大きなグローバルな規模でも存在する。

藻類
主に水中や湿地に育つ葉や茎に分化していない単純な植物。

た

大気
地球をとりまく気体層で主に窒素と酸素でできている。

帯水層
地下の岩石層で、水を貯留していて、流し出している。

堆積物
海底や地面に積もったさまざまな固体で、何百万年もかけて圧縮されると堆積岩になる。

対流
液体、気体、融けた岩石の中でその中の粒子が移動して熱を伝えること。たとえば地球の大気中では暖かい空気が上昇し、冷たい空気は沈む。

蛇行
曲がりくねった川の流れ。

多国籍企業
事務所や設備をいくつかの異なる国に設置して事業を展開する企業のこと。

脱塩
飲用にするために水からミネラル、通常は塩分を除去すること。

ダム
川の流れをせきとめるために建設される構造物で、上流側の貯水池に水を集め、下流側の水位を下げる。貯水池は水源、あるいは水力発電に使われる。

タルン
カール（圏谷）に水が溜まった湖。

断層
岩盤や地層が互いに逆方向にずれてできた食い違いのこと。断層線はプレートの動きによってできたずれである。

地衣類
藻類と菌類が共生した生物で、岩石の表面や樹皮上に生息し、極寒の冬にも生き延びられる。

地殻
地球の表層。厚くて密度の小さい大陸地殻が大陸を形成し、薄くて密度の大きい海洋地殻が海底にある。

地形
ある地域の自然の、あるいは人

工的な地表の形態。地形図には
これらの情報が表示される。

地軸
地球の北極と南極を貫く仮想的
な軸で、地球はその周りに自転
している。

地軸の傾き
地球の公転面に垂直な直線から
の地軸の傾きのことで、周期4万
2,000年でこの傾きは変化し、現
在は23.4度である。

地質学
固体地球を形成している岩石、
地殻の構造、地球の変遷などを
研究する分野。

地図投影
三次元の地球を二次元の平面地
図に移すこと。

地層
堆積岩が層をなして積み上がっ
たもの。

中所得国
世界銀行が一人当たりの国民総
所得が高くも低くもないとみな
した国。

貯水池
水力発電のための水源や給水に
使われる、主に人工の池や湖。

ツンドラ
シベリアや北メリカ北部のもっと
も寒いバイオーム。ツンドラには
低木以外には木は生育しない。

低気圧
2つの気団が出会ってできる周
囲より気圧の低い領域で、一般
に曇って不安定な天候になる。

低所得国
世界銀行が一人当たりの国民総
所得が低いとみなした貧しい国。

定性的なデータ
簡単には数えたり、測定したり
できない説明的なデータ。

堤防
氾濫原が再度水浸しになるのを
防ぐために川岸を高くすること。
海水の流入を防ぐために海岸に
設置するものもある。

定量的なデータ
簡単に数えたり測定したりでき
るデータ。

天候
その日の気温、日照時間、ある
いは降雨量のようなある場所で
の短い期間の大気の状態。

等圧線
天気図の上で気圧が等しい地点
を順に結んだ曲線。

都市化
ある地域で人口が都市部に集中
すること、および都市の文化や
習慣が周辺や農村地域に広がる
こと。

都市周辺地帯
都市の最外部で、郊外と農村地
帯の間にある。

土壌の劣化
土壌の健全性、肥沃性が失われ
ることで、人間の活動によって

引き起こされることが多い。

な

二酸化炭素(CO_2)
生物の呼吸、死んだ生物の発酵、
燃料の燃焼によって発生する気体
で代表的な温室効果ガスである。

二次データ
他の人が使うために出版や公開
をされている既存のデータ。

人間開発指数（HDI）
ある国の一人当たりの国民総所
得や平均寿命、教育レベルなど
でその国の開発度を測る統計的
な方法で、国連の機関が算出し
報告している。

熱帯
北回帰線と南回帰線の間の赤道
をはさんだ地域。

熱帯雨林
一年中雨が多く、暑くて湿度の
高い熱帯のバイオーム。

は

バイオーム
自然の環境やそこに生存する生
物で分類された陸上あるいは水
圏の地域。

バソリス（底盤）
通常は地下深くにある火成岩
（花崗岩）が100km²以上の大き
さで露出したもの。

離れ岩
海の波によって岬が侵食されて
岩石の強い部分が孤立した柱状

に残ったもの。

氾濫原
川の流れによって岸が決壊した
ときに洪水になるような低く平
らな地域。氾濫原の土壌は流れ
に運ばれた栄養分や堆積物によ
って肥沃になる。

ヒストグラム
棒グラフに似ているが、高さと
同様に幅も変化する。何かの出
現頻度を表現することに適して
いる。

氷河
積雪が固まってゆっくりと流れ
る大きな氷の塊で、5万km²以
上の大きさに広がるものは氷床
と呼ぶ。

氷期
氷河時代のうちの、気温が低く、
氷河や氷床が拡大する時期のこと。

標本抽出（サンプリング）
大きな集団の代表的なデータや
標本を取るために、大きな集団
の中の複数の小さな集団からデ
ータや標本を収集すること。

比率データ
間隔データと似ているが、負の
データはなく0がある。それに
よってデータを比の計算に利用
できる。身長や体重は比率デー
タの例である。

V字谷
急な川の流れが地形を削って作っ
たV字型の険しい谷。

風化

露出した岩石が風雨や植物、気温の変化などによって粉砕されたりして変化すること。

富栄養化

余剰肥料の流出などによって湖や湾内の水中の栄養分が増加すること。藻類の異常繁殖とそれによる水中の酸素の欠乏をもたらす。

腐植土

動植物の死骸などが、菌類、細菌、あるいは他の生物によって栄養素にまで分解されたもの。

プレート境界

２つのプレートの境界で、プレートが互いに引っ張り合う建設的境界と、互いに押し合う破壊的境界があり、互いに滑る場合には保存的境界と呼ばれる。

プレートテクトニクス

地殻と上部マントルの硬い大きな塊をプレートといい、十数枚に分かれている。プレートはすぐ下のマントルの動きとともに長い時間をかけて動く。このようなプレートの動きをプレートテクトニクスといい、火山や地震などの地殻変動の原因になっていると考えられている。

噴火

火山の火口から溶岩、火山ガス、岩石などが噴出すること。

平均寿命

０歳の人がその後生きられる平均の年数。

変成岩

地下の高温や高い圧力で岩石の構成や成分が変化したもの。

偏西風

中緯度地方に発生し、西から東へ極を取り巻いて一年中卓越して吹く風。

貿易風

熱帯で赤道方向に吹く風がコリオリの力を受けて西向きの卓越風となったもの。

防砂堤

沿岸漂砂の影響を制限するために海岸線に立てる障壁のこと。

ホーン

３つ以上のカール（圏谷）がピークを作るように接しているところ。

ま

マグマ

地球の内部から上昇してきた融けた岩石。

マントル

地球の地殻と核の間の岩石の層。

岬

海や湖に細長く突き出ている陸地で、通常は険しく切り立っている。

水の循環

空と、地球表面すなわち陸や海洋の間で、蒸発、凝結、降水によって水が移動すること。

名義データ

たとえば色の名前のように名前だけの変数で、順序づけることができないデータ。

モレーン（氷堆石）

氷河の動きによってある場所に集まって堆積した岩屑。

や

野外調査（フィールドワーク）

現実の世界から直接にデータや標本を採集し、記録すること。

U字谷

氷河がゆっくりと流れ下り、削り出したU字型の深い谷。

溶岩

融けた岩石であるマグマが地表まで到達したもの。

ら

ラグーン（潟）

礁、障壁、砂州などによって、大きな海などからほぼ完全に囲まれた部分。

リサイクル

廃棄されたものを新しい素材として再利用すること。

流出

雨、雪、あるいは融けた氷などの水が地表を流れて海などへ戻る。農場での流出は、肥料などの有毒な物質を含み、水源を汚染することがある。

ロッシュムトネ（羊背岩）

氷河が基盤岩を侵食して丸く削ったもの。

索引

謝辞

ドーリング・キンダスレーより編集にご協力いただいた以下の方々にお礼申し上げます。
編集補助：Ankita Gupta, Sainico Ningthoujam, Nonita Saha, Udit Verma
デザイン補助：Renata Latipova, Helen Spencer, Gadi Farfour, Vidushi Gupta, Tanisha Mandal
図版編集補助：Deepak Negi
校正：Hazel Beynon
索引：Helen Peters

また、図版使用・編集を許可していただいた以下の方々にも感謝いたします。

（凡例　a＝上部、b＝下部、c＝中央、f＝奥、l＝左、r＝右、t＝冒頭）

1 Dorling Kindersley: Satellite Imagemap / Planetary Visions. 2 Dorling Kindersley: Simon Mumford (tl). Dreamstime.com: Millena12 (clb). 10 Dreamstime.com: Makc76(bc). 11 Getty Images: Hero Images (br). 14–15 Dreamstime.com: Feodora Chiosea(b); Ramcreativ (b/Trees). 21 Dorling Kindersley: Dan Crisp (clb). 22 Dorling Kindersley: Reference from NASA (crb). Dreamstime.com: Biostockimages (bl). 23 Dorling Kindersley: Satellite Imagemap / Planetary Visions. 25 Robert Harding Picture Library: Ragnar Th. Sigurdsson (cra). 27 Dorling Kindersley: Data reference from NASA and USGS. (br). 33 Getty Images: Westend61 (br). 40 Dorling Kindersley: Natural History Museum, London (clb). 41 Dorling Kindersley: Natural History Museum, London (cra, clb, bl, bc, br). Dreamstime.com: Alexandre Durão (tc). 46 Dreamstime.com: Josemaria Toscano / Diro (b). 47 University of Oxford: (cra). 49 Alamy Stock Photo: The Natural History Museum (bl). Dorling Kindersley: Senckenberg Gesellschaft Fuer Naturforschugn Museum (t). 51 Alamy Stock Photo: Siim Sepp (c). Getty Images: Kevin Schafer / Corbis Documentary (cra). Science Photo Library: Alfred Pasieka (crb). The University of Auckland: (cb). 59 NASA: Je_ Schmaltz, MODIS Rapid Response Team, Goddard Space Flight Center. Caption by Michon Scott. (cra). 61 Getty Images: Max Ryazanov / Moment (br). 62 Dorling Kindersley: NASA (b/both globes). 63 Bethan Davies (www.AntarcticGlaciers.org): (t). 65 Dreamstime.com: Serban Enache / Achilles (t). 67 Robert Harding Picture Library: Patrick Dieudonne (br). 69 Robert Harding Picture Library: Tony Waltham (cra). 75 NASA: OMI instrument (KNMI / NASA) onboard the Aura satellite. They are the OMTO3d (Global Ozone Data) data (br). 78–79 Dorling Kindersley: Simon Mumford (b). 81 Depositphotos Inc: Pio3 (ca). 83 Getty Images: Goetz Ruhland / EyeEm (cb). 93 Getty Images: Jim Brandenburg / Minden Pictures (t). 98 Dreamstime.com: Fourleafl over (bc); Goinyk Volodymyr (ca); Daniel Prudek (cr). Getty Images: Amaia Arozena & Gotzon Iraola / Moment Open (t). 99 123RF.com: Czekma13 (cb). Depositphotos Inc: Natashamam (crb). Getty Images: DEA / C. Sappa / De Agostini (cr). iStockphoto.com: 35007 (clb); Elizabeth M. Ruggiero (tl); Dougall_Photography (tc). SuperStock: Tim Fitzharris / Minden Pictures (b). 101 Alamy Stock Photo: Pat Canova (br). Dorling Kindersley: Jerry Young (t). 104 123RF.com: Pytyczech (br). Alamy Stock Photo: Hector Juan (c). Dreamstime.com: Symon Ptashnick (cra). 105 123RF.com: Brandon Alms / Macropixel (cra). Alamy Stock Photo: Avalon / Photoshot License (br). Dorling Kindersley: Thomas Marent (clb, crb). Dreamstime.com: Richard Carey (cla). Getty Images: W. Perry Conway / Corbis (cb). Hakoar (ca); Horia Vlad Bogdan / Horiabogdan (bl); Tzooka (bc). FLPA: Bob Gibbons (br). 107 Alamy Stock Photo: EmmePi Stock Images (cb); National Geographic Image Collection (clb); Dan Leeth (tr). iStockphoto.com: Ozbalci (cla). 108 Alamy Stock Photo: David Chapman (ca); Juergen Ritterbach (bl). Dreamstime.com: Stevieuk (br). 109 123RF.com: Wrangel (bl). Alamy Stock Photo: Tuul and Bruno Morandi (ca); National Geographic Image Collection (cra). Dreamstime.com: Silviu Matei / Silviumatei (br); Jan Pokorni / Pokec (cla). SuperStock: Tetra Images (bc). 110 123RF.com: Radu Bighian (br). Alamy Stock Photo: Imagebroker (c). Dreamstime.com: Jim Cumming (bc); Tt (cl); Anna Matskevich (bl). 111 Alamy Stock Photo: Arco Images GmbH (cla); Zoonar GmbH (cra); Juergen Ritterbach (crb). Dreamstime.com: Lucagal (c); Pxlxl (clb). 115 Alamy Stock Photo: Martin Strmiska (tr). 120–121 © The Trustees of Columbia University in the City of New York / The Center for International Earth Science Information Network. 123 Dreamstime.com: Olga Tkachenko (t/World map). 128 Dreamstime.com: Dzianis Martynenka (clb/city); Vladimir Yudin (clb). 130 Dreamstime.com: Mast3r (cra); Showvector (bl, br). 133 AWL Images: Nigel Pavitt (br). 137 Depositphotos Inc: lenmdp (cl). 138 Getty Images: Tasos Katopodis / Stringer / Getty Images News (bl); Phil Clarke Hill / Corbis News (cr). 139 Alamy Stock Photo: MARKA (b). Getty Images: Bloomberg (tr). 141 Dreamstime.com: Blankstock (clb); Fedor Labyntsev (cla). 142–143 Dreamstime.com: Andrei Krauchuk, Macrovector, Sentavio, Microvone. 153 Dreamstime.com: ActiveLines (br). 157 Alamy Stock Photo: Joerg Boethling (br). 167 Alamy Stock Photo: Science History Images (br). 170 Dreamstime.com: Ccat82 (b). 175 Dorling Kindersley: NASA (clb). 177 Dreamstime.com: Alvin Cadiz (bc), Wektorygrafi ka (bl). 178 Dreamstime.com: Calexgon (cb); Xiaoma (crb). Getty Images: Ian Mcallister / National Geographic

Image Collection (cr). 179 Dreamstime.com: Sabri Deniz Kizil (br). iStockphoto.com: Tom Brakefi eld / Stockbyte (cra). 181 Alamy Stock Photo: Newscom (bc). iStockphoto.com: Philartphace (br). 184 Dreamstime.com: Maor Glam / Glamy (bc). 187 Dreamstime.com: Addictivex (br). 188 Dreamstime.com: Poemsuk Kinchokawat (crb); Rceeh (cr). 189 Dreamstime.com: Blue Ring Education Pte Ltd (br); Maxim Popov (cr). 193 123RF.com: pandavector (ca). Dreamstime.com: Artur Balytskyi (bc); Ibrandify (cla); Evgenii Naumov (cb); Sergey Siz`kov (cb/Steak). 195 Dreamstime.com: Blue Ring Education Pte Ltd (bc); Poemsuk Kinchokawat (crb); Nikolai Kuvshinov (bl). 197 United Nations (UN): © United Nations 2019. Reprinted with the permission of the United Nations (crb). 200 Dreamstime.com: Jktu21 (bl). 212 Dreamstime.com: Jemastock (cb, crb); Vectortatu (cra). 213 Dreamstime.com: Jktu21 (cra). 216 123RF.com: alessandro0770 (clb). United Nations (UN): © United Nations 2019. Reprinted with the permission of the United Nations (crb). 217 123RF.com: Paul Brigham (c). Alamy Stock Photo: Grzegorz Knec (cl). Association of Southeast Asian Nations (ASEAN): (cl/ASEAN logo). Dreamstime.com: Luboslav Ivanko (cla); Mykola Lytvynenko (clb/G20); Ferenc Kósa (crb/Soviet Union Flag); Ilya Molchanov (cb). Organisation for Economic Co-operation and Development (OECD): (cb). World Trade Organization (WTO): (clb). 219 University of Wisconsin: Mark Stephenson (cra). 222 Dreamstime.com: Bjørn Hovdal (cr). NASA: NASA / NOAA / GOES Project (cl). 223 Dreamstime.com: Tomas Griger (crb, bc). 228 Alamy Stock Photo: Images & Stories (c). Dreamstime.com: Procyab (br). 229 NASA: 230 Dreamstime.com: Diana Rich / Talshiar (bl). 237 123RF.com: Akhararat Wathanasing (bl). Alamy Stock Photo: Frans Lemmens (clb). 242 123RF.com: Daniel Prudek (r). Alamy Stock Photo: imageBROKER (crb); Westmacott (crb/ Times Square). Dreamstime.com: Tuomaslehtinen (ca). U.S. Geological Survey: T.J. Hileman, courtesy of Glacier National Park Archives (cb); Lisa McKeon (cb/ Iceberg 2008). 243 Alamy Stock Photo: Stocktrek Images, Inc (cl). Dreamstime.com: Michello (cra). Getty Images: Dr Ken MacDonald / Science Photo Library (cr). NASA: Jacques Descloitres, MODIS Rapid Response Team, NASA / GSFC (cra). Science Photo Library: GETMAPPING PLC (cla).

その他の図版の権利はすべてドーリング・キンダスレーに帰属します。
詳細はこちら：**www.dkimages.com**

その他の参考資料

27 U.S. Geological Survey: The Himalayas: Two continents collide (cr). 47 University of Oxford: (cra). 51 The University of Auckland: (cb). 77 Meteorological Service Singapore: (cl). US Climate Data: (clb). 79 Weathertovisit: (cra/Climate graphs). 122 © 2019 The World Bank Group: Creative Commons Attribution 4.0 International license (cra). Wikipedia: ODogerall / Creative Commons Attribution-Share Alike 4.0 International (b); Rcragun / Creative Commons Attribution-Share Alike 4.0 International (cb). 123 © 2019 The World Bank Group: Creative Commons Attribution 4.0 International license (t). 134 Our World in Data | https://ourworldindata.org/grapher/urban-vs-rural-majority (b). 137 United Nations (UN): Department of Economic and Social A_ airs. (t). 139 © 2019 The World Bank Group: Creative Commons Attribution 4.0 International license (br). 140 Organisation for Economic Co-operation and Development (OECD): Health expenditure and fi nancing: Health expenditure indicators (cra). 143 CIA / Center for the Study of Intelligence: Central Intelligence Agency (t). 150 International Labour Organization (ILO): Growth of the service Industry – Data courtesy of ILO (br). 151 © 2019 The World Bank Group: (b). 153 Our World in Data | https://ourworldindata. org/: ourworldindata.org / tourism (cla). 159 © 2019 The World Bank Group: Creative Commons Attribution 4.0 International license (t). United Nations (UN): Human Development Index (HDI) 2019 / Creative Commons Attribution 3.0 IGO (br). 160 United Nations (UN): Human Development Index (HDI) 2018 / Creative Commons Attribution 3.0 IGO. 166 The Food and Agriculture Organization of the United Nations: Source: The State of World Fisheries and Aquaculture 2018 report, © FAO (bl). 168 The New York State Department of State: (b). 173 The Food and Agriculture Organization of the United Nations: Source: State of the World's Forests 2012 Report, © FAO (tr). 184 PLOS ONE: Data courtesy article – An Entangled Model for Sustainability Indicators/Vázquez P, del Río JA, Cedano KG, Martínez M, Jensen HJ (2015) An Entangled Model for Sustainability Indicators. PLoS ONE 10(8): e0135250. https://doi.org/10.1371/journal.pone.0135250/released under CC BY 4.0 (cra). 185 IEA: Based on © OECD / IEA CO2 Emissions from Fuel Combustion 2018 Highlights, IEA Publishing. License: www.iea.org / t&c (bl). 186 NASA: NASA's Scientifi c Visualization Studio (b). Our World in Data | https://ourworldindata/: Data courtesy of Our World in Data / Attribution 4.0 International (CC BY 4.0) (b/ data). 191 S&P Dow Jones Indices: (cr). 194 World Resource Institute (WRI): WRI Aqueduct aqueduct.wri.org (br). 211 NOAA: Data courtesy National Weather Service (bl, cr). 241 Data © National Priorities Project Database, 2001: Graph: April Leistikow / www.fl ickr.com / photos / 89769525@N08 / 8242929652 (b)